Ensayos InterAmericanos

Volumen 1

Editores ǀ Herausgeber

Wilfried Raussert
Center for InterAmerican Studies, Universidad de Bielefeld
Olaf Kaltmeier
Center for InterAmerican Studies, Universidad de Bielefeld

Wilfried Raussert

¿Qué está pasando?

Cómo la música le da forma a lo social

¿Qué está pasando?
Cómo la música le da forma a lo social.

Autor: Wilfried Raussert
Übersetzung: María Luisa Arias
Ensayos InterAmericanos, Vol 1
Bielefeld: Kipu-Verlag, 2020

ISBN Print: 978-3-946507-43-7
ISBN E-Book: 978-3-946507-44-4

SPONSORED BY THE

Federal Ministry
of Education
and Research

Diese Publikation wurde unter Verwendung der vom Bundesministerium für Bildung und Forschung (BMBF) bereitgestellten Mittel veröffentlicht.

Kipu-Verlag
c/o
Center for InterAmerican Studies (CIAS)
Universität Bielefeld
PF 101131
33501 Bielefeld, Deutschland
http://www.uni-bielefeld.de/cias/

Contenido

La música y lo social (introducción)

What's Going On [Qué está pasando]
(Marvin Gaye)

Bruno Latour es uno de los críticos de vanguardia del siglo XXI que se ha expresado sobre la "crisis" de lo social. Haciendo énfasis en las "muchas ... cartografías contradictorias de lo social" (2005, 34), Latour resalta la interacción entre los actores humanos y los no humanos al llevar a cabo conexiones sociales y plantea preguntas sobre las interrelaciones entre las sociabilidades plurales. Latour está a favor de una "sociología de las asociaciones" (34). Una crítica similar de la "sociología de lo social" (34) reduccionista durkheimiana o marxista se encuentra presente en la sociología de la música contemporánea. Tia DeNora, por ejemplo, afirma que la "música se encuentra activa dentro de la vida social" (2000, 3). Por lo tanto, los significados de la música "pueden construirse en relación con las cosas que se encuentran fuera de ésta" y las "cosas que se encuentran fuera de la música pueden construirse en relación con la música" (3). Georgina Born, haciendo un reconocimiento a la teoría de las escenas musicales de Will Straw, propone un argumento muy sólido cuando indica que la "música necesita una expansión de concepciones previas de lo social" (2012, 266). En su interpretación, "la música crea sus propias sociabilidades diversas, anima nuevas comunidades imaginadas, refracta una formación de la identidad social más amplia y participa en la economía cultural multipolar del capitalismo tardío" (267).

Daniel J. Levithin nos recuerda la omnipresencia de la música cuando enumera las reuniones y encuentros humanos, tales como las "bodas, funerales, la graduación en la universidad, los hombres desfilando para ir a la guerra, los acontecimientos deportivos, una noche en la ciudad, la oración, una cena romántica, madres acunando a sus hijos para que se duerman y estudiantes universitarios estudiando con música de fondo ..." (2007, 8) en los que la música desempeña un papel fundamental. Podríamos añadir el papel de la música en los campos algodoneros en el sur de Estados Unidos, en los ámbitos laborales modernos, los centros comerciales y los museos (8). De hecho, la música es parte de la vida cotidiana. Con el surgimiento de la modernidad emergió una extraña división entre los artistas y los oyentes que restó importancia a la presencia histórica de la música como una actividad y condición humana básica en la que participaban todos los integrantes de una comunidad. Los rituales contemporáneos, como el karaoke y los himnos deportivos en los estadios de fútbol, subsanan de manera pública dicha laguna. La música penetra todos los estratos de la vida pública. Es la forma de entretenimiento en casa. La música es una fuerza espiritual en los contextos religiosos en todo el mundo. Como lo demuestra la cultura contemporánea de los centros comerciales, también es el aliado de las estrategias para los productos básicos y de mercado. Está presente en los movimientos sociales y políticos como un modo de inspiración, de reflexión, un canto para la acción, una herramienta para la propaganda. Funciona como modelo e inspiración de actividades artísticas desde la literatura pasando por el cine hasta artes escénicas artísticas multimedia. La música se ha convertido en un patrimonio cultural inmaterial y en una fuerza impulsora en la política identitaria diaspórica, subalterna y alternativa así como en la política general, ya sea a escala local, regional, nacional o global. Es notable que la música con frecuencia adopta una función sismográfica y transmite a un público más numeroso la presencia de la crisis social mediante su ejecución. Puesto que la música apela a todos los sentidos humanos, lleva en sí el potencial de fomentar la política afectiva y sensibilizar a su público al conflicto social, las crisis y la injusticia. Es la mezcla de la respuesta afectiva, cognoscitiva y cinestética a la música lo que hace a esta última un medio poderoso para expresar, narrar y reflejar lo social.

Jay Schulkin y Greta B Raglin subrayan que la "[m]úsica con frecuencia es funcional, porque es algo que puede promover el bienestar humano al facilitar el contacto humano, el significado humano y la imaginación humana de las posibilidades, atándola a nuestros instintos sociales" (2014, s.n.). La mayoría de la gente en la actualidad tiene acceso a la música. El desarrollo de la industria discográfica y la innovación en las tecnologías de distribución revolucionaron los medios mediante los cuales la música se infiltra en todos los niveles de lo social. En relación con el desarrollo comunitario y de las naciones, es importante que tengamos presente que la música es un poderoso actor social. Aparte de la comunicación verbal, la música facilita los lazos afectivos y la comunicación entre los humanos. Adquiere un papel crucial al crear y mantener la solidaridad individual, grupal y nacional. La música fomenta las respuestas fisiológicas, cognoscitivas, emocionales y conductuales.

La música también funciona como inspiración, estimulación de la acción, desencadenante de emociones y reflexiones, y herramienta terapéutica. En un nivel individual y colectivo, la música forma el ámbito social mediante su capacidad de vinculación afectiva basada en el sonido y el ritmo. Lleva a cabo y narra lo social en la danza y letra de las canciones que la acompañan. Jill Suttie indica una conceptualización de la música como fuerza social y existencial de la supervivencia humana:

> Durante una gran parte de la historia humana, la única manera de experimentar la música era en directo: no había grabaciones que nos permitieran compartir la música fuera del momento de ejecución. Puesto que la música tenía que suponer un contacto con los otros (por ejemplo, reunirse para un concierto), proporcionaba una red de seguridad física y psicológica que quizás ayudó a nuestros primeros ancestros – y todavía nos ayuda – a sobrevivir (2016, n. p.)

Sin duda, la música es parte de los aspectos más primitivos y básicos de la cultura. Para algunos críticos, su función se equipara a la del lenguaje como una forma fundamental de comunicación humana. El poeta y pensador estadounidense Henry Wadsworth Longfellow incluso la llamó de manera idealista "el lenguaje universal de la humanidad" (1835, 4). Con un reconocimiento a críticos como Susan Hallam (2008), sostengo que existe una relación íntima y permanente entre la música y la sociedad, entre la música y lo social. La música crea, cambia y refleja lo social.

El presente libro comienza a partir de la premisa de que estamos viviendo en una época en la que lo social se encuentra en un proceso continuo de reinvención. Asimismo, se aparta del supuesto de que la música era y continúa siendo un protagonista clave en los procesos de reinvención de lo social, puesto que la música tiene el poder de estimular y transportar visiones de cambio al apelar a todos los sentidos humanos. Creo que el vuelo visionario y el impulso a la acción interactúan y se fusionan más fácilmente en la música que en cualquier otra expresión cultural. Puesto que es una de nuestras formas más básicas de expresión y comunicación que va más allá de las barreras cognoscitivas y lingüísticas, se presta para llevar a cabo, expresar y crear lo social en múltiples ámbitos.

Este libro sigue la presencia de la música en diversos ámbitos sociales y campos culturales de producción, y no está tan interesado en el análisis de la música y las expresiones musicales en sí, sino que más bien tiene la intención de demostrar cuán profundamente ha impregnado la música del continente americano las prácticas sociales, culturales, políticas y económicas en el siglo XX y el XXI. El primer capítulo expone la intersección de la música y la política identitaria; el segundo capítulo aborda el papel de la música en los movimientos sociales y su contextualización política y económica; el tercer capítulo explora la presencia de la música en la cultura comercial y turística; el cuarto capítulo examina la música en el contexto de la cultura museística y la política patrimonial; el quinto capítulo descubre la presencia de la música en los medios artísticos como la literatura y las artes visuales; el sexto y último capítulo aborda cómo se refleja de nuevo la música como fuerza social en los documentales de música contemporánea. La intención detrás del libro es abrir los oídos del lector a la omnipresencia de la música en nuestra vida social más allá del sonido *muzak* en los centros comerciales, la música de fondo en los bares y restaurantes, y la distancia espacialmente marcada de la música en relación con el público en las exclusivas salas de conciertos. Además, desea mostrar cómo la música del continente americano sigue reinventando lo social dentro del hemisferio americano y más allá de éste.

La música no solo parece ser la forma artística más omnipresente en la actualidad, sin duda, es también el medio artístico más impulsor al cruzar las fronteras estética, geográfica, política así como ideológicamente. La música popular, a través de toda su historia, ha anulado las claras líneas divisorias y, además, reiteradamente ha demostrado que puede transformarse a sí misma a pesar de su entrelazamiento con la cultura de masas y comercial. Y, en lo que se refiere a ésta última, se puede afirmar que en la era del internet, de las tecnologías MP3 y P2P, y la muerte frecuentemente prevista de la industria musical, la música popular una vez más allana el camino para nuevos modos de producción, distribución y recepción cultural. El acceso a la música en línea se puede interpretar como un nuevo proceso de democratización en el ámbito de la producción y distribución cultural. Este cambio no sólo abre espacios para que los compositores y músicos lleguen a públicos numerosos en línea, de manera local, regional, nacional y transnacional, sino también modifica los aspectos de la agencia y el poder en la producción y el control sobre la "cultura."

La música en el continente americano

Desde finales del siglo XIX con el éxito a nivel mundial de los espirituales hasta el siglo XXI con la expansión global del rap, la música del continente americano ha tomado al mundo por sorpresa. La música del continente americano ha dado forma en gran medida a la cultura popular global. Las culturas juveniles y las contraculturas continúan recurriendo a las expresiones musicales del continente americano para formar nuevas identidades, expresar nuevos vínculos comunales, dar forma a nuevos lenguajes corporales y disidencia política. Mientras que los flujos musicales con frecuencia siguen direcciones multidimensionales, la presencia del jazz, del reggae y del rap alrededor del mundo parece indicar una hegemonía musical arraigada en particular mediante formas de música de ascendencia africana en el continente americano. Muchos de los flujos musicales viajan del sur al norte y del norte al sur, y forman redes musicales interamericanas que encuentran su expresión entre otras y también en formas musicales menos comercializadas como el fandango, el calipso y el jazz *kaiso*. Otras culturas dieron forma a culturas de la danza como el charlestón, el mambo, la salsa, el rap y el reggaeton, y crearon una industria musical para el entretenimiento completamente nueva.

Los imaginarios utópicos en los mismos cimientos de "América" en los hemisferios norte y sur parecen dar forma a las direcciones sociales y políticas de la música en el continente americano. De ahí que la yuxtaposición de la utopía y la distopía, la esperanza y la desilusión, la visión y el lamento caracteriza a muchas expresiones musicales desde el blues hasta el rock, desde canciones de protesta hasta la nueva canción, desde el soul hasta el rap. La música y la política revelan una interrelación compleja que hace que sea difícil, si no imposible, separar el entretenimiento de la misión política, la expresión artística del comercio, la orientación a la acción del placer. Pareciera que el continente americano proporciona un terreno particularmente fértil para dicha mezcla compleja y, en ocasiones, conflictiva y explosiva. Formas indígenas comunales muy antiguas, culturas descendientes de africanas de reciente aparición y la fusión de éstas con las tradiciones musicales provenientes de todo el mundo han suscitado un campo musical diversificado y que se está expandiendo rápidamente elaborado en el continente americano.

El ámbito social y los movimientos sociales

Un enfoque hemisférico en relación con lo social en el continente americano sirve como buen punto de partida para repensar el concepto en nuevas formas, desafiando la suposición posmoderna de que lo social está muerto. En 1996, ante la destrucción del Estado de bienestar social europeo, el sociólogo Nikolas Rose afirmó la muerte de lo social (85). Si bien la destrucción del Estado de bienestar social y sus divisiones sociales generalizadas son también un hecho para la década neoliberal de la década de los años ochenta – desde la reaganomía hasta los Chicago Boys en Chile durante el gobierno de Pinochet –, también ha permanecido una noción popular de entretejer lo social. Este argumento está basado en la evaluación histórica de que las imaginaciones sociales utópicas forman la base tanto de la sociedad latinoamericana como de la estadounidense. Además, la colectivización de las afirmaciones de 'convivencia' entre grupos latinoamericanos y la política 'comunitaria' en la historia norteamericana desempeñan de manera consistente un papel clave para una nueva definición de lo social y de la coexistencia social en los hemisferios americanos (cf. Kaltmeier y Raussert 2019).

A la importancia recién ganada que mantienen las narrativas sociales en la época contemporánea también la respaldan dos avances sociales que se encuentran estrechamente vinculados: el estallido actual de los movimientos de base y sociales en el continente americano, que se resisten a la globalización neoliberal (desde Ocupa Wall Street hasta los movimientos populares que respaldan a los gobiernos izquierdistas en Latinoamérica en la década de los años 2000); estos movimientos también desafían el status quo social de los sistemas de dominación. En particular, esto es cierto en el caso de los movimientos de protesta contra la elección presidencial de Donald Trump y su presidencia en Estados Unidos, y el movimiento La Vida de los Negros Importa (*Black Lives Matter*) así como los movimientos de protesta contra la exclusión y el reconocimiento y redistribución en los movimientos indígenas en Latinoamérica y Canadá. Ambas dinámicas demuestran la alta volatilidad sociopolítica de lo social mediante el contraste entre la utopía y la distopía (Kaltmeier y Raussert 2019).

La petición de que se protejan los derechos de los indígenas, la lucha contra la discriminación racial y la opresión de las culturas homosexuales y lésbicas, y las manifestaciones contra el desalojo y deportación de los migrantes indocumentados han servido como catalizador para una nueva ola de movimientos sociales diversos y a menudo interconectados en todo el continente americano; y éstos han inspirado nuevas formas musicales como el calipso, la salsa, el reggae, la música folklórica moderna (o *folk*), el rock, el punk, el soul y el rap y han sido inspirados por ellas. Con frecuencia los movimientos como el de los Derechos Civiles, el del Poder Negro, el de La Vida de los Negros Importa, el Chicano y el de los Soñadores (*Dreamers*) han llevado la música a las calles, los lugares públicos, los territorios en conflicto y los centros culturales para respaldar sus iniciativas de política de resistencia y los nuevos procesos de desarrollo comunitario.

Además, la música como medio para el desarrollo comunitario va más allá del entretenimiento y el consumo cultural. Varios proyectos musicales hacen hincapié en la participación, derriban los muros entre el escenario artístico y el espacio público, y eliminan las fronteras entre el intérprete y el espectador. Las fronteras existentes entre la producción cultural y los movimientos sociales a la larga se desdibujan. Los movimientos religiosos, étnicos, ambientales y feministas han sido un factor importante que ha contribuido a romper con los conceptos tradicionales de lo social así como a inducir el cambio. Con respecto a la música, se podría pensar en el punk chican@ y en Alice Bag y su participación en los movimientos feministas, o en El Vez y su politización de las canciones de Elvis Presley en el contexto de los movimientos de inmigración recientes que redefinen lo social de lo marginal y el posicionamiento del subalterno (cf. Raussert 2017).

El aniversario de más de tres décadas de la epidemia de VIH/SIDA recientemente ha inspirado a los cineastas y a los músicos no solo a conmemorar el sombrío acontecimiento, sino a apreciar el activismo ante la tragedia y a recordar a los seres queridos con una serie de documentales que relatan los primeros días de la epidemia, incluidos *United in Anger: A History of Act Up, 30 Years from Here* [Unidos en la ira: una historia del colectivo Act Up, 30 años desde aquí], y "Cómo sobrevivir a una plaga" [*How to Survive a Plague*]. Sin duda, uno de los aspectos en particular más perdurables y sobresalientes de *United in Anger* es su invocación de la música sobre el VIH/SIDA que captó un momento y definió una era al transportar al espectador a aquellos días nacientes del *Act Up*. Artistas homosexuales experimentales y simpatizantes, incluidos los Pet Shop Boys y Cyndi Lauper abordaron la epidemia en sus canciones, aun cuando el gobierno de Reagan tuvo problemas para reconocer el tema. Dionne Warwick y Amigos actuaron juntos con el fin de recaudar dinero para investigaciones sobre el SIDA ya en 1985, mientras que 1990 vio la salida a la venta del exitoso y popular álbum benéfico a favor de los homosexuales *Red, Hot + Blue*.

Al lado de dichos movimientos, actualmente se están presentando nuevas narraciones de creación cultural y producción de saber que llevan a sus límites los conceptos contemporáneos de lo social. Entre las comunidades latinas en Estados Unidos y los países centroamericanos o sudamericanos, han surgido narraciones post-territoriales de lo social que van más allá de los proyectos de Estado nación. Conceptos tales como sociedad, comunidad, Estado y nación son demasiado limitados y específicos para hacer justicia a la "fluidez de lo social" (Bauman 2000, 25).

La lógica de la práctica, los discursos, las narraciones y los actos performativos en el campo de la producción cultural con frecuencia son muy diferentes de los que se relacionan con los movimientos sociales. En la música, las innovaciones en el estilo, el ritmo y la autoría musical son diferentes a las demandas, protestas y formas de organización sociales, culturales y políticas de los movimientos sociales. A pesar de estas diferencias, ambos tienen la capacidad autorreflexiva para detectar conflictos y rupturas en el ámbito de lo social y de expresarlos para un público más amplio. Al hacerlo, la música entreteje los vínculos sociales entre los diferentes grupos y permite la formación identitaria de los movimientos sociales. En términos diacrónicos, la música narra historias del pasado y sirve como una memoria cultural de los movimientos. Estas relaciones también sirven para construir identidades y crear imaginarios políticos que dan forma a movimientos sociales, proyectos políticos e imaginarios geopolíticos. Según George Lipsitz, la música popular funciona como un "depósito vital para la memoria colectiva" (2007, vii). Aunque quizás no se consideran a sí mismos historiadores de manera consciente o intencional, los compositores a menudo proporcionan "archivos alternativos de la historia" (xi) que surgen de la experiencia, memoria y visión del artista. Más allá de estas formas activas de la memoria basadas en la comunidad, también hay una fuerte tendencia a regular los formatos de la memoria. Especialmente con la Convención para la Salvaguardia del Patrimonio Cultural Inmaterial de la UNESCO, hay una proliferación de iniciativas para reconocer las tradiciones musicales como patrimonio. En Alemania, se ha declarado patrimonio a las canciones de las bases y los sindicatos del movimiento obrero. En el continente americano, se ha declarado Patrimonio Cultural Inmaterial de la Humanidad a las expresiones culturales – especialmente las canciones – de los garifunas afroamericanos en Belice, Honduras y Guatemala, así como el tango en Argentina y Uruguay, la samba en Brasil, la rumba afrocubana o la marimba en Ecuador y Colombia, y el reggae en Jamaica.

Sonidos que viajan

El estudio de la música brinda un lente excepcional con el que se pueden enfocar diversos debates en los estudios culturales, los estudios de los medios de comunicación, los estudios literarios, la historia, la sociología y la antropología que tratan de llegar a un acuerdo en cuestiones de identidades cambiantes, nuevos origenes étnicos, agencia cambiante, intercambio intercultural, procesos de mercantilización y transnacionalización en épocas de globalización. Además, permite a los críticos examinar el "estado de la música popular y de los medios audiovisuales a principios del siglo XXI" (Miklitsch 2006, xviii) para explorar la dinámica y las tensiones entre la estética y la política, el arte y el entretenimiento, la producción y la recepción en los estudios populares y culturales contemporáneos, y para investigar el papel de la teoría crítica y el estudio de la música popular en la presente coyuntura. La música no solo parece la forma artística más omnipresente en la actualidad, sin duda es también el medio artístico que más impulsa al cruzar las fronteras de manera estética, geográfica, política así como ideológica.

¿Por qué escoger a la música como el campo principal de exploración para asumir las esferas culturales y sociales en el continente americano? Por su misma naturaleza, la música atrae simultáneamente a una variedad de sentidos humanos. La música, mediante la imbricación de la melodía, la armonía y el ritmo, puede eludir las barreras cognoscitivas y lingüísticas más fácilmente que otros medios. Y en términos tanto de la física como de la geografía, los sonidos viajan rápidamente. Dicha rápida difusión la hace posible la amplia variedad de emisoras a las que puede recurrir la música. En la actualidad podemos distinguir aquí la transmisión oral de los padres a los hijos, la difusión de los programas de radio, los conciertos y giras de conciertos, las presentaciones televisadas, la distribución en canales de videos musicales, las producciones de discos compactos y DVDs y, más recientemente, la distribución de la música en internet. Al ser parte del ámbito social, económico y político, la música muestra una alta adaptabilidad, no solo a diferentes emisoras, sino también a diferentes medios, como lo ilustra su presencia en el teatro, los museos, las películas, los centros comerciales y el internet.

La música ha dado forma a lo social en contextos locales y globales. Debido a su presencia e importancia más allá de fronteras tribales, comunales, religiosas y nacionales cerradas, se puede definir la música como una expresión estética que siempre ha estado estrechamente vinculada con el patrimonio cultural, el cambio e intercambio culturales, la transculturación y la migración. La música da forma a lo social y al mismo tiempo es producto de lo social. Nos ayuda a "trazar viejos y nuevos mapas e historias de personas en tránsito" (Clifford 1997, 2).

La música viaja dentro de la sociedad, traspasa fronteras de clase, raciales, de género y edad, y viaja de manera transnacional. Ofrece diferentes rutas para viajar y algunas de ellas comienzan en la diáspora y regresan a una patria real o imaginaria, mientras que otras se originan en un espacio regional o nacional específico para llegar a múltiples comunidades de las diásporas de todo el mundo. La salsa, por ejemplo, surgió en Cuba, llegó a su primer auge en Nueva York y después se reimportó al Caribe y a otras regiones de América Latina. Mientras que la mayor parte de la música caribeña emergió de raíces africanas en la época de la esclavitud, la música soukous del Congo tiene que considerarse una adaptación de la rumba latinoamericana. La segunda difusión ocurrió a través de las transmisiones por radio de las potencias coloniales, principalmente porque la rumba se emitía por este medio con frecuencia y se volvió muy popular en las décadas de los años cuarenta y cincuenta. Los flujos entre el Viejo y el Nuevo Mundo siguen múltiples pautas. Si bien hay algunos estudios (Kelly 2012) sobre la influencia del ragtime afroamericano en la generación de un sonido jazzístico sudafricano distintivo así como del impacto del reggae en ese continente (McNee 2002), el flujo transatlántico entre el continente africano y la música popular jamaiquina no terminó con la absorción cultural del reggae en África a finales de la década de los años setenta y tampoco de la de los años ochenta. En la actualidad, el reggae y el dancehall jamaiquinos se encuentran entre las formas musicales más populares en muchas partes de África. Junto con el hip-hop, el techno house y los sonidos africanos como el kwaito y zim, el reggae y el dancehall caracterizan un tropo importante en la vasta categoría de ritmos dancísticos africanos. La música klezmer surgió de las comunidades de la diáspora judía en Europa, floreció después en la diáspora judía de Estados Unidos entre la década de 1880 y la de 1930, desapareció casi por completo de la escena europea en la era del nazismo y el estalinismo, y después volvió a aparecer en Estados Unidos a mediados de la década de los años setenta para regresar a la larga a Europa como una importación estadounidense en la década de los años noventa (Slobin 2003, 290)

Los expertos en etnomusicología han revelado que la música ha desempeñado un papel importante en contextos religiosos y más tarde en sociales y políticos en todas las culturas alrededor del mundo (Canaris 2005, 35). Desde las décadas de los años setenta y ochenta hemos sido testigos de un interés académico creciente en los vínculos existentes entre la música y los grupos sociales. Partiendo de un interés inicial en la relación entre la afiliación a una clase social y la preferencia musical, los musicólogos investigadores han ampliado sus tropos analíticos para incluir cuestiones relacionadas con la raza, el género, la edad, el origen étnico, la cultura y la contracultura. Según John Shepard, la música de la década de los años noventa representó "un momento decisivo en el estudio cultural de la música" con un interés generalizado en la identidad (2012, 75). En años recientes la interrelación de la música con la identidad ha sido el centro de los estudios musicales. Con un reconocimiento a los críticos como Wolfgang Welsch (1993, 198), observo en la música la función de encabezar las artes para crear y proporcionar modelos o una formación identitaria múltiple más allá de los límites locales, regionales y nacionales. Como lo expresa Hans J. Lietzmann (2005), la música y la política revelan sus significados y efectos solo dentro de contextos comunales en interacción estrecha con el público. Mientras que se esperaría que la política trajera orden al caos, se permitiría a la música que acepte el caos y "dé significado" a éste de manera creativa (Raussert 2008, 16). Como tal, la música representa un discurso abierto que proporciona un terreno para la experimentación, la innovación y los procesos que buscan modelos fuera de las restricciones de los sistemas sociales, políticos y legales (58–59).

Debido a dicho potencial, la música en repetidas ocasiones ha logrado traspasar fronteras nacionales así como nacionalistas. Esto es cierto igualmente tanto para el surgimiento de la música clásica como para el jazz. Viena en el siglo XIX representó el lugar multicultural para el surgimiento de la música clásica y romántica que fusionó diferentes estilos musicales locales, regionales y nacionales, y se popularizó a nivel mundial incluso durante el auge del pensamiento y el sentimiento nacionalista (Rösing 2002, 23), así como la políglota Nueva Orleáns a finales del siglo XIX y principios del XX se convirtió en el escenario para el surgimiento del jazz, una forma musical que combina los estilos y elementos musicales africanos, afromericanos y europeos a pesar de la discriminación racial y la segregación en el sur de Estados Unidos. Mientras diversos géneros musicales siguen cruzando en la actualidad fronteras nacionales y continentales, la música – popmediante su vínculo estrecho con los sonidos y las imágenes que viajan con rapidez – funciona como un medio ideal de comunicación entre las culturas y más allá de éstas. Aunque con frecuencia la música pop carece de contornos claros, los críticos como Gabriele Klein y Friedrich Malte nos recuerdan que exactamente ésta puede ser una ventaja para la comunicación más allá de fronteras étnicas, raciales, sociales, culturales y económicas fijas. Según su opinión afirmativa, las comunidades "globales" del pop están vinculadas mediante la música y la imagen. Crean alianzas, porque logran conectar a la gente más allá de fronteras nacionales y continentales. Precisamente porque la comunidad diaspórica del pop se niega a que la encasillen en paradigmas fijos, proporcionan modelos alternativos a las tentativas nacionalistas y racistas de imponer comunidades étnicamente homogéneas (2003, 98).

En resumen, para analizar el surgimiento de lo social, el presente libro define lo social como algo en proceso o como algo que se está convirtiendo en algo más (Deleuze y Guattari 1987). La importancia especial de la música para lo social consiste en su habilidad para conectar en nuevas formas a personas, artefactos y hechos entre sí. Al hacerlo, la música desempeña un papel particular en levantamientos y revoluciones, uniendo el mundo cotidiano a dichos movimientos (Selbin 2010).

Es la relación estrecha de la música con todo lo que es social lo que inspiró a que se escribiera el presente libro que examina a la música en contexto. El potencial utópico y distópico de la música ha allanado el camino a su papel destacado entre las artes para salvar de manera exitosa la brecha entre el entretenimiento y lo social, el ocio y lo político. Sus capítulos destacan la presencia de la música en diversos contextos: política, turismo, patrimonio cultural, documentales, literatura y artes, y política identitaria. La idea es demostrar que el continente americano realmente es una "América sónica" y que la música es el punto de partida ideal para reasignar lo social en sus diversas facetas sónicas. La idea no es señalar las funciones sociales de la música, sino más bien localizar la presencia de la música en el ámbito social y la configuración que hace de este último.

La música y la política identitaria

A la política de la música popular le da claramente forma la capacidad
de la música de crear alianzas afectivas que atraviesan las diferencias
sociales como son la clase, el género, la nacionalidad, la raza o la sexualidad. Por ello, la música desempeña un papel crucial tanto para las
sociabilidades individuales como grupales a corto plazo y para las identidades, a largo plazo. La mediación social de la música está integrada
en la práctica y la interpretación, la distribución y la recepción, los circuitos comerciales y otras formas de institucionalización. Si bien no están relacionadas necesariamente en cada caso, las sociabilidades reali-
zadas, las comunidades imaginadas y la identidad social forman una
triada importante para el surgimiento de la identidad y la política identitaria dentro de las instituciones y más allá de éstas. (Born 2012, 266–
267; Straw 1991, 374–384). Al igual que la identidad en tiempos líqui-
dos (Bauman 2006), estas categorías son fluidas en su proceso, a menudo son impugnadas y también repetidas veces están interrelacionadas. Con el surgimiento de nuevos circuitos comerciales, incluidos
SoundCloud, Spotify, YouTube y otras formas de distribución de la música por medios nuevos, la expresión musical individual se multiplica y
la interrelación entre el sujeto y lo social se intensifica. El presente capítulo describe la relación de la música con los diversos conceptos de
identidad y los procesos de transculturación y transformación mediante
ejemplos sacados de la música de los siglos XX y XXI con el fin de
mostrar diversos flujos y entrelazamientos de política identitaria sónica
en el continente americano.

El entrelazamiento y las identidades producidas
por la música entrelazada

La música de Arsenio Rodríguez expresa múltiples afiliaciones con la
cubanidad, la latinidad y la negritud, al mismo tiempo que acepta y reconoce diferencias marcadas. Su obra permite acercarse a la música en
el continente americano y la contribución de los latinos a la música popular estadounidense desde una perspectiva transcultural que adopta

una postura tanto descriptiva como crítica. Su música nos permite reflexionar sobre los vínculos más allá de la nación y la cultura, "la frontera siempre ya atravesada entre ser estadounidense y convertirse en estadounidense" (Pease 2002, 19). Dicha perspectiva es adecuada idealmente para trabajar con encrucijadas estratégicas en donde lo nacional se encuentra con lo transnacional y con la constitución continua de "Estados Unidos" y el "continente americano" desde un punto de vista dialógico.

Las complejas redes globales que sustentan la construcción y realización de la identidad están a la vista en la producción musical de Arsenio Rodríguez. Como compositor y artista, como responsable de avances cruciales en algunos de los géneros más importantes de la música latina – el son montuno, el mambo y la salsa en las décadas de los años treinta, cuarenta y cincuenta –, no sólo ha ideado un estilo africano para tocar en sus composiciones de música afrocubana, sino también ha creado composiciones musicales estrechamente vinculadas a la raza, la clase y la cubanidad. Durante toda su carrera nunca ha cesado de hacer hincapié en las raíces africanas de la música cubana y ha combinado continuamente su estética musical negra con las luchas antirracistas. En julio de 1969, Arsenio Rodríguez actúo en un programa en el Festival de Folklore Estadounidense en Washington D.C. que se llamó "La música negra a través de las lenguas del Nuevo Mundo". Al presentar su música en el contexto del festival, Rodríguez declaró las raíces negras de sus composiciones:

> Buenas tardes, damas y caballeros ... Soy Arsenio Rodríguez, el compositor de muchas canciones, principalmente africanas, que han escuchado. Compuse todas aquéllas afroamericanas que ustedes solían escuchar cantar a Miguelito Valdés. "Bruca Maniguá", "Fufunando" y "Adiós África" que grabó Xavier Cugat, y muchas canciones que se cantan en todo el mundo. Todas ellas tienen una influencia africana producto de mi herencia (citado en García 2006, 17)

La música de Arsenio Rodríguez se escuchó por primera vez dentro del contexto del movimiento cultural del afrocubanismo de la década de los años treinta. Tanto su música como su identidad las basó en una perspectiva transnacional afrodiaspórica. De hecho, "afirmó su herencia africana y su identidad cubana como coexistentes y, sin embargo, distintas, más que como un mestizaje o síntesis", como explica David García (2006, 12). Rítmicamente Rodríguez recurre a patrones rítmicos de *tango y congo* para la introducción, la sección de los versos y el puente, mientras que la sección final de los *afrocubanos* se caracteriza por una estructura rítmica básica del son. En la letra de sus canciones siempre intentó fusionar lo musical y lo lírico con lo político. Por ello, el tema predominante de los afrocubanos de Arsenio Rodríguez es la representación textual de los esclavos negros y de la vida en las plantaciones en el siglo XIX mediante el uso del habla bozal, una forma africanizada de español, y mediante la presentación de tipos de personajes convencionales negros del teatro popular cubano. Estos últimos se habían hecho populares en las representaciones de afrodescendientes parecidas a las de los *minstrels* en los bufos o teatro cómico cubano negro del siglo XIX, y llevaban los signos de la diferencia y la inferioridad negras. Al reorganizar los signos dominantes de la negritud, Arsenio Rodríguez participa en lo que el crítico afroamericano James Snead denomina "repetición con una diferencia". La parodia de la negritud imitada, entonces, se convierte en una herramienta política así como en una estrategia de mercado en la que el compositor se convierte en un agente en la distribución de su música. La teoría de los estereotipos en el discurso colonial de Homi Bhabha hace referencia a la "condición" general "de ambivalencia" del estereotipo, que, según él, es responsable de la aceptación de los estereotipos raciales y su repetición continua a través del tiempo y las culturas (1994, 94–96). Usar significantes raciales para clasificar nuevas formas musicales puede funcionar de diversas maneras. Si bien, como sucede con frecuencia, el uso puede funcionar como un guardián de la supremacía racial, puede también usarse como una estrategia de mercado para presentar lo extraño y lo exótico mediante un acto de familiarización. Cuando los artistas y los productores recurren a los significantes de la diferencia de ser negro para presentar una forma artística a un público más grande, pueden recurrir a respuestas típicas de imágenes de estereotipos raciales codificadas y registradas históricamente. Al poner un énfasis especial en los estereotipos actuales, exagerarlos y, de esa modo, parodiarlos, se establece un proceso de familiarización que vuelve paradójicamente familiar aquello que parece extraño y exótico. Si bien dicha práctica cultural corre el riesgo de reforzar los estereotipos, puede muy bien impulsar una introducción exitosa de nuevas formas artísticas "exóticas" en la cultura popular dominante. Rodríguez, de hecho, emplea una parodia de una parodia, un proceso que irónicamente le permite tanto infundir en la industria cultural dominante sus productos artísticos como, al mismo tiempo, burlarse de las ideologías racistas dominantes (cf. Gates 1988, 100–106).

En sus canciones populares, como "Brucamaniguá", dicha estrategia expone la doble estructura del éxito público y la crítica cultural. Si bien los tipos de personajes negros en los primeros versos de los afrocubanos de Rodríguez recuerdan las imágenes convencionales de la tradición *minstrel*, en la sección del puente de las canciones ocurre sin embargo una transformación en la voz del protagonista que expresa su postura crítica y de confrontación de manera explícita, y ataca verbalmente al opresor de manera directa. Lo que Rodríguez situó en el flujo transcultural de la música popular latina fue una forma transnacional que cruza las fronteras de criticar el racismo contra los afrodescendientes. En "Aquí como allá", una canción que grabó en la Habana en 1950, indirectamente hace referencia a la intolerancia racial que experimentó en el sur de Estados Unidos. En la sección de los versos le da a esa experiencia un giro transnacional, aunque señalando la historia transnacional de la esclavitud y la discriminación racial con respecto a África, Brasil, Cuba, Haití, Nueva York, Argentina, México y Venezuela. Si bien recorre muchos caminos que los esclavos negros ya habían recorrido antes, la aceptación de Rodríguez de las raíces africanas proporcionaron formas de reubicar y reconectar las tradiciones musicales del continente americano. Su énfasis en el tambor conga como componente rítmico principal, donde el conga "significa los estereotipos del primitivismo africano" (2006, 22), como nos recuerda David García, y, en particular, la utilización que hace de éste la Orquesta Casino de la Playa compuesta solo por músicos blancos para tocar *afrocubanos*, revelan que Rodríguez utilizó la posibilidad de difundir su música a través de las fronteras para afirmar una nueva agencia mediante el impulso y venta de formas musicales de afrodescendientes, y lo hace burlándose de la apropiación que llevan a cabo los blancos de la música cubana negra en clubes de Buenos Aires, Nueva York y la Habana a finales de la década de los años treinta e infundiendo a la cultura dominante una crítica cultural de un agente negro empoderado.

Es la intersección de la música, la política cultural y sus relaciones transnacionales lo que sale a relucir de nuevo en la historia de la música popular en el continente americano y lo que nos recuerda, una vez más, que nuestra tarea como críticos consiste en aceptar la transculturalidad en el contexto de las relaciones de poder si queremos comprender los complejos procesos de intercambio cultural multidireccionales que caracterizan la producción, distribución y recepción de la música y su impacto relacionado sobre la política identitaria. Las composiciones de Rodríguez interpretan historias sónicas entrelazadas y solo se pueden entender si consideramos a la música como algo inseparable de la política transnacional de la agencia, el acceso a la producción y la política transnacional de la recepción. Si bien dicha investigación quizás nos sorprenda con puntos en común inesperados dentro del continente americano, con toda certeza siempre nos guiará también para ver la diversidad 'americana' dialógicamente. En la música de Rodríguez la identidad cubana se interpreta como una identidad interconectada con Latinoamérica en general y con la política identitaria afrodiaspórica en todo el continente americano.

El poder negro y los circuitos de identidad diaspórica negros

Flujos transversales caracterizan la forma en que la música y la identidad han viajado como compañeros no tan extraños desde la época colonial hasta el presente. Sin duda, una de las manifestaciones más poderosas de ese compañerismo entre la música y la identidad ocurrió con la difusión del funk y el soul como voz política sónica en la segunda mitad del siglo XX (Steinitz 2019). En el contexto histórico de los tumultuosos años de las décadas de los sesenta y principios de los setenta, cuando los movimientos por los Derechos Civiles y del Poder Negro no solo sacudieron los cimientos de la supremacía blanca en Estados Unidos, sino que fomentaron la lucha anticolonial de los afrodescendientes en todo el continente americano y en otras partes del mundo, la expresión musical se convirtió en un medio importante para difundir mensajes políticos. Al referirse a la difusión de las culturas y la política negras durante esa época, Thomas Fawcett escribió sobre nuevos vínculos identitarios entre los grupos afroamericanos y los grupos afrodescendientes en toda Latinoamérica y el Caribe que viajan mediante la música – funk y soul – en particular. Como dice este autor, "[…] la globalidad de la música soul y funk […] muestra que la música puede crear vínculos entre grupos diferentes de la diáspora africana" (s.n.). Hace hincapié en que "la música soul y funk vincularon a comunidades distintas de la diáspora a pesar de las barreras potenciales de las diferencias lingüísticas y culturales" (Fawcett 2007, s.n.). Al referirse al impacto en la recepción, mantiene que "sus seguidores y los músicos por igual adoptaron elementos de la estética soul – como el peinado afro – en una muestra de solidaridad y como una protesta implícita contra el status quo" (s.n.).

Al comentar sobre la expresión musical de los afrodescendientes en el continente americano, Roger D. Abrahams nos recuerda que las diversas formas expresivas tienen un fuerte vínculo con la ubicación y las historias de su origen. Enumera "la habanera cubana, la samba de Río, el reggae y Kingston, el blues del Misisipi" como ejemplos de los poderosos lazos existentes entre la música y lugares específicos. Al mismo tiempo comenta sobre su alcance global más allá del lugar. Éstos "son también invenciones vernáculas claramente reconocibles que lograron un lugar en la industria del entretenimiento transnacional más que proporcionar el tipo de reflexión cultural que lleva a la formación de una patria" (Abrahams 2001, 99). Lo que Abrahams sugiere es la difusión de un imaginario más grande de afrodescendientes en los círculos comerciales más allá de las fronteras de las naciones estado. Como concluye, "Estas músicas, y los pueblos que se identifican a través de ellas, unen a toda la región, incluso cuando anuncian la invención cultural local a públicos populares a nivel mundial" (99). Lo que surge es una visión del continente americano negro que está mucho más allá del sur de Estados Unidos: "Es una región que no solo incluye al Caribe y al sur de Estados Unidos, sino muchos parajes costeros en Sudamérica tanto en las costas del norte, del este y del oeste, y muchas áreas del latifundio de Centroamérica, incluídos Belice y Costa Rica" (99). Las expresiones afromusicales, por lo tanto, han afectado tanto la política identitaria geopolítica como la personal en el continente americano. Al describir el impacto del funk y del soul en la liberación negra en todo el continente americano, William L. Van Deburg en *New Day in Babylon* [Nuevo día en Babilonia] (1992) expresa que "[a]l trascender el medio de entretenimiento, la música soul proporcionó un ritual en la canción con el que los negros podían identificarse y mediante el cual podían transmitir símbolos importantes exclusivos de su grupo" (1992, 205). Como dice Van Deburg, la música se convirtió en un agente de empoderamiento y cambio: "La música era poder y se consideraba que era sumamente relevante para la lucha prolongada de los afrodescendientes para su liberación. Para algunos, era la poesía de la revolución negra" (205). Las canciones de soul, tales como *"To Be Young, Gifted, and Black"* [Ser joven, talentosa y negra] de Nina Simone, *"We Got More Soul"* [Tenemos más soul] de Dyke and the Blazers y en particular *"Say It Loud (I'm Black and I'm Proud)"* [Dilo en voz alta (soy negro y estoy orgulloso)] de James Brown, se convirtieron en himnos para la lucha por la liberación de las afrodescendientes en todo el continente americano y otras secciones del mundo interesados en las luchas anticoloniales. Más allá de las comunidades negras en el continente americano y África, estas expresiones musicales impulsaron a los movimientos culturales de los jóvenes, la resistencia subcultural y los movimientos contraculturales traspasando naciones, etnicidades y fronteras de clase en una escala global.

La práctica de citar y las identidades fluidas entre el norte y el sur

La música viaja rápidamente, lo social en la época contemporánea, según Bauman (2006), es fluido, y la identidad cambia de contexto a contexto, de una época a otra. Una manera de seguir el cambio de identidad y de significado es observando la práctica de citar en la música contemporánea. Sin duda, viene primero a la mente tomar una muestra de la escena del hip hop. Otro ejemplo ilustrativo para mostrar los flujos del sur al norte y la interrelación de la política identitaria lo encontramos en la música de El Vez. Citar, dicho sencillamente, significa tomar prestado, apropiarse, desplazar y reubicar partes de un original. Es justo decir que las citas están presentes en todos los campos de la práctica social y cultural. Puede formar parte del mundo artístico, la industria, la economía y el mundo académico. Si bien la práctica de citar es el acto de copiar, no necesariamente produce una copia. Lo que crea con frecuencia es un nuevo campo de significado, formas de connotación, alusión y referencia. La cita se define aquí como la práctica cultural que representa la apropiación, pero que conduce a algo nuevo en un contexto diferente. Con un reconocimiento a Walter Benjamin, Rüdiger Kunow señala que citar un texto significa interrumpir un contexto. Esto revela un cierto aspecto incontrolable y desafiante de la práctica de citar. En las críticas poscolonial y decolonial, en particular, el acto de citar hace referencia al interior de una cultura y a un nuevo contexto fuera de sus elementos constitutivos. En palabras de Kunow, "la cita tanto está situada en un lugar como se puede mover, es sedentaria y está abierta a empleos en otros sitios" (2001, 252). Como Kunow sigue explicando, "la cita constituye un movimiento doble: hacia adentro, hacia elementos básicos de una cultura dada, y hacia afuera, hacia un nuevo contexto" (252).

El agente que cita aquí es El Vez, el Elvis mexicano. Robert López, alias El Vez, es un artista chicano contemporáneo que nació en las tierras fronterizas entre México y Estados Unidos. La mejor manera de describir su práctica de citar es como multimedia. Muestra que citar llega más allá del lenguaje y la cultura impresa. Abarca el texto, el sonido, la imagen, la ropa y los gestos. Sostengo que su práctica de citar sirve una doble función. Por una parte, le permite promover su propia actuación al revender lo familiar. Por otra parte, le permite volver desconocido lo ya conocido al crear nuevas muestras y remixes. Éstos se caracterizan por pausas y transiciones repentinas, y tienen la intención de desafiar "la hegemonía de la cultura pop estadounidense 'blanca'" (Kunow 2001, 251). La música y las interpretaciones de El Vez tienen como objetivo entretener, pero también exigen rebeldía y resistencia. En la música de El Vez los sonidos canonizados del mundo de la música popular se entremezclan con nuevos mensajes políticos. Como versátil imitador de Elvis Presley, recurre al efecto de reconocimiento de este ícono. Al citar clásicos de Presley como *"Suspicious Minds"* [Mentes sospechosas] y *"In the Ghetto"* [En el gueto], sus canciones toman prestado del canon de la cultura pop estadounidense. La letra de sus canciones, sin embargo, son citas con diferencias, traducción y variación. Especialmente en el contexto del Nuevo Movimiento de Migrantes, su música ha logrado un nuevo impulso político. Las citas musicales de El Vez de clásicos del pop como *"Suspicious Minds"* y *"Power to the People"* [Poder para el pueblo] (Lennon) usan la máscara del entretenimiento para criticar la reciente política fronteriza y de inmigración estadounidense. En sus citas musicales El Vez continúa caminando por la delgada línea entre la historia de éxito de la música popular y el potencial de rebelión que tiene la música. Si bien sus muestras y remixes recuerdan otras estrategias musicales contemporáneas usadas en el rap y el reggaeton, también expresan una mentalidad específica de bricolaje en funcionamiento.

Es importante notar que El Vez cita a partir de diversas tradiciones de activismo social. El arte de sus citas supone la creación de nuevos personajes escénicos. Por ejemplo, las portadas de los discos compactos, los carteles de los conciertos y el vestuario escénico funcionan como una matriz para que El Vez haga referencias culturales: al movimiento zapatista en Chiapas, al Che Guevara y la revolución cubana, al Movimiento Chicano de décadas anteriores, al Movimiento del Poder Negro y al Movimiento anti-Vietnam de la década de los años setenta, por mencionar sólo algunos. Se viste y se hace pasar por 'el guerrero zapatista Marcos' y como un 'Muhammed Ali' latino. El amplio espectro de los personajes escénicos que adopta muestra su acercamiento ecléctico y transnacional a la política de resistencia en el continente americano. Toma prestado elementos de las culturas de protesta afroamericanas, chicanas, cubanas y mexicanas. Además, El Vez siempre aclara que canta y habla por los desposeídos (Raussert 2017). Si bien cita a partir de un amplio canon de música pop estadounidense, incluido Paul Simon, no es sorprendente que la figura de Elvis Presley sea clave para su interpretación de la música pop. Muchas de sus interpretaciones de Elvis Presley rinden homenaje a las raíces obreras y rutas del Rey del Rock 'n' Roll. Presley de muchas maneras personifica la historia de transición de la pobreza a la riqueza al haberse mudado de su pequeña casa de la época de pobreza de su infancia en Tupelo, Misisipi a Graceland, su casa de lujo en Memphis, que en la actualidad es un sello distintivo de los viajes organizados del patrimonio cultural estadounidense. Sin embargo, como había demostrado la primera recepción de Elvis Presley en el sur de Estados Unidos, el público de radio lo confundió con la voz de una persona negra. Por ello, el éxito de Elvis Presley va más allá del éxito comercial y popular. Hasta ahora, sigue siendo un sello distintivo de expresión musical que desdibuja las líneas étnicas y raciales. Como dice Eric Lott, Elvis Presley "desmanteló … la música racial" en sus "conquistas culturales" (1993, 103). Además, el movimiento legendario de la pelvis de Elvis Presley significó una radicalización del movimiento corporal masculino de los blancos e introdujo nuevas formas de actuación escénica que vinculan las expresiones de la voz con el cuerpo. Estos ejemplos también ilustran por qué son importantes los múltiples tipos de. En conclusión, "nombrar es … también potencialmente una estrategia de mímesis subversiva" (139) y encuentra su voz musical en el collage de canciones amenas y provocadoras de El Vez.

Acercamiento de la imagen: Diáspora, dimensiones étnicas, postétnicas y postnegras de las identidades sónicas

Después de haber explorado formas entrelazadas y desenmarañadas, y flujos de música e identidad, el discurso de Butler y de Athanasiou nos ayuda a poner de relieve la performatividad como una base para reinventar tanto la identidad como las relaciones sociales. Los etnomusicólogos, los antropólogos y los investigadores de los estudios culturales de manera repetida se han referido a un vínculo estrecho de la música con los procesos de formación identitaria, ya sean nacionales, regionales, étnicos, en el contexto de culturas juveniles o simplemente individuales. En lo que respecta al impacto latino sobre la música popular estadounidense, en la primera parte del presente capítulo abordaré cuestiones de etnicidades cambiantes en el contexto de la migración de la música. Stuart Hall, en su ensayo *"Cultural Identity and Diaspora"* [La identidad cultural y la diáspora] yuxtapone perspectivas posmodernas de identidad al anhelo por autentificar la historia cultural propia en relación con la naciente producción cultural caribeña diaspórica, en particular el cine. En lo que concierne a producciones cinematográficas recientes, Hall señala que la identidad cultural se concibe "en función de una cultura compartida, un tipo de 'un yo verdadero' colectivo, que se esconde dentro de muchos otros 'yos' más superficiales o impuestos artificialmente que tiene en común la gente que comparte una historia y ascendencia" (1992, 393). En otros, como Hall explica con detalle en su ensayo fundamental, la identidad cultural no se basa en la noción de una historia unificada, sino que acepta el hecho de que las identidades están constantemente en movimiento, están siempre en un estado de transformación, y produciendo y reproduciéndose para siempre mediante el "juego continuo de la historia, la cultura y el poder" (393). Los debates actuales sobre la política de la diferencia cultural, en el contexto del fundamentalismo y el terrorismo global, han dirigido la atención de los críticos a la necesidad de renegociar los procesos de formación identitaria en épocas de globalización y migraciones múltiples. Si bien la etnicidad sigue siendo uno de los tropos claves para afirmar y definir la identidad, las afiliaciones étnicas también se ponen en tela de juicio en épocas de deslocalizaciones y reubicaciones individuales. Por lo tanto, han surgido conceptos contrastantes de etnicidad (Barth 1969), postetnicidad (Hollinger 1995) y transetnicidad (Grupo de Investigación *E Pluribus Unum* 2009) y se negocian en los debates actuales sobre cómo oscilan las identidades étnicas entre la estasis y la fluidez (Bauman 2006, 61–69). Frederik Barth, antropólogo noruego, mantiene que las "diferencias culturales pueden persistir a pesar del contacto interétnico y de la interdependencia" (1969, 10). Si bien Barth comparte la creencia de críticos como Hollinger de que existe la posibilidad de cambiar afiliaciones, Barth considera que están funcionando patrones controladores que limitan la elección individual. De este modo, concluye que las fronteras étnicas persisten a pesar del flujo de seres humanos a través de las líneas fronterizas. Asimismo, mantiene que las fronteras étnicas con frecuencia son la misma base sobre la que se construyen, y a veces se cierran, los sistemas sociales. Aquí se podría agregar que la identidad étnica y las fronteras se instrumentalizan de manera repetida en actos ideológicos, políticos y militares así como paramilitares de depuración étnica. Mientras que la concepción de Hollinger de la identidad postétnica se centra en el cruce de líneas fronterizas, haciendo hincapié primordialmente de esta manera en los elementos de trasgresión y elección, Barth analiza aspectos de la interacción que ocurre en la misma línea divisoria de la interacción étnica. Toma en consideración que la interacción étnica a menudo se lleva a cabo entre los grupos mayoritarios dominantes y los marginados. Según él, los agentes responden a los encuentros étnicos en forma diferente. Para algunos individuos de los grupos marginados lograr la incorporación al grupo dominante es su meta más alta. Otros prefieren aceptar su status minoritario e intentan actuar cultural, política y económicamente dentro de los sectores tolerados por la sociedad mayoritaria. Por último, Barth hace referencia al elemento de la resistencia cuando señala que un tercer grupo de individuos afirma su identidad étnica con el fin de organizar nuevos patrones de acción social para los sectores prohibidos (303–308). Barth idea un espectro de interacción étnica que va desde la aceptación de la posición de una persona externa de rango inferior mediante la asimilación de los grupos minoritarios hasta nuevos movimientos étnicamente impregnados en la política y las artes. Con lo que respecta a la música y la música afroamericana en particular, podemos ubicar todas las dimensiones del espectro de Barth en la historia de las formas musicales afroamericanas; además, naturalmente, tenemos que añadir que los músicos y las compañías musicales afroamericanos también han adoptado posiciones de poder como agentes, no solo al tratar de volver negro al continente americano, sino también al mundo (Rafael-Hernandez 2004).

La teoría de la postetnicidad – como la ideó David Hollinger – define a los individuos como cosmopolitas que pueden pertenecer a múltiples grupos de manera simultánea y adoptar diferentes elementos de diversos grupos a los que pertenecen en parte, de tal manera que pueden en consecuencia dar forma a sus identidades. Idealmente las asociaciones grupales son tanto voluntarias como fluidas y el individuo puede escoger a cuál de los diversos grupos desea afiliarse, dependiendo del contexto y la situación. La elección de Willy de Ville de estilizarse, pasar por músico latino y presentarse como tal en la música de rock y de fusión de la década de los años ochenta representa uno de estos ejemplos tomado del mundo de la música. La postetnicidad considera que las identidades las construye uno mismo y son dinámicas. Lo que es esencial es la suposición básica de que la identidad se puede formar a partir de posibilidades opcionales. Como explica Juanita Tamayo Lott, "La raza y la etnicidad entre miembros de grupos importantes pueden convertirse en identidades opcionales con el tiempo y según la situación" (1998, 91). David Hollinger, asimismo, hace hincapié en su construcción por el individuo mismo. Si bien el individuo no puede escoger su país de nacimiento ni el color de su piel, Hollinger subraya que cada individuo puede decidir qué tanto énfasis pone en estos aspectos dentro de los procesos de formación de la identidad. Según él, "las identidades que adopta la gente son adquiridas en gran parte mediante la afiliación, ya sea ésta impuesta o elegida" (1995, 7). Hollinger describe el punto de vista postétnico como una perspectiva que incluye la multiplicidad simultánea de las afiliaciones grupales del individuo y el factor cambiante de esas afiliaciones entre varias identidades. Al considerar las identidades postétnicas como esencialmente democráticas, mantiene que la "postetnicidad prefiere las afiliaciones voluntarias a las impuestas, presiona porque haya comunidades de amplio alcance, reconoce el carácter construido de los grupos etnoraciales y acepta la formación de nuevos grupos como parte de la vida normal de una sociedad democrática" (116).

Si bien el concepto de Hollinger parece idealista, utópico y, sin duda, también elitista, el concepto de 'transetnicidad' sugiere una concepción más orientada al proceso y recíproca de la concepción movilizadora, multiplicadora y restabilizadora de etnicidad. Este concepto sugiere un proceso multidireccional en el cual oscilan las identidades entre fases de fluidez y estasis, un proceso complejo que abarca momentos de desetnificación y reetnificación así como momentos en los que se trasciende la fijación étnica en épocas de migraciones múltiples y cruces fronterizos constantes. Si bien los géneros musicales hace mucho tiempo han demostrado su capacidad para cruzar las fronteras etnoculturales, el ejemplo del rapero blanco Eminem podría también funcionar como un ejemplo obviamente bastante controvertido de la política identitaria transétnica en el ámbito de la música popular. Sin duda, Eminem hace variaciones de la fluidez entre la blancura y la negritud, al mismo tiempo que expone conscientemente su entrelazamiento con los procesos transculturales de préstamo y adaptación musicales que han caracterizado la historia de una gran parte de la música popular. "Soy la peor cosa desde Elvis Presley / Hacer música de los negros de manera tan egoísta / y usarla para hacerme rico". (Miklitsch 2006, 8). Como señala Miklitsch, las "contradicciones performativas" de Eminem, "enmarañadas como lo están con el flujo de latigazos y las locas habilidades líricas de Eminem, son también las que hacen que sea una figura tan fascinante … El enfadado rap de Eminem que destaca en canciones como '*White America*' [Estados Unidos blanco] refleja estos Estados no tan Unidos en todo su sonido y furia" (8). El caso de Eminem revela que detrás de los procesos de identidad postétnica y transétnica, no podemos dejar de observar el entrelazamiento de la etnicidad en el contexto de la cultura comercial.

Otro ejemplo que muestra la complejidad de la formación identitaria transétnica es el surgimiento del punk latino/chicano en Los Ángeles en las décadas de los años setenta y ochenta. Con un reconocimiento a Michelle Habell-Pallán, el presente capítulo argumenta que las nuevas direcciones que tomó el punk en el contexto de latinas y chicanas cambiaron los estilos del punk y dejaron perpleja a la política identitaria dentro de los diversos grupos de latinas en California. Para algunas chicanas rebeldes, el punk de la década de los años setenta sirvió como mecanismo sónico liberador y el escenario del punk sirvió como espacio social emancipador. "Surgió una nueva conciencia feminista latina/chicana del encuentro entre la voz femenina latina y la cultura punk. El humor exagerado interpretado y cantado como crítica social se convirtió en una marca comercial, y caracterizó la sensibilidad musical y lírica de las mujeres latinas/chicanas cuando actuaron en el Este de Los Ángeles, el Westside, Hollywood y ciudades de México" (Habel-Pallán 2008, 25). Con la gradual desaparición del movimiento juvenil chicano de la década de los años sesenta y el aumento del multiculturalismo institucionalizado, las expresiones sónicas de chicanas como Teresa Covarrubias y Alice Armendariz Velásquez impidieron una categorización sencilla de la cultura étnica, la norma social y la identidad de género. Idiosincrásicas y eclécticas en su interpretación, vestuario y voz, rompieron todas las reglas al mismo tiempo que integraron el estilo no conformista de sus rebeldes antepasadas pachucas. "Mediante la trasgresión de la norma social, estas músicas punk repudiaron las conductas e identidades que les impusieron la cultura masculina dominante, las comunidades chicanas y sus tradiciones familiares conservadoras" (27). Los ejemplos de Teresa Covarrubias y Alice Armendariz Velásquez también muestran la condición problemática, y a veces bastante conflictiva, de la política identitaria individualista frente a la colectiva con los grupos que no pertenecen a la corriente dominante.

En la época actual de corrección política, mercados neoliberales y neoconservadores, reacciones abiertamente chauvinistas y racistas, los debates en torno a conceptos como la "post-negritud" y la "nueva negritud" son manifestaciones de una tendencia más amplia en la producción cultural negra a finales del siglo XX y principios del siglo XXI a considerar nuevas definiciones de la negritud en la era de los derechos post-civiles. Aunque, como argumenta Paul C. Taylor, conceptos específicos tales como "post-soul", "arte post-negro", "nueva negritud" y "post-raza" tiene cada uno su definición específica, todos deben entenderse "como nombres diferentes para la misma realidad compleja" (2007, 625). En *Who's Afraid of Post-Blackness: What It Means to Be Black Now* [Quién tiene miedo a la post-negritud: lo que significa ahora ser negro] de Jonathan M. Touré "post-negritud" es la etiqueta para describir nuevos patrones identitarios para los afrodescendientes que abarcan la diversidad, la fluidez y la experimentación (Kennedy 2011). La 'post-negritud' significa, por supuesto, estar arraigado en la negritud, pero no limitado por ella. La "post-negritud", en el pensamiento utópico individualizado de Touré, florece debido a su naturaleza ilimitada, de códigos abiertos e infinitamente adaptable. Esto representa una amenaza y un desafío a la política identitaria colectiva previa dentro de la política organizada e institucionalizada, y a veces, muy reglamentada y restrictiva, de ser negro y su resistencia (Marcus Garvey, Elijah Muhammad). Asimismo, revela las tensiones y la dialéctica entre la libertad individual y el progreso colectivo al que se enfrentan los activistas y músicos contemporáneos, tales como Kendrick Lamar. Con su álbum de 2015 *To Pimp A Butterfly* [Chulear a una mariposa] alimentó debates constantes sobre las elecciones individuales y la responsabilidad colectiva dentro de las comunidades afroestadounidenses y más allá de ellas. El segundo sencillo del álbum, "The Blacker the Berry (The Sweeter the Juice)" [Mientras más negra sea la baya (más dulce es el jugo)] provocó tanto alabanzas como controversia sobre su compromiso con la violencia policial y su énfasis en el odio que siente los negros hacia sí mismos, lo que muchos interpretaron como culpar a las víctimas. La canción llega a un clímax en un revés irónico. En un metanivel el enfoque exterior que hace la canción en la condición social racista y opresiva se vuelve hacia adentro para investigar la 'hipocresía' autoproclamada de la voz cantante, debido a que lamenta la muerte violenta de hombres jóvenes negros al mismo tiempo que celebra sus raíces, en una comunidad de Compton marcada por la violencia con armas. Cuando se lanzó al mercado la canción esto desencadenó argumentos opuestos sobre si Lamar estaba regresando a la conocida política conservadora de la respetabilidad mediante la invocación del espectro de los crímenes que los afrodescendientes cometen en la gente de su misma raza para borrar la supremacía blanca. Sin embargo, la confesión de Lamar de su propia hipocresía parece ser un acto performativo que no destruye por completo la crítica estructural de la letra de las canciones. En cambio, resalta la tensión creciente entre el énfasis de la "nueva negritud" en el empoderamiento individual y el reconocimiento de los confinamientos estructurales. La canción de Lamar también expone cómo se manifiestan dichas tensiones mediante el intento de construir conexiones entre el presente inseguro y fragmentado y un pasado colectivo principalmente imaginado mediante la iconografía dominante del Movimiento por los Derechos Civiles. En esta concepción de la identidad negra predomina la nostalgia por el trabajo colectivo y valiente del Movimiento por los Derechos Civiles. La política de respetabilidad de Lamar parece privilegiar la acción autodirigida para oponerse al racismo. La postura individualista de Lamar no niega las bases institucionales ni el racismo, sino que favorece al agente individual en oposición a los movimientos de base más grandes. Richard Iton supone que la música de protesta después de los disturbios de Ferguson refleja una "división integracionista/nacionalista" que está resurgiendo dentro de la política negra (2008, 23). No obstante, como subraya Fernando Orejula, "en los mítines y marchas de protesta, el cántico *"We gon' be alright!"* [¡Vamos a estar bien!] se lleva a cabo en el estilo, la cadencia y la lengua vernácula del inglés afroamericano emitidos en la grabación original de Lamar" (2018, 1). De nuevo, son la situación y el contexto los que deciden qué dirección va a tomar la política identitaria.

Las Krudas (Cuba), Chocquibtown (Colombia), Janelle Monáe (Estados Unidos): La creación de nuevas redes sónicas y la expansión de la política identidaria sónica del siglo XXI

Mientras la canción de Lamar revela la tensión entre las posturas individualistas y colectivistas en la política identitaria de los afrodescendientes, parece justo decir que en la época contemporánea, sobre todo, una nueva ola de música negra que expresa la política identitaria translocal se extiende desde Estados Unidos hasta Cuba y Colombia, entre otros países. Directamente relacionado o conectado de manera asociativa con el reciente movimiento La Vida de los Negros Importa que se propaga por todo el continente americano, numerosos artistas y grupos ayudan a impulsar la nueva política identitaria negra entre la expresión individual y la afirmación grupal al reconocer y negociar las diferencias individuales, locales, regionales y nacionales. Al observar los flujos entre Cuba y Estados Unidos, la banda cubana ahora basada en Estados Unidos Las Krudas Cubensi representa en buen ejemplo de volver *queer* la raza y la política identitaria dentro de un mapa musical cada vez más interamericano. Lo *queer* con frecuencia se presenta como un depósito para la política identitaria alternativa. Lo *queer* se expande a partir de la sexualidad y connota "las formas en que la raza, la etnicidad, la nacionalidad poscolonial se entrecruzan con éstos *y otros* discursos que constituyen identidades y que fracturan éstas ... la complejidad fractal de la piel, la migración, el estado" (Sedgwick 1994, 9). Por su misma naturaleza, ser *queer* desafía los límites de la heteronormatividad y confronta las restricciones hegemónicas. Como dicen Eng, Halberstam y Muñoz, lo "*queer* [desafía] los mecanismos normalizadores del poder del estado de nombrar a sus sujetos sexuales" (2005, 1)

Fundada en 1999 la banda *queer* de hip hop Las Krudas Cubensi está formada por Odaymara Custa, Olivia Prendes y Odalys Cuesta, las cuales crearon su música en actuaciones callejeras. De esta manera, al mismo tiempo que creaban una protesta en el marco general estética y políticamente sancionado de la Revolución cubana, sin embargo, daban un paso más al expandir la política identitaria sancionada nacionalmente. Mediante la letra de las canciones y el estilo de su actuación, expresaron su protesta contra el racismo, el sexismo y la discriminación homofóbica en Cuba y Estados Unidos. Como mujeres negras *queer,* también se encontraban entre las cofundadoras de la primera organización de negras lesbianas OREMI en 1996 que desafío al gobierno de Castro al señalar las desigualdades en la intersección de la raza, el género y la sexualidad dentro de la sociedad cubana (Roth 2016, 104–105). Al actuar en Cuba, México, Rusia y Estados Unidos, entre otros lugares, difundieron su misión política de despertar la conciencia en lo que concierne a la violencia doméstica, la violencia de género, el racismo, la homofobia y los ideales de belleza hegemónicos en una escala internacional. Con residencia en Austin, Texas desde 2006, continúan situando su interpretación *queer* de la identidad dentro de una identificación general con la educación cubana y caribeña que recibieron; sin embargo, escogieron Estados Unidos como el lugar de enunciación, con Austin como el centro de producción de música alternativa y un mejor acceso a la comercialización. Continúan con diálogos interamericanos principalmente con comunidades de artistas y activistas cubanos mediante actuaciones comunes e intercambios periódicos. Su acto de volver *queer* la política identitaria se nota en su mezcla lingüística de español, lengua criolla e inglés en sus referencias al patrimonio diaspórico afrocubano, la fuerte presencia de mujeres negras en la expresión musical afrodiaspórica y su lucha constante contra el sexismo dentro del hip hop dominante. Los nuevos medios de comunicación les sirven para evitar cierto control de la industria musical y la censura. Usando canales de comunicación alternativos en línea, trabajan fuera de la industria principal estadounidense y global de la música para propagar su versión del hip hop cubano y su política de identidad *queer* siempre conscientes de las desigualdades de poder dentro de la sociedad, la industria cultural y los movimientos políticos en la época actual de migración femenina y difusión del trabajo globales. De manera similar a las redes de Fandango fomentadas entre otros por grupos como Mono Blanco en México y Quetzal en Estados Unidos que se propagaron a todo el continente americano, los diálogos interamericanos de Las Krudas Cubensi expanden y diversifican las redes de hip hop alternativas contemporáneas con sus programas políticos específicos para repensar lo social.

Probablemente el primer grupo de hip hop de Colombia que aborda las identidades negras en un contexto cultural colombiano, Chocquibtown mezcla las voces y los cuerpos negros y el arte callejero del graffiti en sus videos musicales. Como grupo colombiano de hip hop Chocquibtown se formó en Cali, Colombia. Representativa de un acercamiento general afrolatino a la política identitaria negra, su música fusiona diversas expresiones musicales de afrodescendientes que han surgido en el continente americano. El jazz latino se mezcla con el hip hop, el reggae, el reggaeton, la salsa, la música folclórica afrocolombiana. Recientemente la electrónica se ha convertido en otro estilo añadido a su música de fusión negra. Los primeros dos álbumes del grupo, *Somos Pacífico* (2006) y *Oro* (2010) estuvieron respaldados por los sencillos "Somos Pacífico" y "De donde vengo yo". Esta última canción ganó un Grammy latino en 2011. La canción "Somos Pacífico" Enscribe la identidad afrolatina en un contexto pacífico-colombiano más amplio y funciona como un himno de pertenencia e integración pacífica. Su concepto musical está basado en la necesidad de transformar el hip hop basado en Estados Unidos mediante la expresión musical local y regional. Una conciencia global negra es parte esencial de la autopresentación del grupo, por ejemplo, en su extensa gira mundial de 2010, la banda continúa haciendo énfasis en la importancia de la vinculación afectiva local. En consecuencia, sacan al hip hop de sus contextos urbanos comunes y abordan cuestiones de tierra, medio ambiente y marítima costera en la Colombia rural. Asimismo, continúan manteniendo fuertes lazos con su comunidad original en Chocó, en la costa colombiana del Pacífico, donde funcionan como modelos a imitar para una cultura juvenil que recién está surgiendo. Su música, la letra de sus canciones y las entrevistas revelan que su política identitaria negra está guiada por un entendimiento complejo de lo social más allá de meras cuestiones raciales. Las letras de las canciones de la banda demandan más inclusión para los afrocolombianos en la sociedad colombiana y en toda Latinoamérica. Critican la ausencia de la cultura afrocolombiana en la radio y la televisión. Abiertamente abordan el racismo institucionalizado en la sociedad colombiana y lo vinculan con situaciones similares en otras culturas latinoamericanas. Al denunciar el racismo y la exclusión racial, las letras de las canciones, sin embargo, evitan de manera consciente las formas de acusación directa con el fin de no cerrarse las puertas a la integración que desean lograr. La conciencia regional, ecológica y racial se dan la mano en canciones tales como "Oro" y "De donde vengo yo" que abordan el extractivismo y la explotación de los recursos naturales de Chocó, lo que no deja nada para los habitantes de la región, en su mayoría afrodescendientes (Hernández 2011). Esta última canción ganó un Grammy latino para la banda en 2011 (Contreras 2011). El tercer álbum de la banda, *Eso es lo que hay* (2011) fue nominado para álbum del año 2012. Este ejemplo muestra que existen redes alternativas de reconocimiento cada vez más numerosas dentro de la industria cultural que realza la nueva política identitaria y la conciencia social más allá de la mentalidad dominante. Esto es parte del capitalismo global que también, como nos recuerda Anne Garland Mahler, "facilita la creación de redes entre los movimientos de base, lo que produce un imaginario político transnacional y resistente" (Garland Mahler 2018, 244).

Al hacer *queer* la política identitaria, Janelle Monáe anunció su aceptación de la bisexualidad y la pansexualidad en una entrevista para la revista *Rolling Stone* en abril de 2018. Asimismo, se explayó sobre su política identitaria generalizada en una entrevista con Stephen Colbert en su programa *Late Night Show* el 20 de julio de 2018. Aunque ya había defendido una nueva forma de afrofuturismo con sus álbumes anteriores, puso a la venta una forma *queer* de afrofuturismo con su álbum de 2018 *Dirty Computer* [computadora sucia]. *Dirty Computer* es un álbum con un concepto de mezcla mediática y audiovisual que cuenta una narrativa en el futuro cercano situada en una sociedad totalitaria. El álbum está lleno de momentos auto-reflexivos y subraya la búsqueda de Monáe del yo como un proceso continuo y, no obstante, lleno de asertividad. Ella misma representa una figura proscrita rechazada por la sociedad, porque se ha corrompido su tarjeta de circuitos interna. Los álbumes de Monáe continuamente han reexaminado la narrativa maestra

de ciencia ficción de 1927 de Fritz Lang *Metrópolis* y ha reconceptua-
lizado la lucha androide por escapar de la esclavitud. La estética afrofuturista de Monáe incluye una exploración de cuestiones contemporáneas sobre la raza, la clase, el género, la sexualidad y la política en un
escenario de ciencia ficción. No obstante, su enfoque futurista no le ha
impedido vincular el pasado con el presente y reaccionar en el aquí y
ahora ante manifestaciones recientes de racismo y sexismo. Monáe ha
participado repetidas veces en eventos de La Vida de los Negros Importa durante sus giras. Su sencillo *"Hell You Talmbout"* responde a que
se reste importancia a la muerte de afroamericanos en los medios de
comunicación estadounidenses, expresando de manera repetitiva los
nombres de sus víctimas y proporcionando un "paisaje sonoro temático" importante para un nuevo activismo musical dentro del movimiento La Vida de los Negros Importa (Orejuela 2018, 3). Originalmente se concibió como una canción extra en la edición de lujo de su
álbum de 2013 *The Electric Lady*, pero una nueva grabación en 2015
de Monáe transforma la canción original en una progresión musical especie de canto colectivo en el que se exhorta al público a pronunciar los
nombres de las víctimas, tanto femeninas como masculinas, de la violencia racista. Un ritmo basado en un tambor que recuerda las marchas
militares acompaña la canción en la que Monáe y otros artistas selectos
de su sello discográfico cantan *"Hell You Talmbout"*. De manera inter-
mitente apagan las voces principales para nombrar a los individuos que
han asesinado en actos violentos racistas y piden al público directamente que "digan el nombre de él o ella". La mayoría de los nombres
que se mencionan durante la canción, desde Walter Scott hasta Sandra
Bland y Aiyana Jones, entre otros, expresan un continuo histórico y
vinculan la canción con acontecimientos contemporáneos. La inclusión
de los nombres de Amadou Diallo y Emmett Till expone la larga trayectoria de violencia racial y discriminación supremacista blanca en Estados Unidos. Parece que el sencillo de Monáe vincula de manera consciente las marchas y manifestaciones de La Vida de los Negros Importa
con las acciones del Movimiento por los Derechos Civiles. Los proyectos musicales audiovisuales de Monáe caminan en la cuerda floja entre
la resistencia individual y la colectiva con una dosis de autorreflexión
de la ciencia ficción. En su ensayo *"Manifiesto ciborg"*, Donna Haraway presentó la tesis de que el cíborg —"un organismo cibernético, un

híbrido de máquina y organismo, una criatura de realidad social y también de ficción"; una "criatura en un mundo post- género"– es la forma en que se obtendrá la igualdad (1994, 83). El álter ego y personaje androide de Monáe, Cindi Mayweather, es el equivalente cíborg de Haraway, una criatura posthumana, sin género, que tiene un ser fluido sin fronteras o limitaciones.[1] En el 'video de emoción' para *Dirty Computer*, estrenado el 27 de abril de 2018, Monáe pone su metáfora androide en una narrativa posthumanista que le permite, parece que por primera vez, expresar por completo su identidad como mujer negra pansexual dentro de su arte.[2] Un sello distintivo importante de afrofuturismo consiste en que emplea de manera estratégica el espectáculo de un estado de negritud conscientemente atribuido a la otredad, a menudo mediante metáforas de la especie humana, tales como alienígenas y androides. Si bien la visión de Monáe tiende a oscilar entre la utopía y la distopía en la mayoría de sus álbumes, *Dirty Computer* presenta de manera explícita el poder de la transformación. En *Dirty Computer* Monáe y su álter ego, Cindi, se unen en una persona: una mujer negra *queer* absolutamente convencida de su propia posición dentro de la diferencia y el poder que tiene como agente omnímodo.

En las entrevistas en la revista *Rolling Stones* y durante el programa televisivo de Colbert *Late Night*, Monáe celebra una estadounidensidad incluyente mostrando el uso patriótico de lo social. Cantó "no trates de tomar mi país, defenderé a mi tierra /No estoy loca, nene, no / Soy estadounidense".[3]

Al referirse a su álbum *Dirty Computer*, Monáe insistió en que "la humanidad dice que estamos llenos de bichos y virus debido a nuestra propia existencia, ya sea que uno sea parte de la comunidad LGBTQIA, sea una mujer negra, sea una minoría, un inmigrante, los marginados. Habla sobre lo que significa decir que nuestros bichos y virus son atributos. No necesitamos ser reprogramados o desprogramados: estamos bien como estamos. Nosotros también somos estadounidenses" (s.n.).

---

[1] http://www.dazeddigital.com/music/article/39679/1/janelle-monae-visual-aesthetic-evolution

[2] https://www.vox.com/2018/5/16/17318242/janelle-monae-science-fiction-influences-afrofuturism.

[3] https://www.rollingstone.com/music/music-news/watch-janelle-monae-perform-americans-talk-science-fiction-on-colbert-702307/.

Utilizando una fusión vanguardista del afrofuturismo y el patriotismo *queer*, Monáe revela en su música que, incluso en la práctica musical más radical, lo social y la identidad están marcados por tradiciones que, sin embargo, necesitan una supervisión y ajuste constantes.

Como muestran los ejemplos tomados de la escena musical contemporánea, la música, ahora más que nunca, continúa siendo crucial para llevar a cabo la política identitaria de las relaciones, con frecuencia primero con el yo, después con un grupo y, a la larga, con redes de empoderamiento social y cultural en una escala abstracta y más grande. Al mismo tiempo que reconocen los límites del alcance, los ejemplos contemporáneos de Cuba, Colombia y Estados Unidos manifiestan la forma en que persiste la música en la juventud contemporánea y la cultura pop como un medio expresivo y performativo para crear la identidad y las relaciones identitarias mediante vinculaciones afectivas sónicas, rítmicas, kinestésicas y cognoscitivas. Más que nunca, también, el poder de unión de la música depende de la performatividad y la conectividad, mientras que ésta última permanece enmarcada por el contexto, la situación y el agrupamiento entre el intérprete y el público. Mientras a los circuitos de la música les continúan dando forma mayormente las jerarquías de poder de la industria musical, los flujos, como lo muestra el presente capítulo, surgen cada vez más de diferentes lugares de enunciación y entrecruzan el continente americano, a menudo en formas inesperadas, promoviendo formas de vinculación afectiva identitaria y nuevas alianzas sociales entre individuos, grupos y comunidades más grandes que aparentemente están muy alejadas, lo que crea de esta manera mapas sónicos de conexiones identitarias interamericanas y globales dentro de la diferencia.

La política sónica desde arriba, desde abajo y dentro de los circuitos comerciales

Preludio

Como comenta Peter Wicke con referencia a la canción de Chuck Berry *"Roll Over Beethoven"*, "la música popular aparece por primera vez dentro de un sistema cultural de referencia que le permite convertirse en una experiencia fundamental" (1990, 11). El rock 'n' roll disuelve de manera más exitosa que la vanguardia histórica "las barreras entre los ámbitos del arte y la vida cotidiana que antes estaban separadas" (11). La afirmación de Wicke sugiere que la música popular no solo es capaz de atravesar diversos géneros musicales, sino también de penetrar ámbitos públicos y políticos como un poderoso agente. El cruce de fronteras al que se refiere Wicke es sólo uno en una serie de movimientos iconoclastas perceptibles en el desarrollo de la música popular en los siglos XX y XXI. De manera repetida, encontramos momentos en los que se encuentran la alta cultura y la baja cultura, en los que se disuelven las barreras entre los géneros, las escuelas y las actitudes. Robert Miklitsch nos proporciona ejemplos duraderos::

> Aunque la interpretación de la *Rapsodia en Azul* de Gershwin en "Experimento en música moderna" de Whiteman es un ejemplo especialmente rico de la fisión que se produce cuando se encuentran la cultura alta y la baja; existen otros momentos de revolución y contrarrevolución que dan fe de la intrincada historia de la música popular estadounidense. Por eso, en el mundo de la música popular, Gershwin pasaría a componer, además de decenas de películas como *Un americano en París* (1951) de Minnelli, la ópera *Porgy y Bess* (1935), mientras que Duke Ellington, unos veinte años después de la primera interpretación de *Rapsodia en azul*, estrenaría su *Black, Browne, and Beige* (1943) en Carnegie Hall. (2006, 66)

La música en sus intrincadas historias, como demuestra Miklitsch, atraviesa diferentes ámbitos culturales.

La música, sin ninguna duda, también es un actor global, ya que atraviesa las fronteras nacionales y continentales más rápidamente que cualquier otra forma artística. Se mueve dentro de circuitos económicos, culturales y políticos transnacionales y forma un recurso importante en la formación de comunidades translocales y globales. No obstante, ¿la globalización mediante la música indica un proceso homogéneo armonioso e ideológicamente unificado? Quizás no debería sobreestimarse el potencial utópico de la música, pero su importancia política ha sido reconocida por igual por las instituciones gubernamentales, los movimientos de base y la industria musical. Mediante la comparación de diferentes formas de movilización política de la música, el presente capítulo señala las diferencias y los conflictos entre los actores de la producción musical, las diferencias ideológicas dentro de circuitos globales y las intersecciones recientes entre el gobierno, las estrategias de las bases y la cultura espectáculo dentro de la industria musical. En este capítulo se comparan las diferentes posiciones en lo que concierne a la agencia y la distribución, concretamente desde arriba y desde abajo, y dentro de los circuitos de la industria musical.

En los programas patrocinados por el gobierno estadounidense como *The Jazz Ambassadors* y *The Rhythm Road*, la música como mensajero político se moviliza desde arriba; las estructuras del poder político con intereses nacionales en la política global guían de manera transcultural la financiación y distribución de la expresión musical "estadounidense". Ambos proyectos surgieron en momentos de crisis nacional. El programa *The Jazz Ambassadors* se inició como respuesta al(los) antiamericanismo(s) durante el periodo de la Guerra Fría, mientras que el proyecto *The Rhythm Road* representa una respuesta de seguimiento a la pérdida de la imagen global de Estados Unidos durante el gobierno de Bush después del 11 de septiembre.

Es evidente que la producción, difusión y recepción de la música han cambiado profundamente desde la década de los años cincuenta. Los nuevos medios de comunicación contemporáneos como youtube, los blogs y el internet han llevado a formas más individualizadas y democráticas de producción y distribución. Relacionada directamente con estos cambios se encuentra la distribución de la música como mensajero político desde abajo. Como parte del fenómeno contemporáneo más grande de los movimientos de base que se están expandiendo de manera global, la gira *The Pleasant Revolution* [la revolución amable] de la banda musical The Ginger Ninjas y el movimiento *Fandango Sin Fronteras* son dos ejemplos sorprendentes de cómo se produce la música en contextos comunales translocales del pueblo para el pueblo. Ambos proyectos responden a cuestiones transnacionales y globales que están en juego en la actualidad. Mientras que la gira *Pleasant Revolution* aborda cuestiones ambientales y promueve otras formas de movilidad (urbana), el movimiento *Fandango Sin Fronteras* desafía la política sobre la frontera y la inmigración estadounidense y valora la formación de comunidades translocales.

Las protestas musicales contemporáneas provenientes de celebridades como Kendrick Lamar, Beyoncé, Alicia Keys, Ruben Bladés y otros en el contexto de ceremonias de entregas de premios, competencias deportivas nacionales y marchas de protesta globales resaltan que la política sónica también surge desde dentro de los circuitos de la industria musical y cultural; esta última funciona como un canal y se aprovecha de la protesta sónica como espectáculo. Los flujos culturales, políticos y económicos se cruzan y se complementan lo que lleva a que se superpongan entrelazamientos a veces conflictivos de expresión musical creativa, protesta política sincera, y búsqueda de éxito popular y fama en el mundo de la música.

Mediante el uso de 'cosmopolítica sónica' como término genérico para describir los flujos musicales transnacionales, estoy conceptualmente menos interesado en lo que llama Daphne Brooks "cosmopolitismo sónico" (2011, 113) en relación con las legendarias artistas afroamericanas Nina Simone y Eartha Kilt, y que la autora define como la expresión de sus voces mediante las que crean "el sonido preciso del viajero 'mundano' y sin límites" (113). Más bien, el presente capítulo explora la politización de la música como una fuerza local y global de desarrollo comunitario. Todas las formas de movilizar a la música que se abordarán en este artículo van generalmente más allá de marcos puramente nacionales. Por lo tanto, el punto de partida del presente capítulo corresponde al nuevo compromiso de los estudios musicales con la "geografía" más allá de conceptos tales como lugar, localidad y nación (cf. Krims 2012, 140).

La cosmopolítica sónica desde arriba

Las giras de *Jazz Ambassadors* patrocinadas por Estados Unidos a Medio Oriente, África y Asia iniciadas en la década de los años cincuenta durante el periodo de la Guerra Fría y el proyecto contemporáneo *Rhythm Road* iniciado en 2005 por la Oficina de Asuntos Culturales y Educativos del Departamento de Estado representan programas de movilidad musical y diplomacia cultural organizados y patrocinados por instituciones gubernamentales. En su base misma se encuentra una red de actores basada en una estrategia vertical descendente. En palabras sencillas, los funcionarios del gobierno establecen el programa político y trabajadores culturales patrocinados por el gobierno se convierten en los mediadores entre los funcionarios del gobierno y los músicos patrocinados para realizar la gira. El objetivo general es producir una influencia política mediante el contacto cultural. Ambos proyectos iniciados siguiendo iniciativas del Departamento de Estado han tenido como objetivo celebrar la producción cultural estadounidense como un medio para establecer una influencia positiva o mejores conexiones en regiones y países del mundo que han tenido actitudes escépticas, críticas o incluso antagonistas hacia las políticas exteriores estadounidenses; estas últimas a menudo se consideran parte del 'imperialismo' para tomar prestado un término de Amy Kaplan. Sin embargo, si bien la raza y la política colonialista establecieron el marco de los programas de *Jazz Ambassadors,* especialmente en las décadas de los años cincuenta y sesenta durante el periodo de la Guerra Fría, parece que los conflictos culturales impulsados por la noción del choque de civilizaciones de Samuel Huntington (2004, 192, 273) y la guerra global contra el terrorismo del gobierno de Bush proporcionan el contexto político para el proyecto contemporáneo *The Rhythm Road: American Music Abroad* con el fin de mejorar la imagen pública de Estados Unidos en el extranjero; el deseo apremiante de iniciar este nuevo proyecto afloró después de la devastadora pérdida de imagen a nivel mundial de Estados unidos en el periodo posterior de la Guerra de Irak, una guerra que ahora sabemos fue justificada con mentiras. Lo interesante es que este último programa patrocinado por el gobierno parece coincidir con los movimientos de base actuales en su enfoque igualitario con respecto a la diferencia cultural y la diplomacia.

Lo que argumento es que dichos proyectos musicales toman parte en procesos más grandes de democratización del mundo dentro del significado liberalista occidental y más allá de éste. Los discursos recientes sobre el cosmopolitismo proponen una visión más amplia de miras sobre el pensamiento cosmopolita que entra en diálogo con otras visiones que rodean al término. Con un reconocimiento a críticos como Appiah uso la 'cosmopolítica sónica' para poner en duda tanto las nociones elitistas como las puramente universalistas del término cosmopolitismo y argumento a favor de un 'cosmopolitismo desde *abajo*' como una alternativa al 'cosmopolitismo desde *arriba*'. Según Amanda Anderson:

> El cosmopolitismo… manifiesta normalmente una compleja tensión entre el elitismo y el igualitarismo. Con frecuencia se presenta como un ideal específicamente intelectual o depende de una movilidad que es el lujo del privilegio social, económico o cultural. … Al mismo tiempo, la identificación cosmopolita con el ámbito del mundo más grande o con la humanidad o con estándares que se supone sobrepasa cualquier lugar, está inspirada claramente por la creencia profundamente arraigada en la humanidad de todos, donde quiera que estén situados. (1998, 268)

Me gustaría añadir que concebir al cosmopolitismo desde una perspectiva '*desde abajo*' da cabida a contradicciones, dinámicas, conflictos así como cambios y alienta el diálogo no solo entre diferentes concepciones de cosmopolitismo como una cosmovisión filosófica y un proyecto político, sino también sobre ideas diferentes acerca del individuo cosmopolita y su(s) disposición(es) cosmopolitas o compromiso político más allá de un nivel local y nacional. "La democracia cosmopolita", según Danielle Archibugi:

> ayuda a captar la idea de que el orden internacional se está volviendo cada vez más democrático en el sentido de que existen muchas cadenas de negociación, interconexiones a múltiples niveles e interconexiones en múltiples sitios entre segmentos de la población, y la expansión de muchos tipos de intercambios. (citado en Blau 2001, 64)

Dicha convicción claramente se opone a ideas de formas imperialistas de globalización presentes en diversos discursos políticos, económicos, militares así como culturales. De ahí surge la pregunta ¿hasta qué punto dicha forma de expansión puede percibirse como democrática? o ¿cómo podría ponerse en práctica dicha visión democrática? ¿Podemos hacer que la utopía sea real y alguna vez compartir pacíficamente el planeta Tierra? Como pensadores críticos, tendríamos que contestar con toda franqueza: lo más probable es que no sea así. No obstante, como humanos siempre nos impulsa el deseo de mejorar las cosas en términos sociales, económicos y políticos. Divididos entre la creencia utópica y la desilusión distópica todavía necesitamos preguntar: ¿qué quiere decir la gente cuando habla de democracia y libertad como algo universal? Además, quizás desearíamos investigar qué papel desempeña la "cosmopolítica sónica" en este contexto.

El histórico proyecto *Jazz Ambassadors* es un buen punto de partida. Después de todo incorpora una variedad de tensiones y contradicciones que están operando en el entrelazamiento de la música con la política. Podríamos preguntarnos, por ejemplo, ¿cómo se aferró el Presidente Eisenhower en la década de los años cincuenta a una política segregacionista dentro del país y puso al mismo tiempo en un pedestal al jazz y a los músicos afroamericanos de jazz como embajadores culturales? ¿Cómo hicieron frente los músicos de jazz, como Louis Armstrong y Dizzy Gillespie, a las paradojas de la modernidad para, por un lado, formar parte de un grupo racial discriminado y, por otro, ser músicos aclamados y celebrados internacionalmente? Diferentes narrativas de liberación chocan cuando intentamos contestar estas preguntas. Mientras el proyecto *Rhythm Road*, el segundo proyecto de diplomacia musical del Departamento de Estado ahora dirigido por *Jazz at Lincoln Center* estaba en pleno apogeo, el 4 de abril de 2008 el *Meridian International Center* en Washington, DC inauguró la exhibición fotográfica *Jam Session: America's Jazz Ambassadors Embrace the World* [Concierto improvisado de jazz: los embajadores estadounidenses del jazz abrazan al mundo] para recordar y honrar a los músicos de jazz como Louis Armstrong, Dizzy Gillespie, Duke Ellington, entre otros, por su obra cultural como embajadores del jazz durante las décadas de los años cincuenta, sesenta y setenta.

Elaborada en colaboración con la profesora de la Universidad de Michigan Penny M. von Eschen y tomada de colecciones provenientes de todo Estados Unidos, la presentación reunió por primera vez en la historia más de 100 imágenes que captan escenas memorables de giras de jazz a 35 países y cuatro continentes (Sandberg 2008).

The La exhibición itinerante ha funcionado como un archivo móvil para conmemorar las giras de jazz que empezaron con el compromiso de tocar en América Latina de Dizzy Gillespie y su orquesta como embajadores de jazz y su envío por parte del Departamento de Estado y el gobierno de Eisenhower al sur de Europa y al Medio Oriente en 1956. La gira implicó juntas con representantes del gobierno, comunidades locales así como artistas y se diseñó para que difundiera el mensaje de libertad y democracia estadounidenses como contrapeso al comunismo soviético durante el periodo de la Guerra Fría. Siguieron otros músicos como Benny Goodman y su banda que viajó al este de Asia en 1958 y el cuarteto de Dave Brubeck que realizó una gira por el este de Europa, el Medio Oriente y el sur de Asia; *Louis Armstrong and the All Stars* salieron en primera plana en todo el mundo tocando en numerosos conciertos en África en 1960 y 1961, y Armstrong fue celebrado por igual por comunidades africanas y políticos como la voz cultural y política negra; dos años más tarde en 1963 la Orquesta de Duke Ellington atravesó el Medio Oriente y el sur de Asia: una gira que marcó el principio de una década de viajes para uno de los compositores de jazz y director de orquesta más influyente del siglo XX. Estas formas móviles y musicales de iniciativas de diplomacia cultural continuaron bajo la dirección del Departamento de Estado hasta 1978, y numerosos músicos de jazz, incluidos Miles Davis, Clark Terry y Sarah Vaughan actuaron a escala mundial tanto como embajadores culturales como músicos.

¿Cuál era el contexto político y qué estaba en juego en la política de la liberación durante el surgimiento de las giras de los embajadores del jazz? La lucha por la libertad de los afroamericanos se había desplazado al centro de la política nacional e internacional estadounidense, y la atracción a nivel mundial de la música de jazz como una forma artística manifestada en el éxito de Dizzy Gillespie, Louis Armstrong y otros músicos, había puesto en el centro de atención a los músicos afroamericanos. La atracción mundial del jazz se debía, por una parte, al talento individual y la presencia de Louis Armstrong y Dizzy Gillespie, pero el jazz ya también se había establecido como una forma artística sincrética que surgió de las mezclas de estilos multiculturales y siguió haciéndolo (por ejemplo, la fusión de ritmos latinoamericanos con formas anteriores de jazz de Dizzy Gillespie o las fusiones de jazz y rock de Miles Davis). Por lo tanto, el jazz como expresión musical incorporó de manera sónica el proceso continuo de cruzar, tender puentes y negociar culturas.

Si bien los funcionarios del gobierno, los trabajadores culturales y la prensa quizás no habían estado conscientes de la complejidad cultural del jazz, el éxito de las giras de Armstrong, Ellington y Gillespie en Europa habían proporcionado suficientes pruebas de que la música tenía los ingredientes para 'cruzar fronteras nacionales'. Así que en 1956 Dizzy Gillespie, músico rebelde de jazz bebop, de manera algo irónica se embarcó en la primera gira de jazz patrocinada por el gobierno a Medio Oriente con ayuda del Fondo para Emergencias del Presidente (von Eschen 2004, 1). Observar la participación de Louis Armstrong en el proyecto *Jazz Ambassadors* como estudio de caso nos ayuda a arrojar algo más de luz a la complejidad que había detrás de la política de la liberación. Históricamente la lucha por los derechos civiles en Estados Unidos coincide con los movimientos independentistas coloniales africanos en las décadas de los años cincuenta y sesenta. Y la participación de Armstrong es multifacética, puesto que se reubicó invariablemente como músico negro con base en Nueva Orleans, vocero afroamericano, comentador crítico y artista apolítico, lo que llevó a opiniones divergentes sobre Armstrong que lo consideraron desde genio musical pasando por celebridad africana hasta un artista "Tío Tom", es decir, con una actitud servil hacia los blancos. Como nos recuerda Daniel Stein:

> A mitad de la década de los años cincuenta, se conocía a Armstrong como el Embajador "*Satchmo*", figura pública que le proporcionó una nueva plataforma política. La función primordial de los embajadores de jazz consistía en presentarse ellos y su música en giras internacionales patrocinadas por el Departamento de Estado con el objetivo de exportar una imagen democrática de Estados Unidos a regiones del mundo en las que la Unión Soviética buscaba tener influencia política. (2012, 231)

Necesitamos tomar en consideración que la política de la liberación patrocinada por el Estado estaba motivada política, económica y culturalmente. La democracia, el libre comercio, y la libertad y expresión individuales se fusionaron en un paquete de diplomacia extranjera "de bienestar". Sin embargo, la política de la liberación se vio complicada por una serie de factores. La política interna racista dentro de Estados Unidos contrastaba marcadamente con el apoyo oficial a los movimientos independentistas negros en el continente africano. Los embajadores del jazz, como los mismos Armstrong y Brubeck, al burlarse lírica y musicalmente de que "Ninguna mercancía es tan extraña como esta cosa llamada intercambio cultural" (von Eschen 2004, 81), repetidamente revelaban las ambigüedades, contradicciones e intolerancia dentro de la misión del Departamento de Estado de difundir el mensaje de la democracia estadounidense mediante el jazz y, de esta manera, exponían las tensiones dentro de la red de actores involucrados. El Departamento de Estado adoptó el criterio de que el jazz era como el sonido de la libertad individual y la igualdad social, una actitud que podría respaldarse fácilmente mediante referencias al rechazo previo al jazz por parte de los regímenes totalitarios de Alemania, Rusia y España como una amenaza al orden y la disciplina de Estado. Sin embargo, para los músicos como Armstrong, la política de la liberación implicaba cuestiones más complejas que tenían que ver con la exclusión racial en su país, papeles degradantes en el cine, dependencia de las presiones del patrocinio (Pepsi Cola) y ataques por parte de los intelectuales radicales negros. De ahí que para Armstrong su música se politizó mediante la contextualización y éste vaciló entre ser el ciudadano afroamericano franco y enfurecido y el popular genio musical y artista orientado al éxito. Como Penny von Eschen nos recuerda:

La colaboración en la *Real Ambassadors* [Los verdaderos embajadores] (una revista musical de jazz y colaboraciones entre los Brubeck y Armstrong, cuya interpretación fue aclamada por la crítica en el Festival de Jazz de Monterey en 1962) brindó a Armstrong un material que estaba más cercano a su propia sensibilidad y actitud. Y si bien Armstrong a menudo había logrado estar por encima del material racista solo a fuerza de su talento artístico, esta producción le dio una oportunidad de hacer una declaración sobre su lucha de toda la vida por ganar el control de su propia representación... Para Armstrong, la libertad seguía siendo una aspiración, no un logro. (2004, 89)

La revista *Real Ambassadors* en el festival de jazz tuvo lugar durante el periodo más turbulento del Movimiento por los Derechos Civiles a principios de la década de los años sesenta y logró expresar la política a menudo muy compleja y contradictoria de las giras del Departamento de Estado "en la intersección de la Guerra Fría, la formación de naciones africanas y asiáticas, y la lucha por los derechos civiles estadounidense" (von Eschen 2004, 79). Las giras se complicaron aún más por las alianzas y tensiones cambiantes entre los trabajadores culturales del personal del servicio exterior y los músicos de la gira, tales como Dizzy Gillespie, los Brubeck y Louis Armstrong; si bien algunos de los trabajadores culturales compartían la misión de los músicos de considerar la música como una forma de tender puentes entre culturas, naciones y razas, otros compartían las opiniones raciales del Presidente Eisenhower y sus aliados segregacionistas (80). Para Armstrong, seguía siendo un reposicionamiento constante de sí mismo como agente político desde lo público hasta lo privado. Como señala acertadamente Daniel Stein:

> Al distanciamiento a veces superficial de Armstrong de la acción política – 'su declarada renuencia a sumergirse en la política' – lo contrarrestaban todavía más las historias que contaba repetidamente sobre su experiencia con la segregación racial, las cuales generalmente terminaban con la declaración del poder de su música para cruzar la división racial. (2012, 245)

Por lo tanto, la cosmopolítica de Armstrong surge en la intersección del narrador y el papel, a veces celebrado y a veces negado, como figura política pública y genio musical. Es el modo autobiográfico el que se vuelve su principal herramienta política, mientras que la música sigue siendo la expresión central catártica y liberadora del yo privado y el yo público de Armstrong. Su papel como embajador musical también demuestra que la música popular, durante toda su historia, ha anulado las evidentes líneas divisorias y, además, repetidamente ha demostrado ser capaz de transformarse a pesar de su entrelazamiento con la cultura de masas y comercial. Resulta claro que Armstrong, Ellington y Brubeck tenían un estatus de culto como estrellas en el momento en que se embarcaron en sus giras como embajadores del jazz y esto les permitió alzar sus voces individuales y a veces disidentes para promover su comprensión idiosincrásica sobre el desarrollo comunitario.

La cosmopolítica sónica desde abajo

¿Entonces de que manera es diferente la 'cosmopolítica sónica desde abajo'? Los movimientos de base musicales, como el *Fandango Sin Fronteras* y la gira *The Pleasant Revolution* de los Ginger Ninjas son redes recientes y alternativas que forman parte de lo que los críticos como David F. García y Arjun Appadurai clasifican como *flujos* o *escapes* en tiempos del aumento de la globalización (cf. García 2006, 95–107; Appadurai 1996, 25 ss.). Es interesante que si bien participan en los patrones trasnacionales globalizados de intercambio cultural entre Estados Unidos y México, que a menudo son digitales o virtuales, incluidos los flujos de gente, las ideas, el dinero y los bienes, también recurren a formas de movilidad 'ralentizadas'. De esta manera, intensifican el contacto comunal, como bailar en la frontera, cruzar esta última a pie o, en el caso de los Ginger Ninjas, viajar desde Estados Unidos por todo México en bicicleta para promover formas 'alternativas arcaicas' de transporte, producción energética e interpretación. Ambos proyectos unen la música con el interés político y ambos operan tanto a través de redes locales como virtuales basadas en estrategias a través de redes horizontales de actores. Se puede acceder primordialmente a la música interpretada por los Ginger Ninjas o por grupos musicales como Quetzal desde *Fandango Sin Fronteras* mediante Internet, youtube, la radio local y en ocasiones en discos compactos. Quetzal también estableció recientemente su propio sello discográfico, lo que demuestra que estos movimientos buscan formas independientes para recaudar fondos, hacer música y desarrollo comunitario. Encarnan mezclas de música, conciencia del patrimonio musical así como de la política comunitaria local *y* translocal que surgen en el seno de los movimientos de base y tienen como objetivo crear y difundir nuevas formas alternativas para el desarrollo comunitario. Se apropian de secciones de los medios de comunicación para sus usos comunales con el fin de difundir música, mensajes e información. Como señala Martín-Barbero:

La eficacia y la importancia social de los medios masivos no residen primordialmente en la organización industrial y el contenido ideológico, sino más bien en la forma en que las masas populares se han apropiado de los medios masivos de comunicación y en la forma en que las masas han reconocido su identidad en éstos. (citado en Avant-Mier 2010, 1)

La gira *Pleasant Revolution* de los Ginger Ninjas pertenece a los muchos movimientos de base locales cada vez mayores que recientemente se han convertido en actores transnacionales. El hecho de que los movimientos de base como manifestación contemporánea de los flujos de Appadurai finalmente han logrado una presencia global ha quedado patente en la cobertura a nivel mundial en los medios de comunicación de las protestas Ocupa Wall Street, Ocupa Oakland y Ocupa Fránkfort contra el capitalismo liberal en las metrópolis de todo el mundo. Mientras este movimiento de protesta responde a la crisis global de los sistemas monetarios y de mercado que parecen haber perdido todo aspecto de transparencia y control, otros movimientos de base con intereses sociales diversos, pero con menos atención mediática, han cruzado cada vez más fronteras nacionales en décadas recientes. Como Srilatha Batliwala señala en *"Grassroots Movements as Transnational Actors: Implications for Global Civil Society"* [Movimientos de base como actores transnacionales: repercusiones para la sociedad civil global]:

Las últimas dos décadas fueron testigos del surgimiento de una nueva variedad de movimientos sociales, redes y organizaciones transnacionales que buscaban promover un orden global más justo y equitativo. Con esta ampliación y profundización de la acción ciudadana transfronteriza, sin embargo, han surgido preguntas inquietantes sobre sus derechos de representación y rendición de cuentas: se están poniendo de relieve las jerarquías internas de la voz y el acceso dentro de la sociedad civil transnacional. El surgimiento de movimientos de base transnacionales, con una fuerte base de representación y una capacidad de promoción muy elaborada tanto en el nivel local como global, es un fenómeno importante en este contexto. Estos movimientos están formados y dirigidos por grupos pobres y marginados, y desafían el estereotipo de que los movimientos de base están centrados exclusivamente en cuestiones locales. Entrañan tanto un problema como una oportunidad para democratizar, legitimar y consolidar el papel de la sociedad civil transnacional en la política global. (2012, s.n.)

Cuando la banda de rock Ginger Ninjas viajó de California a Palenque, México en una de sus giras como parte de un proyecto de ecología política más grande llamado *The Pleasant Revolution Tour*, el hecho de que transportaran todos los instrumentos y amplificadores en bicicleta separó de manera sucinta su forma de viajar de las nociones exclusivamente elitistas o estéticas de realizar giras mundiales, a menudo caracterizadas por el privilegio de clase y la capacidad de viajar y 'consumir' las culturas del mundo. En un video de youtube los Ginger Ninjas comparan en tono de burla el uso y los costos de la energía durante su viaje musical global en bicicleta con los costos de la gira de 2007 de los Rolling Stones. Si bien, sin duda, conocer al pueblo mexicano y a su(s) cultura(s) se encuentra también en el programa de la banda, su principal marco conceptual es la síntesis de formas alternativas de movilidad con la música y la interacción con el público para promover nuevas comunidades y redes translocales. Durante sus conciertos en Chapala, Guadalajara, Morelia y otros lugares, se propusieron conectar la conciencia ecológica al estilo de California con el creciente movimiento mexicano del ciclismo que está creciendo rápidamente, con el fin de crear una conciencia ecológica transnacional o, si se quiere, una conciencia 'ecocosmopolita' para encontrar nuevas formas de encontrarse con el otro dentro de su comunidad y fuera de ella. Las manifestaciones que ahora son semanales del movimiento ciclista en ciudades como Guadalajara y la Ciudad de México corresponden transnacionalmente al objetivo de los Ginger Ninjas de promover la movilidad de los ciclistas en una escala global (Batliwala 2012, s.n.).

Lo que es interesante es que tanto el proyecto del viaje como el conceptual permanecen conectados a una nueva conciencia del tiempo en relación con el espacio, haciendo énfasis en la localidad dentro de los flujos globales. Como muestra la gira, una ralentización del movimiento, a veces deseada, a veces impuesta – determinada por la condición del camino y de los cuerpos de los ciclistas – lleva a formas lentas de llegada y formas extendidas del encuentro. Además, llegar en bicicleta ocasiona la atención pública, lo que fomenta de manera indirecta la reclamación de los espacios públicos para la política comunitaria y propaga lugares como las plazas y las playas para conciertos públicos. Como una reminiscencia de las estrategias de vanguardia de grupos como *The Living Theater*, la gira *The Pleasant Revolution* de los Ginger Ninjas tiene como objetivo cerrar la brecha entre los músicos y el público, el arte y la vida, al conseguir que el público también "ande en bicicleta" y realmente involucrarlo en el proceso de producción energética para la amplificación de los instrumentos de la banda. Su estilo de actuación musical en vivo afirma que "para muchos críticos, fanáticos y músicos", según Roy Suker, "existe una jerarquía percibida de las actuaciones en vivo, con una tendencia marcada a equiparar la proximidad física del público con la 'interpretación' e intimidad reales con el(los) artista(s), con una experiencia musical más auténtica y satisfactoria" (2012, 201). En la gira de los Ginger Ninjas esta percepción va más allá de la estética y se convierte en un verdadero acto de colaboración entre el(los) músico(s) y el público.

De una manera detallada y muy personalizada, se capta el viaje de la banda de California a México en el documental realizado en 2012 *The Ginger Ninjas Rodando México* hecho por el director argentino Sergio Morkin.

Figura 1: Afiche de la película *The Ginger Ninjas Rodando México* (©Raussert 2013).

La película se estrenó durante el Festival de Cine de Guadalajara en marzo de 2012. Sergio Morkin, junto con un equipo de camarógrafos, acompañó en 2004 a los Ginger Ninjas en su gira de aventuras en bicicleta desde Estados Unidos hasta México para crear un documental de carretera y musical que hace una crónica del viaje mediante mapeo y escenas en la carretera entremezcladas con primeros planos de los integrantes de la banda y cortos de sus diversas actuaciones en la gira. La película narra la intersección del viaje privado con la misión política que con frecuencia se expresa de manera acústica en la letra de las canciones y visualmente en los cortos de conversaciones entre los integrantes de la banda incorporadas en la progresión fílmica. Las entrevistas hechas por el director a los integrantes de la banda de manera individual y los comentarios explícitos sobre las letras de las canciones de la banda interactúan en un nivel narrativo para revelar el toque humano, la alegría y el sufrimiento del viaje.

Desde el agotamiento físico hasta la desilusión emocional, desde la ira personal hasta el lamento privado sobre un fracaso amoroso, la película expone el trasfondo humano de la misión ecopolítica más amplia de la banda. Si bien la película da una idea de las flaquezas personales y los fracasos de los integrantes del grupo, comparte la misión ecopolítica general de los Ginger Ninjas al retratar la empresa con simpatía y empatía. Esto queda particularmente patente en las escenas en las que los músicos y los oyentes se unen en el acto de "pedalear bicicletas" para producir energía mientras que, al mismo tiempo, comparten la experiencia estética de la música que se está tocando. El concepto básico es la interacción y la interdependencia. En especial en el momento de la llegada a los pueblos y ciudades de México se torna obvio que la diferencia en la movilidad y la llegada en "cámara lenta" son cruciales para establecer el contacto con lo nuevo y lo desconocido. Como revela el documental, los Ginger Ninjas buscan formas alternativas de conectividad global fuera de los automóviles, los trenes y los aviones. En un mundo globalizado acelerado, la ralentización es lo que hace posible el encuentro y el contacto verdaderos. Lejos de nociones elitistas del cosmopolitismo, la gira *Pleasant Revolution* permite por igual a los músicos y al público experimentar temporalmente "cosmopolitismos que realmente existen" para tomar prestado un término de Malcomson (1998, 240) y en consecuencia repensar la política identitaria de tal forma que combine las formas morales y culturales de lo mundano mediante el énfasis en el valor de reconocer la diferencia; esto es cierto para las diferencias entre la banda que van desde tensiones estéticas y emocionales hasta las tensiones entre la banda y su público cambiante mientras están de gira.

Al promover el ciclismo, el viaje transnacional de los músicos proporciona una alternativa u opción a la concepción utópica y tecnocrática de aldea local de Marshall McLuhan. De hecho, otra manera de concebir esta nueva interconectividad global es reconocer la devastación del mundo que se está llevando a cabo. En este sentido, uno de los proponentes principales de la política cosmopolita, David Held, habla de "comunidades de destino superpuestas" (2004, 168), lo que denota que los cambios ambientales como el calentamiento global, los desastres naturales y la disminución de los recursos nos deja una comunidad mundial igualmente condenada y responsable. Sin duda, la gira *The Pleasant Revolution* toma de ahí su motivación: una nueva forma de promover las formas antiguas de movilidad como formas nuevas de salvar al planeta. Estéticamente, es importante observar que la música no predica, las letras de las canciones a veces son políticas, a veces personales; sin embargo, son siempre líricas. Y el placer estético parece igualmente importante para la banda y para el público. El concepto general detrás de la gira de los Ginger Ninjas se basa en la fusión del movimiento físico, el placer estético y la conciencia global ecológica. Además, su conceptualización popular es esencial, porque es música del pueblo para el pueblo. Esto fue particularmente patente cuando la banda llegó a la Ciudad de México y se negó a actuar en un escenario que se encontraba ubicado en un nivel superior en el Zócalo. Ignorando la resistencia de los guardias de seguridad, los músicos se bajaron con los instrumentos y los amplificadores para estar tanto simbólica como literalmente en el mismo nivel del público.

Fandango Sin Fronteras

Otro movimiento de base reciente en el continente americano del Nuevo Milenio es el proyecto Fandango Sin Fronteras. Comunitario a la vez que musical en su orientación, transporta la idea de cruzar fronteras tanto rítmica como geopolíticamente. El movimiento vincula agentes e interpretaciones musicales en ciudades tales como Veracruz, Los Angeles, Seattle y Vancouver, y muestra una presencia continua en la frontera entre México y Estados Unidos pasando literalmente la valla mediante la música y el baile. Mediante la creación de nuevos vínculos diaspóricos, contribuye a la formación de una sociedad civil transnacional. Lo que podemos ver y oír con frecuencia es a la gente que participa en una interacción musical a ambos lados de la valla, celebrando un espíritu comunal transfronterizo y protestando simultáneamente contra los organismos de control fronterizo estadounidenses y burlándose de sus intentos. Los eventos de Fandango en la frontera nos recuerdan en las palabras de Martin Munro que:

> El ritmo … desempeña un papel fundamental en la formación de vínculos entre sociedades y grupos, y en la estructuración de la experiencia colectiva del tiempo […] La noción del tiempo de una sociedad se torna en una 'segunda naturaleza' para su gente mediante interacciones colectivas y rítmicas. La gente aprende cómo mantenerse unida en el tiempo mediante diversas formas de socialización del movimiento, y estos movimientos son mediados por el ritmo. (2010, 5)

La observación de Munro es importante para entender la esencia de la 'cosmopolítica sónica desde abajo'. Para aclarar esto, no me refiero a alto y bajo en función de la alta y la baja cultura, ni tampoco me propongo situar la música popular en un contexto subalterno. Me refiero aquí a un concepto de música en las calles, la música en los espacios urbanos públicos y la música para el pueblo más allá de la división entre el artista y el público. Fandango Sin Fronteras comparte esto precisamente con la concepción de los Ginger Ninjas de reclamar los espacios públicos, movilizar comunidades y crear formas alternativas de movilidad para cruzar fronteras. Fandango Sin Fronteras no necesariamente busca localidades donde se llevan a cabo festivales para tocar. Por el contrario, las actuaciones a menudo se llevan a cabo dentro de comunidades locales y centros comunitarios así como lugares públicos directamente al norte y al sur de la frontera. Precisamente en estos espacios demarcados nacionalmente por vallas, muros y control fronterizo, la actuación de Fandango Sin Fronteras conquista los espacios públicos para la representación de comunidades transfronterizas. Grupos musicales profesionales participan en estas funciones y los intereses del mercado en esos momentos parecen de carácter secundario para el desarrollo comunitario.

Figura 2: Afiche de *Border Fandango* [Fandango de frontera] (© Raussert 2010).

Mientras es innegable el vínculo entre la música, el mercado y la política en la sociedad capitalista neoliberal, este movimiento musical de base es un intento de abrir nuevos espacios para distribuir la música y las ideas de la comunidad. Fandango Sin Fronteras contiene este elemento particular de conectar al individuo y lo local con lo transnacional. Tanto estética como espacialmente, Fandango Sin Fronteras se ubica en la zona fronteriza entre identidades étnicas, raciales y nacionales. Si bien el proyecto Fandango y las actividades musicales de grupos relacionados como Quetzal reconstruyen la memoria colectiva, cabe mencionar que su interpretación de latinidad fusiona elementos españoles, indígenas, árabes así como africanos, y abre un espacio para nuevas identidades transnacionales que, de este modo, desafían una latinidad monolítica al norte y al sur del río Bravo. Para el movimiento de base de Fandango el son jarocho se convierte en un medio estético de expandir la mexicanidad así como la latinidad y revela elementos nativos, árabes, africanos así como españoles de ritmo y actuación. En palabras de las figuras influyentes del proyecto Fandango de Seattle, Shannon Dudley y Martha González, la cantante principal de Quetzal, el surgimiento del proyecto se remonta a colaboraciones entre los músicos y las comunidades a ambos lados de la frontera:

> Para evitar crear una nueva ortodoxia propia, los grupos profesionales en el movimiento de base, incluidos *Mono Blanco, Son de Madera, Chuchumbé, Los Utrera, Los Cojolites, Estansuela, Relicario y Los Negritos,* continuaron organizando y participando en fandangos comunitarios, donde participaban en un diálogo colectivo sobre el futuro de la tradición. Esta práctica continúa en la actualidad y muchos músicos del movimiento aportan parte de sus ganancias a centros comunitarios que organizan talleres y fandangos. Esta escena vibrante llamó la atención de una nueva generación de artistas chicanos de Los Ángeles orientados a la comunidad que comenzaron a hacer viajes a Veracruz a principios de la década de 2000. Los chicanos compartieron sus propias experiencias y técnicas de desarrollo comunitario mediante el arte. De regreso a Los Ángeles compartieron lo que habían aprendido sobre el fandango y trajeron músicos de Veracruz. (Dudley y Gonzalez 2009, s.n.)

El Nuevo Movimiento Jaranero tomó forma mediante un proceso de investigación y reclamación de espacios, y se reafirmaron las raíces multiétnicas de la música en "Veracruz, como sitio caribeño" (González 2011, 66). Este regreso al patrimonio, al pasado y a la memoria cultural creó un nuevo interés en la tradición viva del *son* jarocho, que la mayoría de los chicanos había conocido previamente mediante grabaciones comerciales (o mediante la nueva versión a ritmo de rock and roll de 1957 de Ritchie Valens de un son jarocho tradicional llamado "La Bamba"). Como nos dicen Dudley y González:

> En 2002 se estableció *Fandango Sin Fronteras* como un diálogo musical informal entre los chicanos y los jarochos. En 2004 los integrantes de Quetzal viajaron a México para ayudar a grabar y producir el disco compacto de Son de Madera, 'Las Orquestas del Día.' En 2005 Son de Madera, uno de los conjuntos principales de son jarocho de Veracruz, vino a Los Ángeles para actuar con Quetzal en un evento para recaudar fondos para *South Central Farm*, una granja en una zona pobre que la comunidad había recuperado de una zona industrial abandonada, y de la que las autoridades estaban tratando entonces de sacarlos. Mediante éste y muchos otros intercambios, Fandango Sin Fronteras ha tomado forma como un diálogo musical transnacional arraigado en el espíritu de convivencia. (2009, s.n.)

Esta música, el son jarocho, es un estilo específico de la región mexicana de Veracruz, que surge de la mezcla de influencias culturales indígenas, españolas y africanas en esa sociedad. El gobierno mexicano canonizó esta música en la década de los años cuarenta, lo que la movió al escenario al mismo tiempo que sacaba la cultura y la improvisación del corazón de la música. Se recuperó en la década de los años setenta, lo que representó un regreso a los valores comunitarios.

Como lo explica Martha González:

> Como una práctica participativa musical y bailable el fandango conceptualiza a la comunidad como un principio estético central. Las comunidades veracruzanas usan la convivencia como una producción colectiva de identidad auditiva; una culminación de la memoria a través del sonido. Se encuentran presentes el legado español, el africano, el árabe y el indígena en los múltiples diálogos e inflexiones musicales. Este diá-

logo musical se logra mediante las expresiones de los múltiples instrumentos del son jarocho, en particular el latido o pulso de la tarima. Las bailadoras son los tamborileros que producen el pulso central de la fiesta del fandango mediante su juego de pies. En este sentido son percusionistas. Como percusionistas, estas mujeres dialogan con otros instrumentos y cantantes en el conjunto del son jarocho. (2011, 65–66)

A pesar de las abrumadoras pruebas históricas de que hubo una presencia africana en el México colonial, ésta no se registró en la historia oficial de la nación estado de la tradición cultural veracruzana. Atrapada en una urgente obsesión por modernizar la nación a principios de la década de 1900, la nación estado mexicana creó una identidad cultural veracruzana que hizo énfasis en la influencia española y redujo la indígena y, en especial, los elementos africanos. En Estados Unidos en la actualidad, pero también cada vez más en Canadá y en los países latinoamericanos, el son jarocho y el fandango se interpretan en comunidades diaspóricas chicanas o latinas como una manera de que sus integrantes se comuniquen entre sí y, como lo ejemplifican sus flujos multidireccionales y transversales, el fandango se ha vuelto transnacional al formar nuevos vínculos diaspóricos a través de las fronteras de las naciones estado.

La cosmopolítica sónica desde dentro de los circuitos comerciales

Según George Yúdice, el movimiento de Derechos Civiles de la Población Negra en Estados Unidos marcó en particular el principio de un vínculo creciente entre la performatividad y la política identitaria. Para los grupos marginados el mensaje político incluye un "imperativo social de la performatividad" (2004, 40). La afirmación principal de Yúdice es que "el papel de la cultura se ha expandido de una manera sin precedentes al ámbito político y económico, al tiempo que las nociones convencionales de cultura han sido considerablemente vaciadas" (9). La cultura, según su interpretación, ya no funciona como un ámbito de legitimación, sino, más bien, debe ser legitimada en sí misma con base en su utilidad política y económica.

La cultura urbana contemporánea aprecia los festivales, los espectáculos y una nueva estetización del espacio público. En especial los intelectuales izquierdistas y neomarxistas han estado criticando la espectacularización de los espacios urbanos (Debord 1995; Zukin 1995). La argumentación de Yúdice señala los cambios radicales que suponen estos desarrollos sociales para nuestra comprensión de la cultura. La orientación crítica general afirma que la cultura de los espectáculos mercantiliza todas las formas de vida social, cultural y política. No obstante, críticos como Goldstein y Gotham llegan a una visión más compleja de la cultura espectáculo. Aparte de intereses comerciales claramente presentes, localizan un potencial para la rebelión, la resistencia y la subversión en los espectáculos urbanos en la época contemporánea. Goldstein afirma que "los espectáculos, como otros eventos públicos, son sistemas no sólo para la actuación, sino también para la creación o transformación del orden social" (16). Con un reconocimiento al Mardi Gras en Nueva Orleans, Gotham mantiene que los espectáculos públicos tienen el potencial de crear "una crítica radical especialmente con respecto a las desigualdades de clase y raciales" (235).

El espectáculo ciertamente representa bien el marco conceptual de la política sónica en las artes escénicas contemporáneas. Los actores clave de la escena musical popular demuestran que la música puede muy bien comercializarse, pero no por eso perder automáticamente su potencial político. Músicos afroamericanos como Alicia Keys, al actuar en la Marcha de las Mujeres en 2017, Kendrick Lamar al hacer una actuación provocadora con una cadena de presidiarios en la ceremonia de entrega de los Grammy en 2016 y Beyoncé al insertar una coreografía de las Panteras Negras en el espectáculo de medio tiempo del Supertazón de 2016 usan su posición privilegiada como íconos globales del pop para llegar a un público más grande en todo el mundo con sus presentaciones de lo político en medio de un espectáculo popular. Sus ejemplos demuestran que los canales de la música popular muy bien pueden servir para reinventar lo social, abordar la injusticia social y política, y difundir visiones de renovación política. Asimismo, muestran que la 'protesta' vende bien, especialmente en círculos intelectuales liberales e izquierdistas. Por lo tanto, parece haber una doble estrategia en movimiento que realza el éxito económico individual del artista al mismo tiempo que promueve nuevos objetivos políticos. Incluso en el contexto de los mercados globales liberales en expansión, la música continúa desempeñando un papel clave tanto en el negocio del entretenimiento como en el activismo político y continúa infiltrándose en nuevos canales para reflejar lo social.

El principio del siglo XXI ha sido testigo de una radicalización de la política, un nuevo ascenso de los movimientos de ala derecha y fundamentalistas. La violencia racial contra la gente de ascendencia africana va desde el Brasil y el Caribe hasta Estados Unidos y Canadá. La música entra en el discurso de todas las orientaciones políticas, pero en particular de las que desafían el nuevo giro de ala derecha como el movimiento La Vida de los Negros Importa. Como dice Daphne Brooks, "esta es una nueva era de injusticia, con una mayor conciencia del estado de violencia y un ajuste de cuentas nacional con el carácter desechable de la vida de las negros sancionado por el Estado, y así este momento demanda claramente una nueva serie de improvisaciones" (2016, s.n.). Esta autora nos hace conscientes de que "con el aumento de las nuevas tecnologías, los asesinatos de hombres así como de mujeres negros desarmados – Trayvon Martin, Michael Brown, Tamir Rice, Freddie Gray, Rekia Boyd – están grabados en nuestra conciencia pública" (s.n.).

Este enérgico resurgimiento de violencia racial y odio ha suscitado respuestas artísticas. Los músicos en las calles, los artistas de hip hop locales, entre otros, crean letras de canciones que lamentan y critican la nueva intensidad de un trasfondo aparentemente omnipresente de racismo que va del Occidente al Oriente, del sur al norte, de Brasil a Canadá. Asimismo, parece que los íconos contemporáneos de música popular, como Beyoncé y Kendrick Lamar, han escuchado críticas en las que se lamentan sobre el silencio artístico ante la injusticia. Desde adentro de los circuitos de la industria musical y desde lo más alto del éxito artístico en el mundo de la música popular, parecen haber iniciado lo que Daphne Brooks denomina "una nueva ola de música pop negra de protesta" que "capta la catástrofe racial del siglo XXI y lidia con ella: el complejo industrial de prisiones, la desigualdad globalizada de la riqueza y el empleo violento de las mujeres y los niños" (2016, s.n.).

Yo afirmo que Kendrick Lamar es ejemplar por la nueva disidencia sónica que surge desde el mismo centro del estrellato dentro del mundo de la música pop. Minutos después de que Lamar recibió su quinto Grammy de la noche por el mejor álbum de rap en febrero de 2016, éste hizo una presentación en forma de espectáculo para despertar la conciencia histórica y expresar su ira sobre la injusticia racial durante la ceremonia de entrega de premios. Interpretando un popurrí que incluyó canciones como "*Alright*" [Bien] y "*The Blacker the Berry*" [Mientras más negra sea la baya], se acercó al micrófono encadenado a otros hombres negros en un precario bloque de una prisión. Junto a los músicos de la cadena de presidiarios, había músicos que tocaban desde dentro de una jaula tipo prisión. La actuación terminó con la presentación de un nuevo y enérgico verso sobre la esclavitud moderna en memoria de Trayvon Martin: "El 26 de febrero yo también perdí la vida". Se interpretó, televisó y difundió de manera instantánea un nuevo llamado a la solidaridad y a la fraternidad mediante los nuevos medios de comunicación. Su actuación en los premios Grammy la noche del sábado fue al mismo tiempo una manifestación de trabajo artístico, espectáculo y acción política. El fuego gigante detrás del escenario proporcionó el añadido visual a un llamado musical a la conciencia y la justicia (cf. Makarechi 2016)[1].

Figura 3: Presentación de Kendrick Lamar en los Premios Grammy

[1] http://www.vanityfair.com/hollywood/2016/02/kendrick-lamar-2016-grammys-performance.

Figura 4: Presentación de Kendrick Lamar en los Premios Grammy 2.

La provocadora actuación de Kendrick Lamar crea un collage del tiempo histórico en el que el cantante relaciona los grilletes con bola y las cadenas de la esclavitud con la situación actual en las cárceles de Estados Unidos y el racismo a escala global. Lamar crea una imagen poderosa de un continuo histórico amenazador que esclaviza de nuevo y prolonga la esclavitud colonial en prácticas neocoloniales de jurisdicción racista y practica policial. El estilo de la actuación de Lamar en forma de espectáculo también encuentra sentido en su videoarte. Por ejemplo, solamente la coreografía de *Alright* en un acerbo video musical pone en escena a Lamar con un grupo de hombres jóvenes afroamericanos a los que llevan en automóvil policías blancos. El video hace malabarismos con metáforas espaciales. Lamar se mueve encima de la ciudad con una vista aérea del mundo que se encuentra debajo. Esta posición espacial superior está acompañada por movimientos y pasos de rap que subrayan la preciada libertad física que contrasta marcadamente con la letra de la canción, su expresión de crítica, tristeza, ira y resistencia. Lamar flota sobre la ciudad trascendiendo las imágenes en el suelo de los policías blancos armados que empujan a un joven afroamericano contra el pavimento. Su audaz vuelo sobre la ciudad a la larga atrae la atención de un policía que finge dispararle con el dedo. Lamar promulga su empoderamiento mediante lo preformativo de su canción y baile urbanos. Como dice Judith Butler, "nombrar puede funcionar en el servicio de una forma soberana de lo performativo" (2013,

137). Con referencia a la desposesión "si siempre nos dan nombre los otros", una condición que defienden Butler y Athanasiou, "entonces el nombre significa una cierta desposesión desde el principio. Si buscamos darnos un nombre nosotros mismos, aun sí sucede dentro de un lenguaje que nunca hicimos" (137). Sin embargo, la performatividad proporciona una solución, como asegura Athanasiou que: "Nombrar implica un performativo que necesariamente se encuentra entrelazado en la estructura de la apropiación que lo autoriza, mientras que al mismo tiempo sigue siendo capaz de exponer y exceder sus límites prescritos" (138). El potencial que la performatividad nos permite desafiar, "formas en las que los males de la opresión y la desposesión no son audibles dentro de discursos hegemónicos" (132) aumenta doblemente cuando surge lo performativo dentro de los mismos templos de la industria cultural, como subrayan la actuación y el video de Lamar.

A pesar de la controversia sobre la sobresexualización del cuerpo femenino de mujeres negras, la coreografía de Beyoncé que hizo referencia al Movimiento de las Panteras Negras en el Súper Tazón en San Francisco en 2016 muestra la vitalidad intergeneracional que estimulan las actuaciones de protesta contemporáneas de los afroamericanos. Asimismo, después de la actuación se fotografió a las bailarinas de respaldo que llevaban boinas al estilo de las Panteras Negras e iban vestidas de cuero negro posando públicamente con los puños alzados lo que es evocador del saludo del poder negro que hicieron Tommie Smith y John Carlos en los Juegos Olímpicos de 1968 en la Ciudad de México. Las bailarinas tras bambalinas sostenían un cartel con el lema "Justicia para Mario Woods", un joven afroamericano al que la policía asesinó a tiros en diciembre de 2015 en San Francisco. La actuación de las bailarinas marcó un poderoso homenaje visual a las Panteras Negras y también conmemoró el inicio del movimiento político en Oakland, California en 1966, 50 años antes.

Figura 5: El show de Beyoncé en el Supertazón 2016.

La nueva música de protesta de los cantantes negros es un movimiento cuyo liderazgo, como mantiene Brooks, nos recuerda que el arte que la acompaña debe ser tan espacioso como la 'negritud' misma, que es la razón por la cual necesita reconocerse, junto con Beyoncé y Lamar, el poder de resurrección de la música electrónica afrofuturista donde el hip hop de la vieja escuela se encuentra con la nueva escuela y el del *gospel* se encuentra con el Ritmo y Blues del productor y músico Flying Lotus, "la rebelde con causa Afropunk de ciencia ficción" de la feminista negra homosexual Janelle Monáe, – por citar sólo algunos –, como creadores de una nueva estructura sónica de disidencia negra para la crisis actual (2016, s.n.). El sencillo de Monáe *"Hell You Talmbout"* con firmeza rebate el que se reste importancia a la muerte afroamericanos expresando de manera repetitiva los nombres de sus víctimas. Originalmente se trató de una canción extra de venta exclusiva en la tienda Target en la edición de lujo de su álbum de 2013 *The Electric Lady*, pero una nueva grabación en 2015 de Monáe transforma la canción en un canto en el que se exhorta al oyente y, en escenarios en vivo, al público, a decir los nombres de las víctimas de la violencia racista. Sobre un ritmo basado en un tambor lo que hace pensar en una marcha militar, la canción consiste en que Monáe y otros artistas de su sello discográfico Wondaland cantan *"Hell You Talmbout"* y apagan la voz principal para decir los nombres de los individuos asesinados por la policía y otras personas, y la exhortación a "decir el nombre de él o ella". Mientras que la gran mayoría de los nombres que se mencionan durante la canción, desde Walter Scott, Freddie Gray, Sandra Bland, Aiyana Jones hasta Eric Garner, conectan la canción directamente a acontecimientos contemporáneos, la inclusión de Emmett Till, Amadou Diallo y otros vincula la violencia racial contemporánea con la historia de la discriminación supremacista blanca en Estados Unidos. La canción sirve como una banda sonora deliberada para las marchas de protesta contemporáneas, en las que participa Monáe con regularidad, y también se ha extendido a los manifestantes de protestas contra la injusticia y la discriminación fuera de Estados Unidos, por ejemplo, en Brasil, Sudáfrica e Inglaterra.

Conclusión

Las celebridades de la música contemporánea como Alicia Keys, Beyoncé, Janelle Monáe y Kendrick Lamar pueden formar su misión política basándose en su firme posicionamiento dentro de los mercados de música globales, mientras que el programa *Jazz Ambassadors* pudo basarse en el prestigio popular de la música del jazz a escala global para convertirla en una herramienta estratégica con el fin de diseminar el mensaje de libertad y democracia estadounidense. Del mismo modo, los músicos invitados como embajadores del jazz y a veces más que obligados por las fuerzas de la industria musical a participar en las giras del programa *Jazz Ambassador* ya habían llegado al estrellato mucho antes de que empezaran con las giras. Si bien muchas de las melodías de jazz presentadas ya habían llegado a la lista de éxitos, no cabe duda de que la participación de los músicos en las giras incrementó las ventas de sus compañías disqueras. La música como capital cultural se prestó con éxito a una promoción del logro cultural estadounidense. A este programa descendente lo caracteriza una síntesis de impacto político y éxito comercial, si bien no debe pasarse por alto las tensiones con respecto a las relaciones públicas entre los músicos de jazz como artistas y voceros individuales disidentes, los funcionarios de gobierno y los mediadores de los derechos civiles; la crítica que hizo Louis Armstrong sobre la política racial nacional como un contraste marcado con el mensaje global de libertad es sólo un ejemplo. La misión política oficial entonces consistió en lograr la primacía geocultural mediante la difusión de la música "estadounidense" concebida como una expresión nacional o nacionalista. Los embajadores del jazz tuvieron que caminar por la cuerda floja entre la expresión musical transcultural y el papel de embajador nacional. Aun así, como señala Penny von Eschen, "la comprensión del jazz de los embajadores de buena voluntad como una música internacional complica la caracterización del jazz como 'música de Estados Unidos', etiqueta usada por Willis Conover y otros autores que son de la opinión que el jazz ganó la Guerra Fría" (2004, 250). Sería reduccionista hablar sobre el jazz como 'la banda sonora del Imperio estadounidense' o 'la música de la libertad' de una manera unidireccional y unilateral. Más bien, como hace hincapié Penny von Eschen:

> Para estos músicos, el jazz era una música internacional e híbrida que combinaba no solo formas estadounidenses y europeas, sino formas que se habían desarrollado a partir de un modo anterior de intercambio cultural, mediante las tortuosas rutas del comercio de esclavos a través del Atlántico y las "diásporas superpuestas" creadas por las migraciones en todo el continente americano. Y si el Departamento de Estado estadounidense había facilitado las rutas transnacionales de innovación e improvisación de la música, para muchos músicos había una cierta justicia poética en ello. (250)

Las formas de liberación psicológicas, culturales y políticas que los *Jazz Ambassadors* pudieron haber logrado cultural y sónicamente es difícil de resumir pero, sin duda, han ayudado a liberar a la negritud de la baja cultura y al jazz de la etiqueta 'estadounidense' como un confinamiento monolítico y nacional mediante la reorganización constante de sus pilares multiculturales africanos, latinoamericanos, norteamericanos y europeos, y a dar voz y sonido a un proceso sónico de transformabilidad dentro del continente americano y más allá.

Las actuaciones críticas de Beyoncé, Monáe y Lamar muestran alianzas estrechas entre el artista, la industria musical y los directores de los eventos efectuados en espacios públicos. Éstas revelan que la producción creativa y los circuitos de la industria musical están profundamente inmersos en cuestiones de la vida política y social. Con un reconocimiento a críticos como Yúdice es seguro decir que la música, como la cultura en general, con frecuencia se legitima debido a su utilidad social, política y económica.

La música desde abajo – es decir, los nuevos movimientos de base transnacionales, como *Fandango Sin Fronteras* y la gira *The Pleasant Revolution* del grupo de rock basado en California The Ginger Ninjas – se pueden interpretar como manifestaciones recientes de democratización que conciernen a la producción, distribución y recepción cultural. La constelación de actores no estatales, sin duda, es más horizontal. Con frecuencia los mismos músicos son los distribuidores de su música mediante el uso de los nuevos accesos a los medios de comunicación, y el doble papel de artista y vocero público es menos conflictivo, puesto que los músicos de *Fandango Sin Fronteras* y de la gira *The Pleasant Revolution* comparten una misión política y una retórica de la resistencia tenaces. No sólo estos movimientos de base abren espacios para que los compositores y los músicos lleguen a públicos nuevos mediante nuevos canales de manera local, regional, nacional y transnacional, también introducen cambios de agencia y poder en la producción y el control de la 'cultura' al hacer hincapié en la noción de cultura participativa. Si bien su música no ha llegado a las listas de éxitos, conserva un reconocido prestigio en las comunidades conectadas translocalmente. Los movimientos como *Fandango sin Fronteras* y *The Pleasant Revolution* representan la 'cosmopolítica sónica' del pueblo para el pueblo y son una parte vital de los movimientos de base dentro del continente americano que funcionan de manera multidireccional y transversal y, por lo tanto, son diferentes de la propuesta unilateral del proyecto *Jazz Ambassadors*. Como revela esta comparación, los flujos globales se mueven en diferentes direcciones y los circuitos globales de ninguna manera se encuentran unificados ideológicamente en épocas de globalización.

Sin duda, *Fandango sin Fronteras* así como la gira *The Pleasant Revolution* tienen como objetivo crear comunidades de diáspora transnacionales o comunidades ecológicas transnacionales respectivamente a partir de programas de base en tanto que los músicos que participaron en los proyectos *Jazz Ambassadors* y *The Rhythm Road* nunca han perdido por completo el contacto con los intereses de la diplomacia cultural estadounidense (incluso si los artistas y músicos de manera individual quizás mantienen opiniones disidentes). El movimiento *Fandango sin*

Fronteras va más allá de lo que se considera la resistencia clásica en el discurso colonial y postcolonial. Si bien se alimenta del espíritu utópico del sonido de la libertad afroamericano de décadas anteriores, sus participantes eligen un claro paradigma diaspórico transnacional de política identitaria. Un espíritu utópico similar impulsa las iniciativas de política ecológica de los Ginger Ninjas. Aun así, no quiero caer en la trampa de idealizar abiertamente el poder político de la música. Ciertamente que comparto la advertencia de Josh Kun de que no debemos "idealizar la música popular como un lugar seguro para la revolución y la resistencia" (2005, 17) y también estoy de acuerdo con él en que:

> La música popular es una de nuestras herramientas más valiosas para entender el impacto del nacionalismo y la ciudadanía en la formación de nuestra identidad individual. Y, en segundo lugar, también es uno de los sitios más valiosos para ser testigo de la representación de la diferencia racial y étnica que va en contra de las ciudadanías nacionales que trabajan para silenciar y borrar esas diferencias. (11)

La explicación de Kun demuestra que la música en el continente americano continuamente ha dado voz a la diferencia y que incluye las voces tanto de arriba como las voces de abajo y de dentro de los circuitos musicales. A diferencia del criterio elitista de las giras de los *Jazz Ambassadors* de mandar al extranjero a músicos famosos mundialmente, el concepto actual de *The Rhythm Road,* si bien lo dirige el Departamento de Estado, claramente toma prestados criterios igualitarios populares para movilizar la música del pueblo para el pueblo. Por consiguiente, no selecciona a los músicos y a los artistas con un estatus de estrella de culto como Duke Ellington y Louis Armstrong, sino músicos más jóvenes que necesitan presentar su solicitud y pasar por un proceso de selección. El programa manda cada año a diez bandas (principalmente de jazz, algunas de hip-hop; todas hacen audición para el concierto) a aproximadamente más de cincuenta países. Asimismo, la política parece haber cambiado y se ha vuelto más moderada. Si esto es un signo de una revisión de la diplomacia o un imperio en decadencia o ambas cosas queda por responder. El énfasis ahora se encuentra en el diálogo; a menudo los músicos no exportan música hecha en Estados Unidos, sino que tratan de adaptarse a las culturas musicales y naciones que visitan. Como declara un informe oficial:

Antes de que el bajista Ari Roland fuera a Turkmenistán el año pasado, aprendió algunas canciones tradicionales turcomanas. Su banda tocó improvisaciones de jazz de estas canciones con los músicos locales — la primera vez que se permitió dicha mezcla— y al día siguiente se presentó varias veces un reportaje de 15 minutos sobre el concierto en la televisión estatal. (Kaplan 2013, s.n.)

Y quién sabe si más allá del aspecto de la cultura participativa que respalda el desarrollo comunitario en niveles locales y globales, el enfoque dialógico no pueda llevar también a la larga a un éxito comercial: Martha González, la cantante principal de Quetzal y vocera propulsora de Fandango Sin Fronteras, ganó un Grammy con su banda en 2013 por su álbum *Imaginaries* como el mejor álbum de rock latino, urbano o alternativo.

El turismo, la nostalgia, y la fabricación de 'autenticidad': las identidades 'urbanas sónicas'

El turismo y los circuitos de música locales y globales

El turismo es una industria en sí misma. El crecimiento del turismo cultural demuestra el surgimiento de diferentes nichos, tales como el "turismo patrimonial, turismo artístico, turismo gastronómico, turismo cinematográfico y turismo creativo" (Richards 2018, 12). La música de manera sucinta añade todavía otra dimensión de la industria cultural al ámbito turístico. La música, en particular, ayuda a fabricar imaginarios sónicos para promover las ciudades en un mercado turístico global. En el contexto del turismo, la música, con su capacidad multifacética para la promoción cultural y comercialización, oscila entre la política de patrimonio cultural, el consumo y el nuevo espacio creativo. La música en sí misma se convierte en un agente, a veces conflictivo, entre la preservación de su poder artístico expresivo y su papel como proveedor de las diversas funciones sociales, culturales y económicas dentro de la industria turística. La apropiación de la nostalgia y la fabricación de la autenticidad dan forma al papel de la música en el turismo. El turismo, a cambio, proporciona un capital económico extra para la preservación y la nueva productividad en la industria de la música.

Londres da la bienvenida a sus visitantes con una serie de recorridos a pie que dan vueltas alrededor del mundo de la música. '*The Beatles Magical Mystery Tour*' [El recorrido mágico y misterioso de Los Beatles], '*The Beatles: In My Life Tour*' [Los Beatles: recorrido en mi vida] y '*The London Music Tour*' [El recorrido de la música de Londres] celebran a la capital británica como el sitio donde se crean las reputaciones del rock'n'roll. Los recorridos guiados a pie llevan al visitante a los lugares, apartamentos y estudios de música que cuentan las historias y la historia de figuras de culto de la música de rock, tales como The Rolling Stones, The Beatles, Jimi Hendrix, David Bowie, The Sex Pistols, Oasis, The Clash y Blur, entre otros. Mientras Londres se presenta como una zona de contacto central para las celebridades de la música de rock, ciudades como Chicago, Nueva Orleáns, Río de Janeiro, Buenos Aires, la Habana y Kingston prefieren un acercamiento basado en el género para promover sus ciudades como atracciones sónicas para los visitantes. Chicago celebra sus vínculos con el blues urbano; Nueva Orleáns se hace pasar por la cuna del jazz; Río de Janeiro selecciona una identidad de samba blanqueada; Buenos Aires, por supuesto, recurre a su historia del tango; la Habana elige el son y Kingston adopta una afiliación al reggae para dar a sus ciudades una identidad musical y popularidad. Naturalmente la nostalgia por las décadas y los estilos pasados dicta la elección de géneros musicales en cada caso. Al llevar de vuelta al visitante a la historia de la música en el contexto del entretenimiento turístico y la cultura del espectáculo, la industria turística cultural reinventa las tradiciones musicales. Esto conlleva, por un lado, la necesidad de crear un sentido de autenticidad sónica que haga la experiencia creíble y deseable. Por otro lado, proporciona nuevo capital económico potencial para la creatividad y la diversidad musicales más allá de la nostalgia musical en los contextos turísticos.

La política identitaria sónica urbana, tal y como la plantean los espectáculos turísticos y la industria del entretenimiento, recurre al poder de la música para crear un sentido de apego al lugar y una sensación de pertenencia. En épocas en que hay un aumento en la compresión espacio temporal (Harvey 1989), un incremento en la movilidad y en el ritmo acelerado de la vida cotidiana, el poder de la música arriba mencionado parece ser lo más conveniente para reubicar al turista en un espacio simplificado y construido nostálgicamente de experiencia musical auténtica. Con un reconocimiento a los pensadores que consideran el turismo la búsqueda religiosa de la humanidad en el siglo XXI, se podría argumentar que la música representa el sonido secular para la búsqueda espiritual dentro del turismo urbano contemporáneo. Las culturas que llevan a cabo festivales, como el Festival de Jazz de Nuevo Orleáns y el Festival Internacional del Mariachi en Guadalajara son la base de la confirmación cultural y el comercio (Falassi 1987). "Etimológicamente el término festival se remonta a *festum* que expresa alegría pública, regocijo, jolgorio, y feria que significa 'abstinencia del trabajo en honor de los dioses'. Feria a la larga se convirtió en el término para mercado y productos de exposición" (2). Los festivales también funcionan "como sitios de identificación personal y desarrollo comunitario" (de Valck y Loist 2009, 180). Como vemos, en las culturas en rápida transición en todo el continente americano y (en una escala global) los festivales de música son indicadores centrales de la política turística y realizan nuevas funciones de vinculación afectiva y orientación en el tiempo y el espacio. Además, la música llena de sonido a las ciudades, y las historias detrás de la música que vinculan los paisajes sonoros y los paisajes urbanos ayudan a crear un simulacro de una relación más íntima entre la música, la ciudad y el turista, lo que permite, de esta manera, una intensa identificación cognoscitiva, kinestésica y afectiva del visitante con el sitio turístico (cf. Urry y Larsen 2011).

Reinventar la ciudad, reinventar la música

Tanto las identidades urbanas como la autenticidad musical se reinventan en el ámbito de las industrias turísticas. Es notable desde Río de Janeiro hasta Nueva Orleáns, desde Buenos Aires hasta Guadalajara, desde Kingston hasta Miami que la política identitaria sónica urbana camina en la cuerda floja entre reclamar la autenticidad en forma de patrimonio cultural y prometer novedades en la manera en que crean nuevas culturas dancísticas y musicales. De esta manera, proporcionan un atractivo intergeneracional destinado de manera simultánea a las generaciones mayores y a las jóvenes. La capacidad de la música de producir rápidamente formas siempre nuevas de hibridación junto con el sonido y el ritmo la convierte en una fuerza propulsora para integrarse cultural y económicamente en nuevas rutas de promoción para el turismo urbano, y para promover la ciudad como un sitio de música del pasado, presente y futuro. Vender la autenticidad (con frecuencia impregnada en narrativas étnicas y nacionalistas) implica la reinvención de las tradiciones musicales. Esto abarca al turismo del blues en Chicago, al turismo de la samba en Río de Janeiro y al turismo del tango en Buenos Aires. Por ejemplo, los historiadores consideran que el auge del tango fue a principios del siglo XX cuando la música pasó de interpretaciones poco refinadas e improvisadas a interpretaciones sofisticadas y con una formación clásica. Buenos Aires sirvió como el lugar principal de enunciación a partir del cual se propagaron la música y el baile al norte y a Europa. Como expresión musical global, requiere un nuevo arraigo local para volver a convertirse en fundamental para la política turística de su país. Como Sarah Woods dice, "la ciudad permanece plagada de espectáculos de tango, milongas (eventos para bailes sociales), escuelas de tango, cafés y hoteles temáticos de tango, visitas guiadas de tango e incluso agencias a las que se habla por teléfono para conseguir una pareja para bailar tango…" (2017, 238). Al llevar la música global de regreso a casa, y con ella a gran multitud de visitantes, el tango entonces se reinventa en estos nuevos escenarios. Esto se amplía aún más hasta llegar a ser un marco cultural de festivales y espectáculos crecientes en el cual, entre otros, el Festival Mundial del Tango y el Campeonato de Tango de la Ciudad acogen actos multitudinarios en tanto que bares informales como el Café Tortoni, El Faro y El Querandi proporcionan escenarios más íntimos para una experiencia de tango 'auténtica' (240).

Miami, sin duda, es la nueva capital de la música de fusión diaspórica de Estados Unidos de principios del siglo XXI. Con certeza es un lugar muy animado que une diversos sonidos y ritmos, en particular los afrolatinos, sudamericanos y caribeños, en nuevos entramados de música proveniente del continente americano. Como punto de llegada así como de tránsito, Miami se encuentra exactamente en la intersección de flujos de gente, música, moda y paisajes ideológicos (Appadurai) que vienen del sur al norte. La Pequeña Habana y la Pequeña Haití añaden un vibrante ritmo al paisaje urbano de Miami. Si existe un núcleo musical en Miami, este es la calle Ocho, también hogar del festival callejero anual de Miami. Esta calle emblemática de la Pequeña Habana se convierte en un paisaje carnavalesco todos los meses de marzo. "Miles de salseros moviendo las caderas forman una conga de una milla de largo que serpentea por puestos de arepas chisporroteantes siguiendo el tamborileo de los timbales. Sentidas baladas que provienen de las expresiones de los granjeros cubanos mezclan *claves, tumbao, cuica y cavaquinho* con lamentos melodiosos" (2017, 185) expresa Sarah Woods. Miami es el hogar de la cultura de los centros comerciales que resuenan con la música que bombardea a sus visitantes con sonidos de mariachi, cumbia, salsa y bossa nova, los cuales expresan paisajes sonoros afrolatinos panamericanos. No obstante, no solo ahí, el visitante encuentra las diásporas latinoamericanas sónicas y culturales de Miami en Estados Unidos. El Distrito de Diseño, Midtown y Wynwood acogen pequeños estudios musicales, un arte callejero vibrante y escenas de graffiti, y dan salida a expresiones de música alternativa de bajo presupuesto de bandas locales y músicos visitantes que aprovechan la palpitante industria musical de la zona cultural más alternativa de Miami, y que son un fuerte contraste con las producciones musicales con grandes presupuestos a lo largo de South Beach. Una cultura floreciente de DJs forma el telón de fondo al terreno fértil de la escena hip hop siempre cambiante de Miami y una fábrica de éxitos para las listas de popularidad estadounidenses.

Si bien su industria musical podría todavía ser menos sofisticada que la de otras capitales musicales estadounidenses (Woods 2017), Miami es un ejemplo de que la música en el turismo es multifacética. Estimula la cultura de los centros comerciales, nutre a la nueva cultura juvenil, proporciona cultura para consumo a lo largo de los restaurantes de las playas y, sin embargo, impulsa una nueva expresión sónica. Celebridades musicales como Beyoncé, Gloria Estefan y Lauryn Hill dan forma a la escena musical al igual que los músicos locales que prefieren grabar e interpretar su música en el Distrito de Diseño. Si bien se encuentran evidentemente presentes las diferencias de clase, éstas parecen impulsar una vibrante cultura musical en vez de reprimirla. El consumo y la producción se funden y chocan en la escena musical de Miami, la cual es el verdadero motor del turismo. La cultura del ocio y la creatividad artística entran en una relación bastante simbiótica que hace que continuamente se estén alimentando entre sí. Culturalmente, la música en Miami crea un tapiz sonoro panlatino y ayuda a promover la ciudad como la nueva capital cultural caribeña y latina del norte. El turismo claramente ayuda a impulsar una nueva producción musical al traer a los músicos a la ciudad, crear plataformas para poner a prueba el atractivo popular de la música y proporcionar el flujo de capital necesario para sostener una industria musical accesible para los futuros músicos jóvenes y bandas. El turista mismo se convierte en un agente mediante sus preferencias y elecciones, mediante la participación activa en el karaoke y las culturas dancísticas, y mediante el apoyo que brinda a DJs, compositores e intérpretes jóvenes y alternativos dentro de los circuitos locales de la cultura musical.

La etnicitdad en el contexto de la cultura comercial y global

Los nuevos paquetes de recorridos turísticos aprovechan el reconocimiento de la diversidad cultural dentro de las sociedades. El multiculturalismo, tras la turbulenta década de los años sesenta, se ha convertido en un concepto bastante impugnado en diversos ámbitos, tales como la política y el mundo académico. Somos testigos de una creciente diversidad por lo que respecta a las comunidades en función de la religión, la clase, la etnicidad, el género y el sexo (Banerjee, Birkle y Raussert 2006, 311). Asimismo, los nuevos nacionalismos han transformado no sólo la idea del origen cultural, sino que han redefinido las fronteras así como las afiliaciones dentro de un espectro multiétnico de culturas en todo el continente americano. Los debates más recientes en torno del multiculturalismo han demostrado que la 'etnicidad' no sólo figura como un poderoso significante cultural y políticamente, sino también económicamente dentro de los procesos de globalización. Los críticos como bell hooks señalan el papel estratégico de la etnicidad en la política de la industria cultural para crear al otro como alguien estimulante y auténtico dentro de la cultura dominante (1992, 21). "Vender la etnicidad" consiste tanto en una manifestación económica frecuente como en una poderosa estrategia de mercado, y ambos fenómenos han surgido a partir de la omnipresencia del multiculturalismo en los discursos dentro de la sociedad urbana contemporánea. Diversos discursos se cruzan cuando el interés creciente en los estudios poscoloniales, la institucionalización académica de los estudios étnicos, la expansión cada vez mayor de la industria turística así como el interés de los consumidores en los productos étnicos en términos de comida, moda y cultura se encuentran, chocan y se funden en un intercambio económico y cultural global. Los procesos detrás de "vender la etnicidad" son múltiples, como lo son las cuestiones sobre la agencia que giran en torno a los procesos de comercializar al yo y al otro.

La música con su rápida asimilación y fusión de nuevos estilos y ritmos mantiene vivo y palpitante al otro étnico y exótico, y brinda la posibilidad de apartarse de las rutinas cotidianas (Foster 1982, 22). El turismo es parte de lo que Huggan llama una entera "industria cosmopolita de la alteridad" que depende de reinventar y vender mitos dentro de narrativas de otredad étnica, identidad nacionalista y diferencia de las culturas juveniles (2001, xiii). Los productos de la industria turística tienden a ser diseñados para su consumo rápido y fácil. Aun así, el turismo y los procesos relacionados de la comercialización del mito nacionalista, la diferencia cultural y la resistencia juvenil rara vez son sólo unilaterales. Estos satisfacen funciones comunitarias y educativas. Mientras que a Huggan le parece bien que la industria turística en su aceptación de la alteridad como capital económico esté dirigida principalmente a las sociedades capitalistas occidentales (68), también abre espacios para las producciones culturales locales y alternativas, especialmente en el ámbito de la interpretación y producción musicales.

Exploración de la intersección de la política cultural con la económica

"Vender la etnicidad", entonces, es uno de entre numerosos factores que resaltan la movilidad y fluidez de la identidad en la actualidad. Los procesos de globalización y el establecimiento de redes transnacionales ayudan a producir y distribuir nociones y adaptaciones comercializables de las identidades fluidas y las etnicidades móviles en las transacciones del comercio global, en su impacto sobre cómo se construye, percibe y distribuye la cultura. El hecho de que la etnicidad haya sido descubierta por el interés capitalista no significa necesariamente que la etnicidad pierda su potencial de funcionar como un lugar de resistencia. La etnicidad y el nacionalismo se han convertido en un ámbito polémico entre la corriente dominante y la marginal. Lo más obvio, como sostengo, es que dicha competencia se vuelve visible en el contexto del turismo y el deseo de los turistas de consumir la otredad auténtica. El crecimiento del turismo cultural y la expansión de la industria patrimonial tienen como objetivo satisfacer un anhelo creciente por lo arcaico y auténtico en una época de rápidos cambios globales. Es probable que los sitios turísticos, en este contexto, sean espacios controvertidos, porque están ubicados en la intersección de influencias económicas, sociales, culturales y políticas opuestas. Con frecuencia las atracciones turísticas se crean en colaboración entre las compañías e instituciones nacionales e internacionales, y a menudo se encuentran fuera del control de los residentes locales. Estos últimos quizás traten de tener acceso a la industria turística en su vecindario y quizás también puedan idear estrategias de resistencia. En ambos casos surgen cuestiones sobre la agencia que abordan asuntos tales como quién tendrá acceso al mercado y quién dará forma al desarrollo de la industria patrimonial (Selwyn 1996; Tucker 1997; Low y Lawrence-Zúniga 2003).

La escena contemporánea del blues en Chicago: la política de la autenticidad y Chicago como el 'Hoogar del Blues'

En ciudades como Chicago, el blues es una parte vital de la cultura comercial contemporánea, en especial en lo que concierne a las estrategias recientes de mercadotecnia que presentan a la ciudad de Chicago como el "Hogar del blues". (Raussert y Seeliger 2011). El blues representa un estudio de caso particularmente interesante, puesto que como expresión musical tiene una larga historia de cambios que abarca un papel destacado como expresión vernácula secular en el Renacimiento de Harlem, un papel como pilar continuo de innovaciones en el jazz durante todo el siglo XX, un papel como una influencia importante en la evolución de la música del *rhythm & blues*, rock'n'roll y rock en la década de los años sesenta y más allá, y como un lenguaje universalista para expresar dolor y catarsis; además, el blues desempeña un papel como música de fondo en los comerciales y como reciente atracción turística para aquéllos que buscan "su" autenticidad como afroamericanos en el contexto del entretenimiento musical. Para explorar la intersección de la política cultural con la económica, es importante abordar la relación que existe entre las estrategias de mercadotecnia y los discursos de la autenticidad, entre las concepciones turísticas y locales de lo que es la autenticidad musical, y la agencia local dentro de la industria turística global.

Comercializar a Chicago como la ciudad de la diversidad étnica y la autenticidad es la fuerza impulsora que se encuentra detrás del proceso de convertir el patrimonio y la música del blues en una parte vital de la cultura comercial de Chicago. Los estudios recientes de espacios urbanos han puesto énfasis en los avances posmodernos de convertir las ciudades en sitios de ilusión y consumo. Christine Boyer (1994) menciona la "ciudad de la ilusión", Charles Ruthesier (1996) califica a la ciudad como "un ámbito urbano no lugar" y Sharon Zukin (1995) escribe sobre la "ciudad del consumo cultural". Dichas concepciones de la ciudad están basadas en la noción de Frederic Jameson (1991) de los espacios urbanos posmodernos como un producto del capitalismo tardío. Con frecuencia la estrategia de mercadotecnia de convertir la ciudad en un espacio de consumo ya es visible en la entrada de las ciudades. El Aeropuerto Internacional O'Hare de Chicago representa un sitio de este tipo en el que el proceso de establecer a Chicago como el hogar del blues induce al viajero y al turista que llegan a visitar los diversos sitios de patrimonio y cultura del blues como éstos han surgido en el turismo y en la reciente planeación urbana en Chicago. Las paredes del vestíbulo que se encuentra entre las puertas de llegada y migración están decoradas con fotografías y pinturas ampliadas de músicos y conciertos, y periódicos sensacionalistas con datos históricos sobre la música crean un aura inmediata del blues como una identidad básica inseparable de la ciudad de Chicago. Como dice Marc Augé, los aeropuertos junto con los superalmacenes y las estaciones ferroviarias son no-lugares que "no postulan ninguna sociedad orgánica" (1995, 112). Son sitios de idas y venidas que invitan al viajero y al turista al ámbito de la "translocalidad": nuevas concepciones del espacio, la identidad y los artículos de consumo pueden fluir libremente dentro de ellos. La tienda del Museo de Chicago en una de las secciones del cruce de caminos del Aeropuerto Internacional O'Hare hace que sea posible consumir el aura ya instalada de la ciudad del blues en forma de libros, discos compactos, DVD, fotografías y tarjetas postales e invita al viajero y al turista a comprar el espíritu del blues capturado en las grabaciones de artistas de casa como Koko Taylor, Carl Weathersby y Junior Wells (yo compré varios artículos en febrero de 2010).

Figura 6: Mapa de imágenes de la ciudad de Chicago.

Una serie de discos editados por 'Big Chicago' Records, incluidas colecciones tales como *A Chicago Jazz Tour* [Un recorrido por el jazz de Chicago], *A Chicago Blues Tour* [Un recorrido por el blues de Chicago], *Hidden Treasures: Irish Music in Chicago* [Tesoros escondidos: la música irlandesa en Chicago] y *The Chicago Music Scene* [La escena musical de Chicago], subrayan el vínculo entre la cultura y los artículos de consumo, y entre la etnicidad y los artículos de consumo, que infunde la posición que se ha impuesto la misma ciudad como atracción turística. Como ilustra el ejemplo de *The Chicago Music Scene*, la escena musical se define y divide étnicamente en mambo latino, irlandés tradicional, blues afroamericano y jazz como negrura global. Además de una selección de artistas representativos de los diversos géneros, el folleto del disco compacto también proporciona un mapa de la ciudad, llamado acertadamente "mapa localizador de clubes", que señala los locales musicales patrocinados por la ciudad y que ayuda al turista a abrirse paso por la vida nocturna de Chicago.

Figura 7: Mapa de la escena musical en Chicago.

Una vez que el turista se ubica en el mismo centro de Chicago, los programas patrocinados por la Oficina de Turismo de Chicago y el Departamento de Asuntos Culturales, tales como los *Chicago Neighborhood Tours* (CNT) [Recorridos por los vecindarios de Chicago], brindan viajes guiados en autobús que salen del Centro Cultural de Chicago a numerosos enclaves étnicos, como las áreas comerciales judías en la avenida Michigan, vecindarios puertorriqueños en el Parque Humboldt y sitios patrimoniales del blues en el Distrito de Bronzeville del South Side. Como Grazian acertadamente dice, "al capitalizar con nociones exotizadas de etnicidad, comunidad y espacio urbano, estas 'excursiones en autobús' transforman las comunidades locales y sus paisajes de interacción social cotidiana en atracciones turísticas comercializadas" (2003, 201).

No es sorprendente, entonces, que la escena del blues presentada a los turistas con frecuencia difiera de los clubes de música locales contemporáneos. El programa turístico de los recorridos por los vecindarios de Chicago parece ansioso por satisfacer la búsqueda de los turistas de la autenticidad de la negritud. Cuando el autobús turístico del recorrido del blues de Chicago llega a bares de blues seleccionados, a menudo uno encuentra a músicos, todos negros, en el escenario y su repertorio se concentra en los clásicos del blues desde "*Hootchie Cootchie Man*" hasta "*Crossroad Blues*" durante noches especiales para los turistas. Está dirigido al anhelo del turista por sonidos familiares e imágenes bien establecidas incorporadas a un imaginario colectivo y exótico del blues. Este imaginario también se alimenta del poder deplorable y, sin embargo, persistente de las ideas esencialistas y con tintes raciales de la sexualidad negra. El color de la piel, los bares decadentes y un ambiente de pobreza enmarcan el proceso de ennegrecer la experiencia del turista de la diferencia racial. Si el mismo turista accidentalmente regresara al club otra noche, fuera de una excursión normal en autobús, es muy probable que encontrara un escenario diferente: una banda compuesta toda por blancos de clase media tocando números de blues recientes que surgen de las experiencias actuales de las zonas residenciales de Chicago.

La creación de Chicago como una "ciudad del auténtico blues" y el turista transnacional

Naturalmente se celebra el festival musical como un hito para preservar anualmente el patrimonio afroamericano de Chicago. Mientras los clubes y bares se centran en la interpretación de música en directo, los institutos, tales como los Archivos de Blues de Chicago como parte de la Biblioteca Pública de Chicago y el Museo de Blues de Chicago, institucionalizan el blues para la opinión pública y la académica. Si bien el Museo de Blues al principio tenía su casa rodante en una tienda de campaña durante los primeros festivales de blues de Chicago, después encontró cabida en lo que había sido un almacén, con 100 años de antigüedad, en un parque industrial en Bridgeport, el cual tiene vitrinas con fotos, objetos, instrumentos musicales y filmaciones de actuaciones en vivo de artistas de blues y de jazz de la década de los años veinte hasta la fecha (cf. Hanson 2007, 70–71). Las exposiciones están dispuestas de una manera multimedia, de tal manera que el visitante puede aprender sobre el blues en su contexto cultural e histórico. Junto al museo de blues, uno puede hacer paradas en tumbas, en estudios musicales, tales como el Chess Studios y el Jazz Record Mart. Ahora Chicago está esperando que se inaugure su propio museo en el centro, *The Chicago Blues Experience* [La experiencia de blues de Chicago], cuya inauguración está programada para 2019 en la calle 25 East Washington. En lo que respecta a los clubes de blues anunciados, con frecuencia encontramos un énfasis excesivo en los fetiches con el fin de recrear un ambiente rural mítico sureño para el escenario del blues. El Salón de Vudú en el

Redfish, por ejemplo, se hace pasar por sureño afroamericano mediante "máscaras de carnaval, muñecos vudú, cocodrilos de cartón y otras cursilerías falsas provenientes de los pantanos" (32). El Escenario del Porche de Atrás en la Casa del Blues se presenta como un ambiente de blues mediante velas de hoodoo, pintura de arte popular, retratos en bajorrelieve de leyendas del blues, desde Charley Patton hasta B.B. King (9). A menudo estos lugares parecen una réplica de la cultura pop de la vida real. Estos clubes, entonces, combinan contenidos multimedia en su decoración para crear una imagen de ambiente de blues basada en la nostalgia.

Si bien es cierto que el blues experimentó por primera vez la comercialización en el auge del Renacimiento de Harlem con el éxito de Bessie Smith y Ma Rainey, cuyas grabaciones con Race Records se vendieron muchísimo y cuyas giras se difundieron con gran éxito no solo en el sur de Estados Unidos, la nueva fase de comercialización es diferente. Si bien el blues se dirigía y llegaba a los consumidores afroamericanos mediante Race Records en la década de los años veinte, los recorridos de blues en autobús de la actualidad y muchos de los clubes de blues de Chicago tienen como objetivo llamar la atención de un público transnacional que comprende a turistas japoneses, alemanes y franceses. Sin duda, una de las razones de este cambio es que la música de blues ya no tiene la posición de fortaleza entre las formas musicales afroamericanas seculares que tuvo en la década de los años veinte. Además, las concepciones contemporáneas de lo que es el blues difieren de manera bastante sucinta entre el público negro y el público blanco. "El blues en la comunidad afroamericana a menudo incorpora el soul, el funk, el jazz y el *rhythm and blues*", (2007, 8) como nos recuerda Karen Hanson. El blues no solo se considera como uno de los muchos lenguajes musicales diferentes dentro del patrimonio cultural afroamericano, sino que también se considera como una expresión en desarrollo y cambiante o parte de lo que James A. Snead describe como un proceso de repetición con variación (1998, 73). Lo que el "turista transnacional" (estoy consciente de la reducción generalista que puede contener esta expresión), como yo lo llamo, busca en el blues es una expresión de la autenticidad afroamericana que está basada en expectativas raciales así como estéticas. Por ello, la banda de blues que el turista transnacional espera encontrar está compuesta solo por músicos negros y, estéticamente, anhela escuchar los clásicos del blues, tales como *"Hootchie*

Cootchie Man", en un estilo de interpretación que, en general, se describe como tosco, sin pulir y bastante expresivo. Mientras el archivo del blues y el museo del blues intentan preservar la memoria de los orígenes y avances del blues con una perspectiva histórica, las expectativas exóticas del turista transnacional tienden a encerrar el blues dentro de un ámbito de expresión musical afroamericana estática. De esa manera, el turista transnacional también es diferente del oyente local de los bares de blues de las zonas residenciales de Chicago, en los que con frecuencia bandas de blues cuyos integrantes son todos blancos así como bandas étnicamente mixtas interpretan material consistente en canciones originales para su público local y cuya característica habitual son los conciertos improvisados abiertos con la participación del público.

La política de la autenticidad: la politización y la comodificación de la música blues/ diferencias entre las percepciones afroamericanas y las de la corriente dominante

La forma en que están decorados los clubes de blues en una moda que es una réplica de la cultura pop y el hecho de con frecuencia se contrate para tocar en las noches turísticas a bandas cuya totalidad de integrantes sean negros plantean algunas preguntas: ¿cuál es el papel de la autenticidad en la industria turística del blues? y ¿cómo se fabrica la autenticidad en la comercialización de la música de blues en la actualidad? La película de Walter Hill *Crossroads* [Encrucijada en Hispanoamérica y Cruce de caminos en España], estrenada por Columbia Pictures en 1986, ilustra un aspecto importante de la política de la autenticidad en el contexto de la música negra y debate sobre la propiedad cultural. El encuentro entre Eugene Martin, estudiante blanco de guitarra clásica en la Escuela Juilliard, y el maestro afroamericano de la armónica de blues, Willie Brown, en el hospital de la prisión recrea un llamado frecuente a la re-autentificación de la música negra. Al mismo tiempo, su viaje final al Delta del Misisipi lleva a cabo un viaje turístico al pasado. De una manera malhumorada y sarcástica, Willie Brown al principio rechaza el entusiasmo de Eugene Martin por el blues y su búsqueda por la canción perdida de la leyenda del blues Robert Johnson. Se burla de él como aspirante a músico de blues proveniente de Long Island y ridiculiza su condición social privilegiada como muchacho universitario

blanco. Asimismo, pone en duda su talento musical para tocar el blues
–"Te falta kilometraje. Lo que estás tocando suena como 'mierda de
pájaro'" – y lo acusa de piratería artística – "solo quieres ser otro de
esos músicos blancos que roban nuestro patrimonio musical" (Hill
1986, 18:40–19:10). En su crítica de Martin, Willie Brown, al mismo
tiempo, fabrica una autenticidad del blues basada en la raza, el lugar y
la clase.

Figura 8: Escena de la película *Crossroads*: Eugene tocando blues para Willie
    Brown (Hill 1986, 18:30).

La autenticidad misma, como nos recuerda David Grazian, "nunca es
una cualidad objetiva inherente a las cosas, sino simplemente un conjunto compartido de creencias sobre la naturaleza de las cosas que valoramos en el mundo" (2003, 12). Como explica Grazian,

> la autenticidad […] siempre se fabrica: como la vida misma, es una gran
> actuación y, mientras algunas actuaciones pueden ser más convincentes
> que otras, su condición como un artificio difícilmente cambia como re-
> sultado. […] Como otro tipo de estereotipos, las imágenes de autentici-
> dad son representaciones idealizadas de la realidad y, por lo tanto, son
> un poco más que ficciones producidas de manera colectiva. (11-12)

Cuando Willie Brown expresa la concepción del hombre de blues ideal, recurre a la memoria colectiva que adopta mitos sobre el origen del blues así como la leyenda acerca del encuentro con el diablo que tuvo Robert Johnson en el cruce de caminos. Si bien la narrativa de Willie Brown resalta que la autenticidad se fabrica, también revela que la autenticidad siempre se crea para ciertos fines y que su fabricación está impulsada por el deseo. Para Willie Brown esto sirve para la protección del patrimonio cultural. En la reclamación que hace del blues para los músicos negros, la autenticidad es una expresión de propiedad en primer lugar, en la que la pertenencia racial, de clase y geográfica determina quiénes son los miembros así como la capacidad musical. Por ello, la autenticidad se convierte en un medio de autoafirmación y en el hecho de reclamar el lugar que uno ocupa en el espectro cultural de Estados Unidos. De esta manera, la narrativa de Willie Brown también hace variaciones sobre las formas a veces radicales de autoafirmación negra durante el periodo de nacionalismo negro en la década de los sesenta, cuando críticos y poetas tales como Amiri Baraka crearon la imagen de los afroamericanos como "gente del blues" (cf. Baraka, 1963) y excluyeron a los blancos tanto del proceso de participación en las formas artísticas afroamericanas como de recepción de éstas. En su narrativa sobre el origen geográfico, Willie Brown fabrica la autenticidad del blues. Reclama el blues como propiedad de los afroamericanos y ubica su cuna en el Delta del Misisipi, y lo protege de manera simbólica de la intrusión de los blancos cuando se niega a revelar lo que conoce sobre la canción perdida de Robert Johnson a Eugene. Al mismo tiempo, la historia muestra que está consciente de la relación sinérgica entre la cultura y el comercio, porque una grabación de la canción perdida de Robert Johnson la convertiría inmediatamente en parte de la cultura comercial.

Las narrativas que describen los símbolos de autenticidad en el contexto del turismo y los clubes de blues locales contemporáneos difieren solo ligeramente de la de Willie Brown en que favorecen a las bandas integradas totalmente por personas negras de clase baja y bares destartalados. En lo que se refiere al club de blues local en la imaginación pública colectiva, David Grazian comenta con sarcasmo que se considera genuino a los clubes solo si

> Contratan a músicos de blues que parezcan auténticos que, por lo gene-
> ral, son estadounidenses negros incultos que sufren de ceguera o si no
> que caminan con una pata de palo o con una muleta de segunda mano;
> como son insolentemente pobres, manejan automóviles Ford destarta-
> lados y camiones viejos Chevy y, usualmente, no saben leer ni escribir
> su propio nombre. Su público normalmente también está constituido
> por personas negras y de vez en cuando hay un cliente blanco que sale
> a relucir solo si es suficientemente anciano, pobre, borracho o ciego.
> (2003, 13)

¿Por qué, en primer lugar, el turista de Japón, Alemania o Rusia anhelan un escenario auténtico de blues? El hecho de que sí lo hace es obvio, como lo es el hecho de que el mercado turístico responde a dicho deseo y provee en consecuencia recorridos musicales. Coinciden una serie de factores y, como argumentamos, el rápido ritmo de un mundo cada vez más globalizado que impone cambios en las comunidades locales así como en las globales intensifica perpetuamente el anhelo por la llamada "autenticidad". La autenticidad, en este contexto, significa una reliquia y un anhelo por el origen así como un anhelo por lo real en lo que Baudrillard denomina 'simulacro', un mundo que constantemente fabrica, copia y prefiere lo virtual a lo real. Dentro de una industria cultural que favorece la reproducción, la reproducibilidad y la repetición con el fin de vender, lo que Walter Benjamin llamó el 'aura' de la obra parece que se perdió hace mucho tiempo. Sin embargo, lo que es más importante, argumentamos que la pérdida de estabilidad y continuidad profundamente sentida en una época de globalización y migración transnacional en lugares que algunas vez se llamaron hogares en un sentido estático, ha creado un impulso cada vez mayor de encontrar lo auténtico en algún otro lugar. Especialmente en el contexto de las interpretaciones musicales, no solo el contenido de las interpretaciones parece desempeñar un papel para la autenticidad percibida, sino también, de manera crucial, la identidad del artista. Como observa Timothy Brennan, el 'exotismo' se utiliza cada vez más "tanto en *lo que hace* como en lo que *es*" (1997, 115): así la demanda turística se superpone de manera interesante con la postura culturalmente radical de, por ejemplo, Willie Brown en el ejemplo anterior. Sin embargo, la demanda aparente de autenticidad quizás no es solo una indicación de ingenuidad turística, sino que podría también considerarse como una aceptación voluntaria del engaño o una suspensión voluntaria de la incredulidad. Como señala Graham Huggan, es "paradójicamente […] la misma *falsedad* de la nostalgia lo que la hace todavía más atractiva" (2001, 179), como la "falta de autenticidad de la nostalgia es su propia fuerza motivadora" (Huggan y Holland 1998, 20).

Mientras que la autenticidad, para los críticos culturales como Matthew Arnold, señala la cultura como yuxtapuesta y superior a la manufactura y, de este modo, se vuelve un estándar de calidad esencial para la perfección general de la sociedad y dentro de ésta, la autenticidad, en la mente del turista contemporáneo, se ha vuelto una búsqueda de lo estático y lo nostálgico. Y cuando se refiere a la etnicidad, esta búsqueda a menudo está acompañada por visiones exotizadas e idealizadas de comunidades inalteradas y todavía en funcionamiento.

La nueva agencia en el proceso de comodificación: la política cultural negra en Chicago

Una de las fuerzas impulsoras detrás de la creación del Festival de Blues de Chicago en 1984 fue la elección de Harold Washington como el primer alcalde afroamericano de Chicago en abril de 1983. Justo un día después de su elección, el 30 de abril, falleció el famoso compositor y guitarrista de blues Muddy Waters. La dinámica de celebración y duelo dentro de la comunidad afroamericana de Chicago ayudó a incitar la exigencia de que se rindiera homenaje a la música de blues como una manifestación importante de la expresión cultural negra dentro de Estados Unidos y como significante de la identidad urbana de Chicago como centro cultural. Una creciente agencia política negra debida a la elección de Harold Washington y un aumento constante en la presencia de la cultura de los afroamericanos dentro de los ámbitos públicos de Estados Unidos confluyó en este proceso inicial de institucionalizar el blues tanto como patrimonio cultural como atracción turística. "El festival que constaba de un escenario se programó para el 8, 9 y 10 de junio y se dedicó a la memoria de Muddy Waters. Para inaugurar el festival el alcalde Washington firmó una proclamación oficial que ensalzaba el blues como 'el corazón y el alma de la experiencia Chicago'" (Hanson 2007, 55). Hasta la fecha, más de treinta años después, el centro del alma de la experiencia Chicago se ha convertido, aunque pequeña en comparación con las formas musicales más populares de las culturas juveniles contemporáneas, en una industria del blues que comprende clubes de blues, archivos de blues, un museo de blues y recorridos de blues en autobuses turísticos. Por ello, se puede distinguir un proceso de institucionalización, pero con un cambio evidente de agencia. La política cultural afroamericana, en gran medida, se hace responsable por la institucionalización y preservación del patrimonio cultural afroamericano. Las sesiones de blues especiales que se brindan para los padres y los niños ilustran también que los fines educativos son parte del proceso de institucionalización y muestran que el blues se ha movido de la marginalización cultural al centro de la educación cultural estadounidense. Si bien los recorridos de blues juegan con el deseo de lo exótico y no necesariamente apoyan las políticas vecinales necesarias para reconstruir las estructuras para la vida comunal, el proceso de comercialización ha brindado a los músicos de blues, tanto afroamericanos como blancos, oportunidades para participar en procesos de propagación, venta, pero también de extensión de las tradiciones de blues a algo nuevo. Mientras los clubes de blues turísticos pueden prosperar primordialmente gracias a la nostalgia y presentar el blues como una expresión estática y auténtica del pasado, es en las zonas residenciales de Chicago donde los clubes de blues locales y sus músicos se benefician de la imagen autocreada de ciudad hogar del blues. Y si bien el blues quizás ya no sea explícitamente "negro," prospera como una forma musical que se desarrolla y cambia dando una nueva expresión creativa a la experiencia urbana contemporánea entre las comunidades blancas o multiétnicas.

De una manera autorreflexiva y crítica, nosotros como investigadores quizás también tengamos que renunciar a cierta nostalgia por lo auténtico y dejar de perseguir un ideal estético abstracto que escapa a la realidad socioeconómica, lo que limitaría la labor crítica para comprender los cambios de las formas musicales tales como el blues, como parte de un proceso continuo de cambio de marcadores étnicos, de cambio de agencia política y económica, y como parte de la migración de sonidos que ha adquirido una nueva velocidad en la época del turismo global y la transnacionalización. El blues se ha vuelto blanco, asiático y, se podría decir, global. Sin embargo, vender, como insisto, no necesariamente significa venderlo todo. Y si bien el proceso de comercialización siempre significa una inmersión en estrategias de mercadotecnia liberales y capitalistas, éste permite que haya cambios en la agencia y, de este modo, también abre espacios para la auto-representación y la autoafirmación. Si bien el nuevo blues de Chicago puede ser blanco, muchas de las fuerzas institucionales para preservar y difundir el blues como una forma artística afroamericana en Chicago han cambiado de blanco a negro. El Museo de la Experiencia del Blues de Chicago que se inaugurará en 2019 reforzará aún más la antigua y la nueva identidad sónica de Chicago.

El turismo del reggae en Jamaica

El 29 de noviembre de 2018 se inscribió al reggae en la lista de Patrimonio Mundial como un patrimonio cultural intangible de la humanidad. La UNESCO (Organización de las Naciones Unidas para la Educación, la Ciencia y la Cultura) describió al género musical jamaiquino como "intelectual, sociopolítico, sensual y espiritual a la vez" y reconoció su "contribución al discurso internacional sobre temas de injusticia, resistencia, amor y humanidad."[1] Si bien esta distinción quizás impulse el turismo del reggae en Jamaica a nuevas dimensiones y direcciones, ya había sido el éxito global de Bob Marley, al que se honró de manera póstuma con el premio Grammy a la Trayectoria en 2001 y de nuevo en 2012, lo que inició las primeras olas de turismo del reggae en Jamaica. El turismo del reggae, especialmente hasta 2016, evolucionó casi exclusivamente en torno de Bob Marley como la figura más icónica de la música y la política del reggae. Las políticas turísticas basadas en un solo icono fueron el centro de la industria turística y sus mapas musicales jamaiquinos en el que, sin duda, es el artista jamaiquino más importante.

La presencia de Marley en una industria cultural global que produce discos, camisetas, gorras, tazas y otra parafernalia impulsa nuevos imaginarios que combinan la imagen, la música y el cuerpo. Ha surgido una industria cultural bastante homogeneizante que vincula explícitamente el reggae y a Jamaica con la cara y el cuerpo de Marley. La imagen y el sonido se vuelven igualmente importantes para la promoción

---

[1] "Jamaica's reggae music inscribed on Unesco's World Heritage List." https://www.euronews.com/2018/11/29/jamaica-s-reggae-.

del turismo de la música jamaiquina. Los recorridos populares del Museo Marley llevan al visitante a diversos sitios en Kington y cerca de éste que tuvieron una importancia personal y profesional durante su vida. Parte del recorrido es una visita a su antigua casa, mantenida en su estado original y montada como el Museo Bob Marley. Los recorridos también incluyen una visita a sus diversas casas y estudios de grabación; el recorrido de Nine Mile incluye una visita a Mount Zion donde con frecuencia Marley mediaba y componía música. Nine Mile, un pequeño pueblo en las colinas de la parroquia de Saint Ann, es el lugar donde nació este músico y donde se encuentra su tumba. Por ello, la biografía individual y la historia de la música de alguna manera se combinan y simplifican. Los recorridos promovidos de la experiencia de Bob Marley y de aldeas indígenas rastafari complementan el programa al mostrar la práctica contemporánea de la religión y la cultura rastafari en las colinas de los jardines del río Montego. El recorrido proporciona acceso a los principios rectores de la religión rastafari – basados en el clásico de Marley "un amor, un corazón" – y a una comprensión mayor de la cultura rastafari.[2]

La presencia dominante de Marley como símbolo de logro artístico, político y espiritual es lucrativa para una política de patrimonio cultural orientada al turismo internacional. El turismo del reggae en Jamaica se apoya en el bombo publicitario del culto a la estrella dentro de la cultura popular y se alimenta de una autenticidad musical creada mediante la fetichización de la historia musical de un icono. Sin embargo, la narrativa disimula la historia y la diversidad más complejas de la música reggae en Jamaica. El reggae representa una amalgama de numerosas influencias musicales, incluidas formas jamaiquinas anteriores así como variedades caribeñas, norteamericanas y latinas. Con el tiempo, se incorporaron a la música los estilos neoafricanos, el *soul and rhythm*, y el blues de Norteamérica, lo que transformó gradualmente el ska en rocksteady y después en reggae.[3] Lo que era inicialmente la voz de los marginados, el reggae continúa realizando importantes funciones socia-

---

[2] "Bob Marley Reggae Tours in Jamaica." https://www.viator.com/Jamaica-tourism/Bob-Marley-Reggae-Tours-in-Jamaica/d34-t21621.

[3] "Reggae music of Jamaica." https://ich.unesco.org/en/RL/reggae-music-of-jamaica-01398.

les y espirituales en comunidades de reggae locales y globales. Más recientemente los festivales y conciertos de reggae, tales como el *Reggae Sumfest* y el *Reggae Salute*, se apartan del logro histórico de Marley y expanden la narrativa de esta música, y proporcionan un medio de expresión anual para los artistas jóvenes contemporáneos. La narrativa turística del reggae puede cambiar aún más con la inauguración reciente del Museo Peter Tosh que abrió sus puertas en octubre de 2016 en Jamaica.

El logro excepcional de Marley como músico de reggae todavía tiende a eclipsar la rica y diversa historia de la música de reggae en Kingston y en la isla. Si bien la música de Marley impulsa las industrias culturales locales y globales, su narrativa dominante en el turismo del reggae en Jamaica también funciona como redención catártica para la historia de Trench Town, una historia de pobreza, violencia y supervivencia junto a los logros artísticos que surgen de esta área del gueto de Kingston que encubren las penurias y luchas de la vida cotidiana social. Históricamente, West Kingston y Trench Town, en particular, se volvieron inseguros y conflictivos desde los inicios de la década de los años setenta. La alta concentración de hogares en su mayor parte empobrecidos convertía a la zona en general en un blanco perfecto para los dos partidos políticos jamaiquinos rivales: el Partido Nacional del Pueblo (PNP) y el Partido Laboral de Jamaica (JLP, por sus siglas en inglés). Ya a mediados de la década de los años sesenta se construyeron nuevas viviendas para alojar a un número creciente de partidarios políticos del partido que estuviera en el poder. Estas tendencias pronto ocasionaron una violencia motivada políticamente entre los partidarios de los dos partidos rivales, la cual comenzó a mediados de la década de los años setenta. Continuando hasta finales del siglo XX, la violencia cobró la vida de cientos de jóvenes de los barrios céntricos pobres que residían en los vecindarios muy empobrecidos de West Kingston, incluyendo comunidades como Trench Town. El reggae surgió como expresión musical con el trasfondo de la violenta política urbana en Jamaica. (Rhiney y Cruse 2012, 3). Con el advenimiento del reggae, la música jamaiquina alcanzó la fama y el reconocimiento internacionales de una manera sin precedentes. Para finales de la década de los años sesenta, artistas como Bob Marley, Jimmy Cliff, Marcia Griffiths, Desmond Dekker y the Aces marcaron una presencia continua en la lista de éxitos británica. Las compañías discográficas internacionales que producían álbumes de reggae conquistaron el mercado estadounidense y el europeo, y con la grabación del álbum de the Wailers "Catch A Fire" [Atrapa un fuego] en 1972 el reggae se había establecido como un éxito musical global en la historia del pop (Stolzoff 2000).

La historia de la música ha reconocido a Trench Town por su importancia en la creación del reggae como una clara forma artística musical popular que ha llegado muy lejos. Como demuestra la fundación del Museo Peter Tosh, aparte de Bob y the Wailers, Trench Town ha producido varios músicos de reggae locales y de renombre mundial. Para muchas personas de este barrio pobre de Kingston, la música proporcionó uno de los pocos espacios para que sus integrantes crearan un sentido del yo y prosperaran económicamente. Los barrios céntricos pobres de Kingston desarrollaron una escena musical local que dio forma a la cultura jamaiquina y se convirtió en una cultura del entretenimiento internacionalmente exitosa. Ha surgido una "subcultura del entretenimiento" que ahora se está convirtiendo cada vez más en el motor principal del turismo cultural jamaiquino. (Rhiney y Cruse 2012, 4). No cabe ninguna duda de que el reggae desempeña un papel fundamental para la promoción de Kingston y sus alrededores como un sitio de patrimonio cultural y de consumo. La estrategia de los agentes locales ha consistido en crear principalmente el imaginario urbano de Kingston en torno a la identidad musical de Jamaica. (6–7). Desde los murales en las calles, hasta el museo situado en el patio, la casa de Marley como museo, hasta los recorridos a su lugar de entierro, el reggae representa la fuente de las narrativas sónicas en Kingston y alrededor de él. La inclusión de Marley en muchos murales en lugares estratégicos lo estableció como un guía de turistas ausente y al mismo tiempo presente para todos los visitantes que llegan a Kingston. Está claro que la conexión de Marley con Trench Town fue intensa. Las canciones como *"Trench Town"*, *"Trench Town Rock"*, *"No Woman No Cry"* [Sin mujer no hay llanto] y *"Concrete Jungle"* [Jungla de concreto] están ubicadas en Trench Town o bien fueron inspiradas por su historia. Valorar la narrativa de un hombre excluye a muchos músicos locales exitosos e importantes, incluida gente como el pionero del reggae Joe Higgs, Delroy Wilson, Leroy Sibbles, Bongho Hermon, Alton Ellis, Jimmy Cliff, Ken Booth, Dean Fraser y the I-Threes, y grupos vocales tales como the Heptones y the Abyssinians. El turismo mantiene vivo el patrimonio del reggae, pero la política de patrimonio cultural implicada preserva una historia reducida de la música en Kingston, Jamaica. La historia de éxito de Marley es inspiradora para Trench Town como ubicación turística, pero también tiende a distorsionar las difíciles condiciones económicas y la violencia urbana que siguen atormentando a esta sección culturalmente rica de la capital jamaiquina. Las narrativas sónicas del reggae continúan dando voz a ambos fenómenos en los festivales de música contemporáneos.

El rock de Brasil en el propio país y el turismo de samba

La cultura de los festivales se encuentra en la base misma del papel que desempeña la música como agente en el turismo de Brasil. Los festivales de música, por lo general, son sitios potenciales para autoexaminarse, autorrealizarse, anunciar nuevas políticas, iniciar nuevas expresiones artísticas, desafiar tradiciones y promover nuevas culturas musicales. En el contexto de la industria turística, los festivales están diseñados para reflejar las tradiciones locales, promover y preservar la historia y la cultura locales (De Bres y Davis 2001). Si bien un festival puede contribuir al desarrollo de la cultura local, también tiene el potencial para conectar las redes locales y globales de producción, consumo y apreciación de la música. McClinchey (2008) ha explorado la política y la imagen, la identidad y la representación, la autenticidad cultural y la diferenciación entre vecindarios como cuestiones fundamentales para la promoción de los festivales y la mercadotecnia de los lugares. En especial los festivales de gran tamaño corren el riesgo de convertirse potencialmente en lugares sin un lugar fijo debido a la creciente globalización y comercialización de la cultura. No obstante, al mismo tiempo, pueden convertirse en un terreno cultural y económico fértil para mediar y promover las culturas y las tradiciones musicales en su relación con la industria cultural. Parece justo decir que para las ciudades más pequeñas y las ciudades grandes los festivales funcionan como signos de potencial de desarrollo y viabilidad. Los festivales pueden contribuir al desarrollo de identidades urbanas mediante la realización de historias sónicas que reconecten a los ciudadanos, los migrantes y los turistas al lugar, la cultura y la vida urbana.

Si bien Río de Janeiro tiene muchas atracciones para los habitantes y visitantes de las ciudades, es su cultura de festivales en expansión lo que da forma de manera decisiva a la presencia de la música y a su papel en el desarrollo comunitario y la promoción turística. Brasil, a los ojos de muchos observadores, es la personificación de la música. La cultura popular brasileña está desempeñando un papel cada vez más importante en el desarrollo de las expresiones contemporáneas de la cultura de masas. Como nos recuerda Röhrig, "la samba, la música axé y otros estilos de Música Popular Brasileña (MPB), así como el arte marcial capoeira, no sólo son de consumo generalizado en una escala global, sino que la gente joven de todo el mundo también baila, toca y los practica" (2003, 159). El repertorio musical nacional de Brasil abarca una mezcla única de sonido nativo norteamericano, ritmos africanos, armonía europea y ritmos latinos. La música de Brasil se vuelve cada vez más global y, de este modo, también atrae a los visitantes provenientes del extranjero. El turismo de la música en Brasil, como lo anuncian las agencias de viaje fuera de Brasil, a primera vista está compuesto primordialmente por el turismo de la samba. La samba es la fuerza propulsora detrás del carnaval de Brasil. Y la samba, sin duda, es el más poderoso protagonista global de Brasil en lo que se refiere a la música. Sin embargo, la samba también es una expresión cultural de manera profunda y distintiva de los afrodescendientes dentro del espectro diverso de la cultura brasileña.

Aunque la samba como motor impulsor del turismo siempre lleva un bagaje colonial a cuestas, la negritud de la samba como una forma musical afrodescendiente con frecuencia pasa desapercibida en la promoción turística de los recorridos de la Ciudad de la Samba. Los orígenes africanos de la samba se olvidan con frecuencia, ocultos en el fondo o camuflados de manera consciente. Para el observador alerta es evidente que reiteradamente se resta importancia al papel central de la samba para el carnaval en un proceso continuo consistente en blanquear el espectáculo carnavalesco en Río que anualmente captura la atención global. Los movimientos para aumentar la conciencia sobre la negritud en Brasil han reaccionado y han criticado al nacionalismo brasileño de minimizar la contribución cultural de los esclavos africanos. Según ellos, "la samba y la capoeira son, sobre todo, expresiones culturales de los africanos en la diáspora y, por lo tanto, representan 'extensiones' africanas en vez de 'invenciones' genuinamente brasileñas" (Röhrig

2003, 159). Exigen una convalidación extendida y el reconocimiento de las culturas negras como parte vital de un panorama cultural híbrido brasileño.

El esfuerzo por revitalizar el centro de Río en el contexto de la política turística y patrimonial comenzó en 2009 y, conforme continúa, quedan al descubierto diversos sitios de historia negra y éstos se presentan a un país que solo hace relativamente poco ha comenzado a apreciar sus raíces africanas. Sin duda, los movimientos culturales y políticos negros han logrado proporcionar más visibilidad al patrimonio cultural de los negros en Brasil, siendo el Museo de Historia Afrobrasileña y Cultura en Río el indicador más significativo de una nueva conciencia histórica en una escala nacional. Alentado por el movimiento contemporáneo negro en Brasil, este país promulgó una ley en 2003 que hacía obligatoria la enseñanza de la historia y la cultura afrobrasileñas y africanas en las escuelas públicas y privadas, y las iniciativas actuales tienen por objetivo actualizar los materiales didácticos para la enseñanza de la historia de afrodescendientes que se usa en las escuelas y universidades. Aun así, las culturas negras en Brasil luchan por recuperar el reconocimiento completo, incluso en los espectáculos carnavalescos basados en la samba, y las prácticas culturales turísticas continúan con la política colonial de imitar y excluir (Whitefield 2014, s.n.). Un ejemplo sorprendente es la presencia conflictiva de caras pintadas de negro en el carnaval hasta la época contemporánea. Históricamente, como resalta Martha Abreu, "las canciones de los esclavos se convirtieron en espectáculos en eventos sociales y religiosos organizados por los propietarios de esclavos y, durante todo el siglo XIX, las cantaban y representaban, de una manera estereotipada y menospreciativa, artistas con la cara pintada de negro en Estados Unidos y Cuba, y en reseñas teatrales en Brasil" (2015, 2). En lo que respecta a la industria de la música, afirma que "las canciones de los esclavos, en forma de cakewalks o lundus, a menudo aparecían en el mercado potencialmente lucrativo de las partituras, en teatros de variedades, en teatros e incluso en la naciente industria de la música, pero no aparecían necesariamente los protagonistas negros que describían esas canciones" (2).

El ejemplo histórico de Abreu tiene importancia incluso en la actualidad. La participación de un grupo con la cara pintada de negro en el desfile de 2018 en Río irónicamente deja al descubierto los intentos continuos de blanquear las culturas carnavalescas. Si bien con frecuencia se excluye del desfile a los intérpretes de la samba negros, la tradición de Brasil de pintarse la cara de negro reaparece de manera periódica durante la celebración de identidad y orgullo nacionales más visible de Brasil. Con un reconocimiento al desfile de 2018, Kiratiana Freelon señala que "Brasil tiene su propia versión de pintarse la cara de negro, y se muestra con mayor frecuencia durante el carnaval, cuando algunos juerguistas a veces se visten como "Nega Maluca", que se traduce en portugués como "la negra loca"" (2018, s.n.). Durante el carnaval de 2018 en Brasil, pintarse la cara de negro también hizo su aparición en los desfiles de tres escuelas de samba: "Mangueira, Salgueiro y Beija Flor" (s.n.). Las prácticas contemporáneas carnavalescas amplían las prácticas coloniales de exclusión y apropiación.

En gran medida, la promoción turística de la experiencia de la samba en Río de Janeiro separa la historia de la música de la cultura del espectáculo de los recorridos por las *favelas* de Río que como el "turismo oscuro" llevan a los visitantes a los barrios pobres de Río poblados en su mayor parte por afrobrasileños. Estos barrios, sin embargo, son también los sitios urbanos de donde han surgido y se han desarrollado la mayoría de los estilos de la samba. Parece que el turismo de la música en Brasil rinde homenaje al mito de la creación brasileña: la versión de este país del 'mosaico cultural' de Canadá o el 'crisol de razas' de Estados Unidos. Como mantiene el imaginario nacional dominante, Brasil representa una democracia racial. Este imaginario surgió de la creencia de que desde el día en que terminó la esclavitud, los brasileños de todos los colores y orígenes étnicos eran iguales. Después de todo, el discurso político nacional no obligó ni a la segregación ni al apartheid; tampoco promulgó leyes Jim Crow. Por ello, las elites brasileñas, ignorando las enormes desigualdades entre los blancos libres y los afrobrasileños esclavizados recientemente liberados, se atrevieron a difundir una imagen de una nación brasileña post-racial. Si bien es el pilar de su identidad nacional que Brasil es racialmente mixta, el imaginario nacional está basado en la homogeneidad cultural. De manera similar, la historia oficial de la música brasileña parece favorecer narrativas post-raciales y post-étnicas así como conmemorar y promover su herencia y producción cultural sónica.

Si bien no hay duda de que el carnaval anual es, por lo general, el ejemplo mejor conocido, el turismo en Río de Janeiro se desarrolla en torno a un festival y a una cultura de espectáculos diversos y múltiples. Como ponen de manifiesto los folletos turísticos y los paquetes de recorridos, las escuelas de samba se han convertido en industrias culturales dentro de la cultura carnavalesca y más allá de ésta. Una visita a la Ciudad de la Samba, ubicada ahora en los almacenes que antes fueron los lugares en los que se hacían las transacciones de los esclavos recién llegados, aportan información sobre el entrelazamiento de la samba con la cultura del carnaval, en particular el desfile del Sambódromo. En la Ciudad de la Samba los turistas pueden tomar visitas guiadas en las que se les presentan los diversos instrumentos de la samba, se les permite tener una vista previa de cómo se cose el vestuario, son testigos de la construcción de las carrozas y se les da la oportunidad de tomar breves lecciones de samba. La música se presenta como entrelazada con una industria cultural creciente orientada hacia el entretenimiento masivo que busca la conectividad estrecha con los flujos de la música global occidental, como la música de rock.

Por ello, Brasil también descubrió la música de rock como identidad sonora para su capital nacional. Fue ya en 1985, cuando Brasil cambió de ser una dictadura a una democracia, que nació el rock en Río (Woods 2017, 230). Un festival de música con una duración de diez días que trajo a iconos internacionales, como Queen, AC/DC, Ozzy Osbourne, y estrellas brasileñas, como Gilberto Gil y Rita Lee, los que juntos representaron al primer festival de música de semejante magnitud en Sudamérica e inició una cultura de festivales anuales que ha establecido a Río como destino turístico de la música de rock. Sin duda, esta es la identidad sónica post-racial y post-étnica contemporánea más lograda de Brasil que tanto contrasta como complementa el imaginario de la samba y celebra a Río de Janeiro como el hogar de la música de rock occidental. Hasta la fecha, iconos estelares de la música, incluidos Bruce Springsteen, Bon Jovi, Carlos Santana, Elton John, Neil Young y Rihanna, han dado fama global al festival de rock de Río mediante su participación. Desde el primer festival en la Ciudad del Rock construida para ese propósito, el festival se mudó al estadio de fútbol más grande del mundo, el Maracaná; después, al Parque Olímpico y se ha extendido también a Portugal y España. El caso de Río muestra que la música da forma a un discurso doble en el turismo brasileño. La samba en su dimensión deracializada da forma a un mito y una narrativa nacionalista homogeneizadora e integracionista. El rock en Río coloca a esta metrópolis sudamericana en el centro de las industrias culturales globales del norte que promueven un excepcionalismo brasileño dentro de América del Sur. Una diversidad de sonidos y ritmos musicales enmarcada por una cultura de festivales y de espectáculos en expansión crea la identidad de Río como ciudad fluida en el siglo XXI; sus identidades sónicas pueden vincularse al lugar local y al espacio global dependientes del contexto así como a las necesidades comerciales, culturales y políticas implicadas.

La música se vuelve museo: Política del patrimonio cultural y los museos de la música popular en Brasil, Jamaica, y el sureste de Estados Unidos

The name of this tune is Mississippi Goddam
And I mean every word of it;
Alabama's gotten me so upset
Tennessee made me lose my rest
And everybody knows about Mississippi Goddam;
Alabama's gotten me so upset
Tennessee made me lose my rest
And everybody knows about Mississippi Goddam.
(Nina Simone)

[El nombre de esta melodía es Mississippi Goddam
Y digo en serio cada palabra de ella;
Alabama me tiene muy molesta
Tennessee me hizo perder la calma
Y todo el mundo sabe sobre Misisipi ¡maldita sea!

Some call it tamjee
Some call it the weed
Some call it marijuana
Some of them call it ganja.
Never mind, got to legalize it
And don't criticize it
Legalize it, yeah yeah
And I will advertise it
(Peter Tosh)

[Algunos la llaman *tamjee*
Algunos la llaman la hierba
Algunos la llaman mariguana
Algunos de ellos la llaman ganja
No importa, tienen que legalizarla
Y no la critiquen
Legalícenla, sí, sí
Y yo le haré propaganda]

Negro, acorda, é hora de acordar/
Não negue a raça/Torne toda manhã dia de graça
(Candeia)

[Negro, despierta, es hora de despertar/
No niegues la raza/convierte toda mañana en un día de gracia]

La ex Primera Dama Michelle Obama, sin duda, es una de las admiradoras más distinguida del Museo de Blues del Delta en Clarksdale, Misisipi. Fue la encargada de presentar la Medalla Nacional para el Servicio Museístico y Bibliotecario de 2013 a dicho museo en el ala este de la Casa Blanca. Un año después otorgó el premio National Arts and Humanities Youth Program Award [Premio a las Artes y Humanidades del Programa para Jóvenes] al Museo de Blues del Delta y a la banda de este mismo museo durante una ceremonia en la Casa Blanca muy difundida por los medios de comunicación. Su esposo y ex Presidente de Estados Unidos Barack Obama sigue siendo uno de los visitantes más distinguidos del Museo Bob Marley en Kingston, Jamaica, ya que visitó el museo en 2015 como parte de su visita oficial a esta isla caribeña. Un grupo numeroso de dirigentes políticos, como el Primer Ministro Andrew Holness, la Secretario de Cultura, Género, Entretenimiento y Deportes Olivia 'Babsy' Grange, William Mahfood, Josef Bogdanovich, Dimitris Kosvogiannis, Omar Davies, Lisa Hanna y Wykeham McNeil estuvieron presentes en la inauguración del Museo Peter Tosh en Jamaica en 2016; Kingston, la capital de Jamaica, había sido declarada Ciudad Creativa de la Música por la UNESCO un año antes. Kátia Bogéa, Directora del Instituto del Patrimonio Histórico y Artístico Nacional de Brasil y numerosos políticos de alto rango participaron en la inauguración del Museo de Samba en Río de Janeiro en 2016 para celebrar el centenario de la samba brasileña. En los tres casos, la política patrimonial, y la política estatal y regional se dieron la mano con la cultura de la música popular.

Este museo se posiciona como el "resguardo de la samba" y declara que su misión es "valorizar y estimular la samba como cultura" (s.n.) Al cambiar de Centro Cultural Cartola a Museo de Samba después de recibir el reconocimiento de la UNESCO, el museo recibe apoyo de patrocinadores privados, el gobierno municipal de Río, la Fundación Ford y el Instituto Brasileño de Geografía y Estadística..

La nueva ola de museos dedicados a la música muestra que la música con ascendencia africana del continente americano no solo ha logrado tener éxito popular a nivel mundial, sino también reconocimiento cultural y político a finales del siglo XX y principios del siglo XXI (Taylor 1994, Fluck 2014). Los orígenes del blues, el reggae y la samba como expresiones musicales son distantes geográficamente, pero todos surgieron de culturas híbridas negras en el continente americano. Las tres expresiones musicales pasaron por años de lucha para lograr el reconocimiento cultural, económico y político. El blues se tuvo que liberar de su denigración como música popular 'primitivista' de la clase baja y música vudú inspirada por el diablo, incluso dentro de la comunidad afroamericana en Estados Unidos. El reggae tuvo que superar obstáculos por relacionarlo con la droga, discriminación racial y estigmatización en una Jamaica agobiada por la violencia de la lucha de clases y racial como un bagaje que perdura de la época colonial. La historia de la samba es una historia de discriminación y persecución racial y cultural en Brasil, especialmente durante las primeras décadas del siglo XX. Los cambios recientes en la política cultural y las nuevas alianzas entre la política patrimonial, el turismo y la industria cultural han abierto espacios para nuevas formas de reconocimiento innovadoras y, sin embargo, conflictivas y cargadas de tensión de la música producida por afrodescendientes en el continente americano. Como la historia de la música, la relación entre la música y lo social es narrada de nuevo en los museos de música popular arriba mencionados. Si bien son diferentes en su contenido, estilo y contexto, los museos del blues, reggae y samba reinventan la historiografía de la música y el respectivo contexto social en narrativas museísticas multimedia.

Como afirma Sharon Macdonalds, "los estudios museísticos han alcanzado la mayoría de edad" (2006, 1). "Los museos se han convertido en objetos populares de estudio y crítica académicos" (Philipps 2011, 17). Sin embargo, los estudios museísticos han prestado poca atención a los museos de música popular. Esto es tanto más sorprendente cuanto que el florecimiento de los museos de música en años recientes muestra la relevancia cultural, educativa y económica que han obtenido. Poner a la música popular en un museo puede, a primera vista, parecer como atrapar a un pájaro cantor en una jaula. ¿Cómo combinar la textualidad, la performatividad, los textos visuales y sónicos para crear una narrativa coherente? El objetivo central del presente capítulo consiste en encontrar qué tipo de narrativas surgen en los museos de blues, reggae y samba. ¿Cómo narran la música? y ¿cómo explican el(los) contexto(s) histórico(s) de la música? Al referirse a la práctica de la memoria contemporánea, Rosemarie Beier-de Haan menciona que "podemos ver cambios en la forma en que se monta la historia y en cómo recuerdan el pasado las sociedades (naciones o colectividades más pequeñas)" (2006, 186). Para un estado como Misisipi y una región como la del Delta cargados de historia, pero también para Jamaica y Brasil y sus restos de pensamiento colonial, esto parece aún más precario. La historia siempre representa tanto el pasado como el presente, y "debe entenderse que trata del presente, y que está integrada a una práctica cultural continua, tanto como que trata del pasado" (186). Si bien el estudio de la historia, por lo general, está dominado por la textualidad, "a los museos les da forma un modo de presentación fundamentalmente diferente" (191).

El presente capítulo parte de la premisa de que las narrativas multimedia se encuentran en la base de las exhibiciones en los museos de blues y, con un planteamiento tomado de los estudios culturales, examina los museos de blues como sitios de narrativas multimedia incorporadas a la política patrimonial y turística. A menudo los museos están dedicados a temas y acontecimientos que atraen a un público en particular. "Si bien se encuentran abiertos a todos y, por lo general, tienen mucho interés en atraer a una amplia sección de la sociedad, estos museos prestan servicio a comunidades de intereses que comparten conocimientos especializados" (Watson 2007, 3). Entre los visitantes de los museos de blues, reggae y samba se incluyen estudiosos de la música y estudios culturales, aficionados nostálgicos a la música, turistas del paquete turístico de la Ruta 61, paseos de reggae y samba, viajeros mundiales, observadores exóticos y jóvenes que se aprovechan de programas educativos para aprender a tocar blues, reggae o samba. La variedad es tan rica como la diversidad de músicos de blues, reggae y samba. Las expectativas y el nivel de conocimientos adquiridos difiere de visitante a visitante y, en general, una visita al museo convierte al sitio en una experiencia, puesto que "el museo es más que un lugar. Es una red de relaciones entre los objetos y la gente"" (Henning 2005, 11).

En este contexto, las narrativas multimedia sirven un doble propósito: permiten la coexistencia de la oralidad, la textualidad, la performatividad y la interactividad. Además, proporcionan un rico espectro de modos narrativos diferentes para asegurar un alto nivel de atracción para diversos grupos de visitantes. La narrativa multimedia incrementa las opciones, mantiene la flexibilidad y la movilidad como conceptos clave para la cultura museística contemporánea. Danielle Rice nos recuerda que "los museos son instituciones sociales dinámicas y complejas que constantemente se están reinventando como respuesta a un proceso de autoanálisis y a estímulos externos" (2003, 79).

En mi interpretación de las narrativas multimedia en museos selectos de música popular, tendré presente que "los estudios más eficaces sobre los museos son aquéllos que están basados en la historia *y* la teoría *y* la práctica" (Philipps 2011, 17). Como estudioso de la cultura y música afroamericanas, visité una serie de museos en marzo de 2017 y marzo de 2018, recorrí diversas rutas de la música, me puse en los zapatos de los visitantes de los museos, busqué en archivos y hablé con los visitantes y el personal de los museos. Los resultados de la investigación confirman que el patrimonio musical en la actualidad está estrechamente vinculado con el turismo cultural, lo que incluye tanto "elementos tangibles como intangibles" provenientes de sitios históricos hasta lugares de culto, folclor y mito (Soper 2007, 96). Los museos de blues, reggae y samba, como todos los sitios de patrimonio de la música popular, caminan en la cuerda floja entre la música como actuación, entretenimiento, patrimonio cultural, expresión política, herramienta educativa e industria cultural. Es importante notar que las estrategias elegidas dependen en gran medida de las condiciones económicas y culturales en las que pueden operar los museos seleccionados.

El Museo do Samba en Río de Janeiro

Permítaseme referirme en primer lugar a Brasil y el Museu do Samba. El museo traza una historia colectiva de modos selectos de la música de samba mediante la conmemoración de diferentes generaciones de músicos. Como lo expresa su declaración de misión, el museo se posiciona como la "salvaguarda de la samba", cuya misión es "valorizar y estimular la samba como cultura" (cf. Grand 2017).

La apertura del museo representa un paso adelante en el reconocimiento de la samba como patrimonio nacional [1] En general, la samba ha sido declarada por críticos y musicólogos un símbolo nacional, el resumen de la contribución de las tres razas que han dado forma a Brasil, un legado de la democracia racial que, según el mito nacional, había gobernado al país desde la década de los años treinta. En 1970 el compositor afrobrasileño Candeia (1935–1978) de Río de Janeiro estrenó la canción en ritmo de samba llamada *Dia de graça* (Gonçalo 2012, s.n.) La letra de la canción contenía las palabras simbólicas que ya se citaron más arriba: "*Negro, acorda, é hora de acordar/ Não negue a raça/Torne toda manhã dia de graça*" (Negro, despierta, es hora de despertar/ No niegues la raza/ Convierte toda mañana en un día de gracia). Como una llamada explícita a la acción, la composición desencadenó la inmersión de la samba en el movimiento del Poder Negro que se estaba expandiendo por todo el continente americano, al valorar el orgullo negro y desafiar la concepción de la cultura nacional de Brasil. La canción despertó la conciencia pública sobre las raíces negras de la samba y la presencia no reconocida de la cultura afrobrasileña. Décadas más tarde, el *Museu do Samba* aparece con la misión de reconciliar el patrimonio afrobrasileño con el imaginario de la cultura nacional de Brasil. El *Museu do Samba* celebra los orígenes de la samba y su desarrollo durante el siglo XX. Presta especial atención a la samba de terreiro, los espacios de reunión de la samba, así como a la composición y al ritmo característico de la música de samba, conocido como partido alto, y en cómo se creó la samba enredo (la trama para contar una historia empleada por las escuelas de samba durante las competencias en los desfiles). Como explica Natasha Pravaz, "el discurso en el mestiçagem es la base de las narrativas dominantes de la identidad nacional, y celebra la samba y otras formas culturales afrobrasileñas como símbolos de la idiosincrasia brasileña y la democracia racial" (2008, s.n.). Dicho uso político de la cultura lo inició la apropiación por parte del Presidente Vargas de los

---

[1] Rio's Museum of Samba Earns National Cultural Recognition.
    https://riotimesonline.com/brazil-news/rio-entertainment/rios-museum-of-samba-receives-national-cultural-recognition/.

géneros de actuación subalternos en su proyecto populista de modernidad. Al mismo tiempo, como expresiones de la cultura afrobrasileña, la samba y el carnaval son actuaciones controvertidas; muchas celebran el carácter "racialmente democrático" de los espacios de la samba "como un ámbito básico de sociabilidad afrobrasileña" (s.n.) En el estilo narrativo multimedia el Museu do Samba narra de nuevo la(s) historia(s) de la música.

Al incluir un breve contexto histórico en su declaración de misión que aborda la política urbana racial y el desplazamiento de la población negra, la narrativa del museo resalta la conectividad intrínseca del patrimonio musical negro con los barrios bajos o ahora *favelas* en Río de Janeiro al final del siglo XIX y principios del siglo XX. Se recuerda al visitante que los descendientes de los esclavos africanos y los migrantes brasileños ocuparon las inhóspitas montañas de la ciudad después de que se les desalojó del centro de ésta. Con su expulsión los primeros rastros de samba se mudaron de los barrios bajos del centro de Río en la década de 1900, las casas de *Tias Baianas* (tías de la Bahía), *Pedra do Sal* y *Praça Onze* hasta los *morros* (montañas) y las nacientes *favelas*. En las *favelas*, las comunidades afrobrasileñas que celebraban su herencia africana dieron voz a la expresión musical negra y la samba comenzó a florecer fuera del centro de la ciudad. Aunque inicialmente fue rechazada por sus raíces negras, la samba regresó al centro de la ciudad de Río de Janeiro con los desfiles de carnaval en 1932.

En general, la narrativa del museo sigue una línea histórica del pasado al presente y hace énfasis en una fuerte correlación espaciotemporal al reconstruir y recrear los lugares e interpretaciones de la samba. El espacio museístico crea simulacros del aura y el medio ambiente asociados con los lugares *Tias Baianas*, *Pedra do Sal* y *Praça Onze*. Si bien el carnaval, fuertemente marcado por las diversas expresiones de la samba, se ha convertido en un indicador central de la identidad nacional brasileña y de la promoción global de la cultura brasileña, la samba en Río de Janeiro continua enfrentándose a la exclusión y marginalización urbanas. A pesar de las numerosas escuelas de samba y del turismo en la zona urbana de la samba, la música sigue estando arraigada en las *favelas* y se la marginaliza incluso en los espectáculos del carnaval.

El *Museu do Samba*, con su ubicación justo al borde de la comunidad de Mangueira, una de las favelas más antiguas de Río y hogar de más de 50,000 personas, proporciona un espacio de remembranza y reconocimiento que mediante narrativas multimedia se dirige al visitante en un nivel textual, visual, sónico y cinestésico, en especial cuando el espacio museístico se convierte en un sitio en el que se llevan a cabo interpretaciones de samba. El visitante encuentra una mezcla de historicidad, sitio para espectáculos y espacio educativo. Personificando la historia de la samba, el museo recibe al visitante con una enorme escultura afuera de la entrada del museo de Cartola, el compositor afrobrasileño y artista de la samba que creció en una favela en Río de Janeiro y dio forma a la samba a finales de la década de los años veinte y en la década de los años treinta. Al visualizar las diferentes épocas históricas y diversos modos de la samba, las salas de exhibición del museo se tornan en muros conmemorativos que exponen a importantes compositores e intérpretes de samba de diferentes generaciones en fotografías de archivo, carteles de conciertos y una representación visual estética. Al reinscribir la samba en la tradición carnavalesca de Río de Janeiro, el museo exhibe espectaculares trajes de carnaval que invitan al visitante a imaginarse a sí mismo como practicante de la samba. El área del museo decorada para recordar las casas de las *Tias Baianas, "la casa de la Tía Ciata, Pedra do Sal, Plaza Onze"*, algunos vecindarios tales como *"Saúde, Gamboa, Estácio, Vila Isabel, Pavuna*, entre otros" (Lopes da Cunha 2018, 6), proporciona el vínculo entre la práctica de la samba pasada y presente al servir como un espacio para las clases e interpretaciones de samba contemporáneas. El museo relaciona la historia de la samba con contextos y cambios urbanos importantes. Mientras la ciudad de Río de Janeiro cambiaba radicalmente de la década de los años veinte a la de los años cuarenta "con nuevas tecnologías, avenidas y espacios de recreación y entretenimiento" … "la samba también estaba modificándose hasta que llegó a su máxima sofisticación en lo que concierne al timbre con la *exaltação* de la samba" (5). Se crearon varias modalidades dentro del género, tales como la samba-canção, samba-choro, samba-enredo, pero "sólo se escogieron tres para convertirse en registros oficiales como las principales variedades de samba en Río como un patrimonio intangible: samba de partido alto samba, samba de terreiro y samba enredo" (5). La mezcla multimedia del museo crea tramas que son eclécticas y selectivas al relatar la historia de la música con la ciudad y dentro de ella. Divididas entre la conservación cultural, la política patrimonial nacional y la promoción turística, las narrativas visualizan en forma de fotografías, trajes y esculturas, los elementos culturales de la samba negra sin abordar de manera explícita la política racial de Brasil de blanquear o eliminar las características raciales tanto del carnaval como de la samba como marcadores de la identidad cultural nacional. Al resaltar el vínculo estrecho entre los diferentes espacios en los que ha surgido la samba y la ciudad de Río de Janeiro, la narrativa dominante es la de una identidad urbana y nacional, no la de la diferencia racial y la exclusión. Al usar el espacio museístico como zona de ensayo y práctica para los grupos de samba contemporáneos, la institución hace hincapié en vincular el pasado, el presente y el futuro. Al mismo tiempo, el museo adopta un enfoque interactivo y performativo con el fin de conmemorar. Su misión incluye el deseo de convertir la memoria en una práctica real de interpretación y composición de la samba para las generaciones futuras. La nostalgia impulsa el deseo de mantener la samba viva como 'musicalidad' en un escenario musical reciente y actual conducido, entre otros, por una vigorosa industria musical *funk carioca* con DJs y sistemas de sonido al frente; '*Tecnobrega*', procedente de Belém do Pará, combina los ritmos afrobrasileños del Estado de Pará, como el *carimbó* y el *lundú*, con géneros populares como el calipso caribeño, en una caja de ritmos electrónica. *Tecnobrega* es una forma electrónica de música popular. 'Champeta' es una música electrónica urbana para bailar que combina ritmos caribeños (rap-ragga reggae, zouk, soca y calipso) y africanos (soukous, high life, mbquanga, juju) con sonidos híbridos afrocolombianos indígenas (bullerengue, mapalé, zambapalo y chalupa) y la tocan DJs en complicados sistemas de sonido.

Los museos de reggae en Kingston: El museo de Bob Marley

El Museo Bob Marley, cuya dirección es 56 Old Hope Road, en Kingston, Jamaica, se construyó durante la década de 1800 en el estilo colonial británico de la época. Está ubicado en el centro de Kingston en la residencia anterior de este músico, la cual adquirió en 1975 del dueño de Island Record Chris Blackwell. El edificio, que presenta un estilo arquitectónico colonial del siglo XIX, sirvió como lugar de trabajo y hogar de este músico hasta 1981. Durante su vida, la casa albergó los estudios Tuff Gong en los que Marley grababa con regularidad. La casa también fue el sitio de un atentado deshonroso contra la vida de Marley en 1976 y, de este modo, proporciona un rico espectro histórico y narrativo para la cultura museística. Su esposa, Rita Marley, convirtió la casa en un espacio museístico en 1987, el cual representa una mezcla ecléctica de arquitectura colonial y llamativo diseño cultural pop más un teatro, una tienda y un café restaurante, lo que proporciona todos los requisitos para un sitio patrimonial orientado cultural y económicamente, un ejemplo prototípico de cultura museística contemporánea. La Fundación Marley administra los negocios y crea vínculos entre la conservación patrimonial y nuevas industrias culturales.

El museo proporciona nueva información de la historia personal y los tesoros privados de Bob Marley y estiliza su apariencia, ropa, peinado, instrumentos y los premios que obtuvo por sus discos, de tal manera que el Marley que se encuentra en el museo pasa a ser de una figura histórica a una verdadera leyenda del reggae y un ícono de la cultura de la música pop contemporánea. A pesar del diseño con diversos medios detrás del museo Bob Marley, la narrativa nunca deja de centrar su atención en el mismo Marley. Por ello, la narrativa se encauza a crear y conservar el papel fundamental de Marley para la cultura musical jamaiquina y global así como su promoción del rastafarianismo. Hay una galería de fotos, recuerdos, discos y premios enmarcados, una vitrina con la forma de tocar la guitarra de Marley con patrones de repetición y variación con el fin de crear una densidad de efecto visual. Todos los hilos narrativos giran alrededor de la iconización de Marley en diversas formas de representación visual. El Museo Bob Marley representa una narrativa bastante individualizada de patrimonio cultural. La conceptualización de la propiedad general del museo se relaciona con la política cultural urbana y turística de Kingston, y también recurre a un patrón de variación y repetición fuera del museo que claramente visualiza la presencia de Bob Marley en Trench Town, la cultura jamaiquina, el reggae y el rastafarianismo (véase capítulo sobre el turismo). Desde el patio con sus murales hasta la galería dentro del museo, se recrea la presencia y el impacto cultural de Marley mediante una serie de imágenes. Como expresión del estilo en serie del arte pop posmoderno, muchas visualizaciones de Marley se han vuelto tan icónicas que la imagen por sí sola parece suficiente para servir como un catalizador para la conservación del patrimonio cultural jamaiquino.

La narrativa multimedia evita en gran medida la progresión cronológica y revela un sentido africano del tiempo unido al lugar. La narrativa del museo visualiza y reconstruye la inmutable presencia constante de la insignia musical de Trench Town, y una inspiración y una historia de éxito musical intemporales para una sociedad que todavía está agobiada por la colonialidad, las diferencias de clase, la división política y la lucha racial. El espacio museístico también sirve como último recurso en Kingston para promover y vender la contribución de Marley al mundo del reggae jamaiquino. "Hoy sólo se toca a Marley como algo simbólico en el radio local y su mensaje parece perderse 'cada vez más' en la juventud jamaiquina de la actualidad" (Foster 2011, s.n.). La exhibición principal del museo encuentra una ampliación ulterior en un teatro para 80 asientos y bien equipado para videos, películas e interpretaciones musicales, y secciones comerciales que incluyen una tienda de regalos con camisetas, gorras, tazas, una tienda de discos con una amplia selección de álbumes de Marley y de otros cantantes de reggae, y el restaurante estilo bistro *One Love Café*. El museo claramente está dirigido al turismo internacional y su narrativa sobre un solo ícono eclipsa la rica diversidad del reggae y la tradición musical jamaiquinos. En suma, el museo crea un aura de autenticidad al invitar al espectador a los cuartos históricos en los que vivió y trabajó Marley. Además, el museo expone una narrativa multimedia en un estilo cultural pop que se dirige menos a una narrativa histórica del reggae y más a una celebración icónica y al consumo. Al conmemorar la que se podría mantener que es la figura más icónica de la música reggae, el museo hace uso de la repetición del arte pop y el estilo en serie que convierte a las exhibiciones del museo en una actividad preliminar para consumir la cultura en la tienda de regalos y de discos que espera al visitante. El Museo Marley por mucho tiempo ha levantado la antorcha para museos de todo el mundo al sacar provecho de la nostalgia musical, dar a la gente una oportunidad de reexaminar y celebrar la música que definió a generaciones.

Los museos de reggae en Kingston: El Museo Peter Tosh

Comparado con el Museo Bob Marley que cuenta con un amplio espacio con una casa de dos pisos y espacios exteriores añadidos, el Museo Peter Tosh ocupa un espacio pequeño. Consiste en una exhibición en un solo cuarto. Con un presupuesto más bien bajo en comparación con la propiedad de Marley, el museo abrió sus puertas el 19 de octubre de 2016 y honra la vida y trabajo de Peter Tosh, otra de las leyendas musicales de Jamaica a nivel mundial y miembro fundador junto con Bob Marley del grupo de reggae aclamado por la crítica The Wailers (Meschino 2016). Peter Tosh, sin embargo, es una prueba de fuego problemática y desafiante para la política cultural patrimonial de Jamaica. Más rígido en sus actitudes políticas y más radical en su expresión de resistencia que Bob Marley, cantaba en el Estadio Nacional de Jamaica *"If you wanna live treat me good"* [si quieres vivir, trátame bien]. Mientras Bob Marley interpretaba rituales de reconciliación durante el famoso concierto "de la paz" en 1978 en Kingston, Tosh, también apodado *Stepping Razor* [la navaja andante], se enfrentó públicamente al Primer Ministro socialista Michael Manley y al líder de la oposición de ala derecha Edward Seagaand, y a un gran contingente de policías bien armados con amargas verdades sociales y políticas. Su campaña abierta y directa para legalizar la mariguana representó un desafío permanente y su apoyo a los agricultores de ésta puso en primer plano cuestiones de clase y raciales. Tosh experimentó la prisión y la tortura en Jamaica. No es sorprendente que tomó décadas a los oficiales jamaiquinos reconocer la importante contribución de Peter Tosh a la cultura musical y política jamaiquina. El museo en su honor está ubicado en Pulse Centre en Trafalgar Road en New Kingston y es una colaboración conjunta entre el albacea de Peter Tosh, Pulse Investments Ltd, y Andrea Marlene Brown. El museo marca otro peldaño importante para incorporar la cultura musical jamaiquina a estructuras sociales, culturales y económicas más amplias. Por ejemplo, actores locales y transnacionales cooperan para vincular el legado musical y político de Peter Tosh con nuevas direcciones en el uso médico de la mariguana. El 3 de mayo de 2018 el *Globe Newswire* en Toronto anunció que el patrocinador de cannabis con base en Jamaica, Marigold Projects Jamaica Ltd, "está listo para establecer su primer dispensario médico de cannabis y herbolario en la Plaza Peter Tosh, lugar donde se encuentra el Museo Peter Tosh en Pulse Centre en New Kingston" (*GlobeNewsWire* 2018, s.n.). El museo narra la significativa contribución de Tosh a la música y a la historia cultural de Jamaica, pero también su defensa de la justicia social y su postura sobre la igualdad de derechos, el apartheid y la legalización de la mariguana que aún resuena en todo el mundo. La Plaza Peter Tosh recientemente instalada es un lugar para interpretaciones musicales contemporáneas y ofrece vincular el patrimonio del museo con la práctica cultural contemporánea. Si bien no es completamente lineal en su diseño de una sola habitación, la narrativa multimedia sigue de cerca la biografía de Tosh e incluso aborda con delicadeza su lamentable asesinato. La historia comienza en las raíces de The Wailers, lo que marca la diferencia con respecto al Museo Marley en el que se trata de un solo ícono. Por tener un espacio más reducido, la exhibición parece tener más textos e información condensada que se proporciona en placas pequeñas. Los artefactos como el rifle M16 hecho por encargo de Tosh y su muy conocido monociclo, las fotografías y los ejemplos de música audiovisual crean una narrativa con medios diversos que, aunque limitada a un espacio de exhibición bastante reducido, vincula la historia de su vida personal con la historia de la comunidad y luchas políticas relacionadas. La historia hace hincapié en la reconciliación póstuma de Peter Tosh con la cultura jamaiquina.

Aunque el museo es relativamente pequeño, su contenido se presenta con buen gusto, y cubre una cantidad sorprendente de terreno. Al entrar, se ve una perspectiva de la juventud turbulenta de Tosh, su participación en The Wailers, su tendencia posterior hacia la fe rastafari y el accidente automovilístico que le cambió la vida y que resultó en la muerte de su novia en 1973. Se explora detenidamente sus años de solista, incluidos recuerdos como los micrófonos dorados que le dio como regalo su amigo y líder de los Rolling Stones, Mick Jagger. Se da un lugar prominente al codiciado Grammy de Tosh que recibió por su álbum final *No Nuclear War* [no a una guerra nuclear] (se dice que fue recuperado de una casa de empeño de Massachusetts después de su venta no autorizada), y la legendaria guitarra con forma de ametralladora que Tosh convirtió en un arma musical durante sus actuaciones en el escenario. La sección final, que cubre el insensato asesinato de Tosh en 1987, transmite la información de la tragedia sin una retórica sensacionalista y con una sensibilidad apropiada (O'Brien 2016). El museo muestra artefactos personales, incluidas las chaquetas que usó durante las giras, los pasaportes, el teléfono y el radio de Tosh. Las grabaciones de audio y video completan una narrativa multimedia espacialmente densa. El museo también contien una tienda pequeña. Si bien es evidente la conexión entre el patrimonio, el turismo y las mercancías, Niambe McIntosh, hija del ganador del Grammy y administradora de los bienes de Peter Tosh nos da una interpretación política: "Este es un momento decisivo importante en la conservación y promoción del legado de mi padre, y el museo permitirá que el mensaje de mi padre sobre la igualdad de derechos y la justicia lo escuchen las generaciones tanto de jóvenes como de ancianos" (citado en Hill 2016, s.n.). Como subraya el comentario de la hija de Tosh, el museo promueve un mensaje político claro dentro del patrimonio cultural y las políticas comerciales y más allá de éstos.

El Museo de Blues del Delta en Misisipi

La segunda parte del presente capítulo nos lleva al sureste de Estados Unidos, concretamente a Misisipi, posiblemente el estado más pobre, pero el más rico en términos de museos de música popular, y nos conduce de regreso a la canción de Nina Simone citada en el prólogo. "Mississippi Goddam", una canción escrita e interpretada por una de las cantantes y pianistas afroamericanas de jazz más influyente, que capta demasiado bien todo el imaginario nacional del estado de Misisipi como un páramo racial. La canción se escribió en 1964 durante uno de los periodos más turbulentos de la historia de Estados Unidos. Se puso a la venta en su álbum Nina Simone in Concert, basado en las grabaciones de los tres conciertos que dio en Carnegie Hall ese mismo año. La canción refleja la respuesta de Simone a la violencia racial en la década de los años sesenta, la ira que sintió por el asesinato del afroamericano Medgar Evers en Misisipi y el bombardeo a la iglesia bautista de la calle 16 en el que murieron cuatro niños negros. La canción salió a la venta como un sencillo y se convirtió en un himno nacional durante el Movimiento de los Derechos Civiles. En la actualidad, el estado de Misisipi invierte capital cultural para mejorar su imagen y reputación. Da la bienvenida a los visitantes con el letrero 'Bienvenido al hogar de la música estadounidense'. Conocido anteriormente como el estado de la magnolia, el estado de Misisipi ahora alardea oficialmente de su reputación como el hogar de la música nacional estadounidense.

La canción de Paul Simon "*Graceland*" previó con nostalgia el nuevo imaginario que se intenta conseguir. Con las líneas "*the Mississippi Delta is shining like a national guitar*" [el Delta del Misisipi está brillando como una guitarra nacional], de su canción '*Graceland*', Paul Simon ayudó a impulsar un imaginario alternativo del sureste de Estados Unidos (*Graceland*, 1986). Según la leyenda y la historia, la región del Misisipi proporcionó la cuna para la exitosa historia musical afroamericana desde el blues y el jazz hasta el rock, el soul y el hip hop en todo el mundo. Cleveland, Misisipi alberga ahora el segundo museo de los Grammy en Estados Unidos, después de Los Ángeles. El nuevo letrero de bienvenida del estado de Misisipi recalca el hecho de que las industrias culturales locales, regionales y nacionales han unido fuerzas para promover el estado quizás más tropicalizado y demonizado de la nación como un atractivo sitio turístico, hogar del patrimonio cultural estadounidense y una parte entrañable de la nación. Recientemente han surgido museos de música, rutas de blues y nuevos bares para celebrar un nuevo renacimiento del blues. Los programas educativos, las fundaciones para el patrimonio cultural, la industria cultural y los festivales de música se unen para mantener vivo el legado del blues del Delta del Misisipi.

Figura 9: Folleto turístico publicitario oficial de Indianola.

A partir de la primera mitad de la década de los años noventa, las compañías turísticas oficiales comenzaron a incorporar viajes para conocer el patrimonio del blues en sus estrategias de mercadotecnia para el estado de Misisipi. En colaboración estrecha con la Convención de Memphis y la Oficina de Visitantes y la División de Turismo de Misisipi, ha surgido la iniciativa *America's Blues Alley* [el paseo del blues de Estados Unidos] con el fin de atraer a turistas nacionales e internacionales a la calle Beale y a sitios musicales en Misisipi. Como lo describe King, "Desde 2000, han surgido organizaciones locales y estatales para comenzar el lento y tedioso proceso de coordinar la industria turística de blues del Estado" (King 2011, 71). La designación por parte del Senado de Estados Unidos del año 2003 como el "Año del Blues" proporcionó un apoyo extra para promover una nueva cultura del blues en el sur de Estados Unidos, y King denomina ese año "el principal y más reciente resurgimiento del blues" (3). Con la serie documental de Martin Scorcese *The Blues* (2003), incluidas las obras de siete directores cinematográficos aclamados internacionalmente y el respaldo de un programa educativo nacional para las escuelas, el blues cobró importancia de nuevo en la radiodifusión pública. El estado de Misisipi fundó su propia *Comisión de blues* con el objetivo de crear mapas del blues y postes indicadores para la ruta del blues a lo largo de las carreteras y caminos principales, lo que ayuda a "los viajeros a localizar los sitios relacionados con el blues" (King 2011, 68).

Figura 10: Cartel del bienvenida a Misisipi (© Raussert 2017).

El primer museo de blues abrió sus puertas en 1979. Fue fundado por el director de la biblioteca local, Sid Graves. En 1999, el Museo de Blues del Delta lo compró la ciudad de Clarksdale y se convirtió en un museo "independiente" en el que era antiguamente el depósito de carga del Ferrocarril Central de Illinois. Dicho museo, que cuenta con un presupuesto reducido, surgió de un interés popular por conmemorar el patrimonio de blues del Delta. Han surgido otras empresas por parte de instituciones y ciudadanos particulares en años recientes. Se han agregado muchos museos al mapa musical del estado de Misisipi, incluidos el Museo del Patrimonio del Rock 'n' Roll y el Blues en Clarksdale, el Museo de Blues en la Carretera 61 (Leland), el Museo de Blues de River City en Vicksburg, el Museo y Galería del Patrimonio del Blues de Greenwood en la ciudad del mismo nombre , y el más elaborado: el Museo B.B. King con alta tecnología con un valor de 15 millones de dólares en Indianola, la ciudad natal de King (cf. King 2011, 17).

King menciona que en la mayoría de lo museos de Misisipi, apenas se recuerda al blues como un medio político de lucha y protesta: "Las condiciones sociales", explica este autor, "suscitaron el desarrollo del blues, y las crudas realidades experimentadas por muchos músicos de blues en Misisipi brillan por su ausencia" (2011, 140; cf. Duffett 2015). La atención se centra en el entretenimiento y el escapismo. Paige A. McGinley, por otra parte, nos recuerda:

> Podría parecer que el escenario diseñado como un porche delantero en Beale en Broadway, como los escenarios del la famosa cadena *House of Blues*, representa algo parecido a una disneyficación del blues: la antigua ficción capitalista que no se parece en absoluto a 'lo real'. Sin embargo, dicha afirmación sólo se sostiene si hacemos caso omiso de las historias intensamente entrelazadas de las interpretaciones de blues y el teatro popular; historias que ponen en tela de juicio la premisa de que 'lo real' alguna vez existió. Lejos de descender de la autenticidad a la teatralidad, el blues típico negro se ha movido en sintonía y en el tiempo con las convenciones teatrales desde el momento de su surgimiento. (2014, 4)

Mientras King hace hincapié en la importancia del contexto histórico, el comentario de McKinley recuerda el vínculo estrecho existente entre el blues, el negocio del espectáculo y la performatividad durante toda la historia del blues. La verdad reside en algún punto intermedio. Se podría poner en tela de juicio que el blues rememora una larga trayectoria de interpretaciones y reinvenciones: Ralph Ellison definió el blues como una catarsis (Raussert 2017, 96). Pensadores como Amiri Baraka interpretaron el blues como armamento contra la resistencia y la lucha política. Los músicos, desde los Rolling Stones hasta U2, han afirmado que el blues es la base de la juventud y la cultura del rock. B.B. King consideraba al blues el alma misma de Estados Unidos. Estas son enaltecimientos metafísicos, políticos y culturales del blues más allá de su pura musicalidad. Con respecto a las culturas cuyo patrimonio es el blues, no es sorprendente que, como subraya Craik, el turismo cultural también implica comercializar "sitios culturales, eventos, atracciones o experiencias" (1997, 113). Los museos de blues en el Delta no son la excepción.

La historia del turismo quizás comenzó con la obra de Alan Lomax. Cuando visitó Clarksdale a principios de la década de los años cuarenta, describió el pueblo como "la capital algodonera de la nación, lugar de la plantación de algodón más grande del sur" (1993, 28). La gente denominaba a la zona comercial mayormente afroamericana "el animado 'Nuevo Mundo'" y a Clarksdale "el centro social y de esparcimiento para todos los trabajadores de la plantación a unas 30 millas a la redonda" (28). El visitante actual del estado de Misisipi se encuentra frente a un rico mapa y red de museos de música, sitios musicales y rutas de blues que llenan la anterior laguna cultural entre las ciudades de Nueva Orleans, Louisiana y Memphis, Tennessee. Si bien Nueva Orleans – la Ciudad del Cuarto Creciente y la cuna mítica del jazz – ha ocupado un lugar importante en el turismo estadounidense antes y después del huracán Katrina, y Memphis atrae a los visitantes con lugares como Graceland de Elvis Presley y la famosa calle Beale, Misisipi había estado ausente del mapa musical de la industria turística cultural por mucho tiempo. Sin embargo, Misisipi ha cobrado un nuevo impulso al pertenecer a la ruta del blues de la carretera 61 que se ha convertido en una parte de los paquetes turísticos y ubicaciones como Clarksdale.

Como King señala,

> como un subconjunto de una industria turística internacional más grande, el turismo del blues abarca una serie compleja de organizaciones del sector público y del privado a menudo interrelacionadas y multidimensionales, desde museos de blues hasta cámaras de comercio, y hasta empresarios locales que intentan atraer a los turistas a áreas específicas […] (por ejemplo, Chicago, Memphis, el Delta del Misisipi) para experimentar la cultura o patrimonio del blues. (2011, 3)

En el análisis de King, el turismo del blues se ha convertido en un ejemplo fundamental de turismo cultural. De hecho, "el crecimiento del turismo cultural y la expansión de la industria patrimonial tienen como objetivo satisfacer una añoranza creciente por lo arcaico y lo auténtico en épocas de rápidos cambios globales" (Raussert y Seeliger 2011, 43).

En su parte analítica, la siguiente sección explora de manera selectiva dos narrativas del blues entre distintos medios analizando el Museo de Blues del Delta en Clarksdale, Misisipi y el Museo B.B. King en Indianola, Misisipi. Ambos museos forman parte de la "narrativa transmediática" (Jenkins 2006, 17–19) que es la creación de una narración mediante documentos múltiples que pertenecen a diversos medios. Estos mundos narrativos se canalizan mediante la progresión de la narración. Bharat Dave nos recuerda que el "[p]atrimonio como terreno heterogéneo se encuentra simultáneamente enmarcado por las perspectivas a través de las cuales se percibe y enmarca. Algunos medios mediante los cuales se sostiene el patrimonio incluyen la conservación de la cultura material, la emulación y la conservación mediante sustitutos y copias, la documentación, la simulación y los rituales" (Dave 2007, 41). Los mundos narrativos en los museos de música seleccionados también incluyen diversos sitios como salas de exhibición, secciones de cine, salas de música, bares musicales o cafeterías, y no hay que olvidar la tienda del museo.

Las progresiones de las narrativas en los museos seleccionados muestran formas diferentes de guiar al visitante a través de los espacios de exhibición. Ambos museos comparten un programa que escribe una nueva historia del blues como la quintaesencia de la música estadounidense y crea una imagen del sur como una unidad formada por la tierra, la música y la gente. Ambos recurren a la narración multimedia que

combina material acústico, visual, performativo e interactivo. No obstante, difieren de manera decisiva en su progresión narrativa.

El Museo del Blues del Delta en Clarksdale, Misisipi

Figura 11: Museo de Blues del Delta, Clarksdale, Misisipi (© Wilfried Raussert
2017).

Como dice William Ferris, "si hay un centro o una encrucijada musical para el blues del Delta de Misisipi, éste debe estar en las calles de Clarksdale, una ciudad que yace en el corazón de la región conocida por el blues" (2009, 143). De su propio trabajo de campo, deduce que "generaciones de músicos jóvenes negros huían de las plantaciones circundantes y se mudaban a Clarksdale, donde estaban las tiendas departamentales, los restaurantes, las barberías y la estación de radio WROX que era la estación de la esperanza y la emoción" (143). El Museo de Blues del Delta invita al visitante a realizar un viaje imaginario a este mundo del blues. La narrativa consiste en una narración multimedia y no cronológica, la cual es la introducción a las numerosas rutas, postes indicadores y sitios de blues que marcan la historia efímera y rebosante de vitalidad del blues. El Delta, con su paisaje despoblado, abierto y desolado, hace que sea difícil proporcionar referentes sólidos que recordar. En cambio, proporciona el escenario ideal para crear mitos. La ruta del blues es una invitación a encontrar las raíces y rutas de los eventos, sitios y artistas de blues. Acepta los vacíos y lagunas que hay en el mapa del blues y permite que existan uno al lado del otro múltiples cementerios, mitos e historias. La estructura básica del Museo de Blues del Delta muestra el mismo acercamiento conceptual a la historia y la memoria: es fundamentalmente interactivo. A través de la exhibición de la utilería y los atuendos de los artistas, el museo se convierte en un camerino para que el visitante se meta en su personalidad artística como cantantes de blues. La exhibición despoja al blues de una historia definitiva. Cada turista se vuelve un artista con pleno derecho a reexaminar las contribuciones musicales del Delta al mundo del blues.

El Museo de Blues del Delta lanza al visitante a un espacio museístico abierto con múltiples direcciones entre las que puede elegir. Como señalan Hillier y Tzortzi, al reflexionar sobre la política espacial en los museos, "(una) alternativa consiste en diseñar el espacio de tal manera que las secuencias estén más localizadas e interconectadas de modo que permitan a los visitantes escoger diferentes trayectorias y construir su propio patrón de experiencias" (2006, 299). Esto también describe acertadamente la coreografía abierta de los objetos expuestos. No es sorprendente que el Museo de Blues del Delta marque el punto de partida de las rutas y recorridos del blues en esa región. Su estructura abierta invita al visitante a participar en la historia del blues de manera imaginativa y creativa. El museo, en su disposición aparentemente arbitraria

de los instrumentos musicales, parafernalia, carteles de festivales, fotografías y obras artísticas de blues proporciona más simulacros que lo
"real" El vestuario, las camisetas y artículos de utilería crean un escenario teatral en el que los visitantes se pueden imaginar a sí mismos
vestidos con la ropa o trajes del músico de blues o del participante de
un festival de blues. Los actos performativos del visitante son parte de
la estrategia de la exhibición para llenar la ausencia de "lo real". Al
entrar al espacio de exhibición, el visitante se encuentra con el primer
mensaje textual que declara la unidad de la música, la tierra y la gente
en su nuevo imaginario del Misisipi. El camino de entrada lleva al visitante a través de una secuencia de vitrinas a la izquierda que muestran
instrumentos musicales provenientes de África; a la derecha, el visitante
se encuentra con una serie de carteles de festivales que muestran la historia reciente de los festivales de blues en Clarksdale (el festival *Sunflower*, el festival *Juke Joint*) en el siglo XXI. El pasado y el presente
aparecen en forma simultánea frente al espectador. Similar a la estructura espacialmente abierta, la línea de tiempo no sigue ninguna secuencia cronológica. La imaginación del espectador pasea entre el pasado
africano y el presente estadounidense. Con la yuxtaposición de antiguos
instrumentos africanos y carteles de festivales contemporáneos, el museo exhibe la tradición y la variación una al lado de la otra (lo que recuerda el sentido bantú del tiempo que esencialmente es un espacio-
tiempo). A medida que los visitantes se adentran más al espacio de exhibición, pueden decidir en qué dirección se dirigen después. Algunas
fotografías, muchos carteles, parafernalia e instrumentos musicales señalan una historia del blues dominada por los hombres (brillan por su
ausencia las mujeres como músicos) y presenta al visitante a los músicos de blues renombrados como Robert Johnson, John Lee Hooker,
Charly Patton y Muddy Waters de manera abstracta. Una firme base
material de blues se encuentra en la sección ampliada del museo que
ahora alberga lo que queda de la cabaña de Muddy Waters. Enfrente de
la cabaña hay una galería con un gran ventanal con una serie de bustos
de músicos de blues en la parte recién ampliada del museo, la cual hace
que se dirija la mirada del visitante hacia afuera. Al asomarse por el
ventanal, el espectador se encuentra frente a un mural de Robert Johnson en el estilo del arte callejero contemporáneo. Esta vista demuestra
que el Museo de Blues del Delta está diseñado primordialmente para

atraer al visitante a la ciudad de Clarksdale, la región del Delta y sus rutas de blues relacionadas. Como la escultura de Muddy Waters, cuya mirada se dirige hacia el entorno urbano, el frente ampliado del ventanal marca otro sustituto de "lo real". Señala la reinvención del blues en las calles de Clarksdale. Un Cadillac pintado con arte callejero con motivos del Delta y un mural del músico de blues del Delta quizás más mitificado, Robert Johnson, demuestran la nueva movilidad de los tropos del blues.

Figura 12: Mural de Robert Johnson en Clarksdale, Misisipi (© Wilfried Raussert 2017).

Empezando por el automóvil, la mirada del espectador se dirige a la entrada, el signo y las paredes del club de blues *Ground Zero* [zona cero], un sitio con carteles pegados de eventos de blues recientes y futuros. El club de blues *Ground Zero* complementa el museo con un espacio performativo para actuaciones y conciertos locales que se dan periódicamente durante el festival *Juke Joint* y el festival de blues *Sunflower*. Uno de los propietarios de esta taberna es el actor afroamericano Morgan Freeman. El club de blues tiene un nombre con una fuerte referencia simbólica: en el contexto de la nueva cultura musical del Delta del Misisipi parece señalar que éste es el lugar de un nuevo comienzo, lo que muestra a los visitantes que se encuentran en Clarksdale justo en el principio exacto de su viaje hacia la historia del blues.

Figura 13: Club de blues *Ground Zero* en Clarksdale, Misisipi (© Wilfried Raussert 2017).

La tienda de regalos en el Museo de Blues del Delta proporciona un mapa para los visitantes que contiene las tiendas, las galerías, otros espacios museísticos, lugares donde hay conciertos, hoteles y bares en Clarksdale con la finalidad de que se intensifique la nueva experiencia del blues. Muros conmemorativos que tienen los nombres de artistas de blues locales y regionales, y paneles explicativos por todo Clarksdale proporcionan más información para llenar la ausencia de una cultura del blues perdida. Como un claro homenaje al blues como el pilar de la cultura de la música popular moderna y contemporánea, el nuevo blues en Clarksdale está más orientado a la producción cultural que al patrimonio cultural. El objetivo es crear cultural y económicamente una nueva cultura del blues que valore a sus héroes de la producción artística tales como la pintura, la escultura y la literatura relacionadas con el blues. Esto crea un nuevo imaginario del blues orientado a mejorar la imagen que tiene la región como un lugar atrasado y racista, y atraer nuevos negocios a Clarksdale y a la región circundante. Sin embargo, el abandonado Teatro Paramount, al que sugestivamente le falta una letra en su marquesina, da a entender que el "blues auténtico" todavía sigue siendo un mito. Parece ser un proceso lento crear una nueva industria cultural y, al mismo tiempo, integrarla a la comunidad.

Figura 14: Teatro Paramount, Clarksdale, Misisipi (© Wilfried Raussert 2017).

Como señala McGinley, "el Delta está lleno de sitios que multiplican las bases sobre las que el turismo del blues reivindica sus derechos de prioridad. Estos múltiples lugares de nacimiento, múltiples cruces de caminos y múltiples lápidas establecen los sitios históricos del blues como algo transitivo o como un proceso, más que sustancial o positivista" (2014, 199). El visitante del Delta se convierte en un sustituto: "La profusión irreducible de sitios transitivos del turismo del blues en el Delta del Misisipi pone en marcha la autenticidad, construyéndola como algo siempre móvil y múltiple" (199).

La autenticidad misma, nos recuerda David Grazian, "nunca es una cualidad objetiva inherente a las cosas, sino es simplemente un conjunto de creencias compartidas sobre la naturaleza de las cosas que valoramos en el mundo" (2005, 12). Como explica Grazian, "la autenticidad […] siempre se fabrica: como la vida misma, es una gran actuación, y mientras algunos artistas pueden ser más convincentes que otros, su condición como invención difícilmente cambia como resultado. […] Como otros tipos de estereotipos, las imágenes de autenticidad son representaciones idealizadas de la realidad y, por lo tanto, son poco más que ficciones producidas de manera colectiva" (11–12).

El Museo B.B. King en Indianola, Misisipi

Figura 15: El Museo B.B. King en Indianola, Misisipi (© Wilfried Raussert 2017).

El Museo B.B. King, sin embargo, es otra historia. Mientras el Museo de blues del Delta y las rutas del patrimonio del blues del Delta carecen de un centro cohesivo, el Museo B.B. King se estableció como la que, sin duda, es la atracción turística más frecuentada del Delta. El museo abrió sus puertas en septiembre de 2008 y "refleja, en parte, la visión de la Fundación y Consejo del Museo B.B. King, un grupo heterogéneo compuesto por blancos y afroamericanos que querían crear una 'denominación turística crítica en una región que se halla en dificultades'" (King 2011, 17). Económicamente, el proyecto del Museo B.B. King recaudó $15 millones de dólares para instalar su versión multimedia y de alta tecnología de lo que es un museo de blues. Su concepto de narrativa proporciona una mezcla de narraciones cronológicas y circulares que tiene por objetivo la unidad y la cohesión. El museo es el resultado de un compromiso activo de B.B. King de conmemorar y celebrar el blues como un logro cultural afroamericano. Durante toda su carrera musical, B.B. King apoyó artística y económicamente programas académicos e iniciativas de patrimonio cultural con el fin de recopilar y conservar material sobre el blues. Su colaboración con William Ferris ayudó a crear un archivo de blues en el Centro para el Estudio de la Cultura Sureña en la Universidad de Misisipi. Con el tiempo King donó su colección de blues, lo que proporcionó de esta manera la base para la colección de blues más grande del mundo de la actualidad y "un hogar académico del blues" (2009, xi). Asimismo, trabajó junto con Ferris durante el nombramiento de éste como presidente de la Fundación para las Humanidades en la década de los años noventa y ayudó a tender un puente entre el mundo académico y el mundo de la música. El Museo B.B. King, en parte, hace uso de una colección de textos, música y parafernalia provenientes de la propia colección de King. Los significantes flotantes que caracterizan a una gran parte de la exhibición del Museo de Blues del Delta encuentran una base sólida en la biografía de B.B. King y es la conciencia histórica de este último lo que resalta la conservación de la cultura oral de su comunidad.

La narrativa del museo también rinde tributo a la política estatal general, bien intencionada pero ambigua, de la reconciliación. Si bien la historia de la división y la violencia raciales, a menudo sancionadas por el Estado, en Misisipi antes del Movimiento de los Derechos Civiles se encuentra ausente en el Museo de Blues del Delta y en la mayoría de los postes indicadores de las rutas, el Museo B.B. King sí incorpora referencias claras a la segregación racial. En las memorias de B.B. King, los años de la rígida segregación permanecen vivos, como en la sección *"Jim Crow on the Road"* [Jim Crow en el camino] de la exhibición.

Figura 16: "Jim Crow en el camino," Museo B.B. King (© Wilfried Raussert).

No obstante, lo que se busca en general en la narrativa del museo es hacer hincapié en el blues como una música nacional y se aspira a la reconciliación racial al resaltar una unidad esencial entre la tierra, la música y la gente. La narrativa del Museo B.B. King busca ponerle fin; lo hace mediante la incorporación de la tumba de King al terreno y mediante una estructura circular que construye la biografía de B.B. King como una historia de éxito del blues. La narrativa de la exhibición surge de la posición privilegiada del protagonista. Proporciona material histórico como citas, fotografías y objetos materiales desde las guitarras de B.B. King hasta fragmentos de autobuses turísticos. Además, el autobús turístico más reciente de B.B. King sirve ahora como un vehículo para visitas guiadas de blues contemporáneo en el Delta y se encuentra estacionado afuera del museo. Mientras que la narrativa en el Museo de Blues del Delta necesita compensar la falta de material existente para documentar la música y la biografía de Robert Johnson, el Museo B.B. King puede seleccionar qué objetos mostrar y en qué secuencia narrativa. De esta manera, el Museo B.B. King desempeña un papel único en la red de rutas y sitios del blues en la región del Delta: representa la historia de éxito definitiva del blues del Delta en una escala global.

Figura 17: Guitarra 'Lucille' y el autobús turístico B.B. King (© Wilfried Raussert 2017).

El Museo B.B. King invita al visitante a una visita circular. El primer cuarto de la exhibición es una pequeña sala de cine que presenta un documental sobre el regreso de B.B. King a Indianola, Misisipi y sus vínculos personales y musicales con el Delta. Después de ver la película, el visitante entra a un cuarto que viaja al pasado al periodo de la infancia de B.B. King y de la industria algodonera en la región del Delta. El concepto estructural es una narrativa circular y cronológica. La voz narrativa – hablada y escrita – es la de B.B. King. Letreros repartidos por todas las salas de exposición contienen citas de B.B. King que permiten que una narrativa autobiográfica en primera persona guíe al visitante en su recorrido. La narrativa personal está vinculada cuidadosamente con la historia de la tierra y de la música. La progresión musical de B.B. King desde el Delta pasando por Memphis hasta Las Vegas y alrededor del mundo se encuentra integrada a una historia de éxito del blues como el pilar musical del desarrollo del rock como música popular a nivel mundial. Cada sección es autónoma como parte de una narrativa cronológica de vida. Cada sección da la bienvenida al espectador con un diseño particular. Si el visitante se desplaza de la sala 1 a la sala 2, la óptica señala un cambio de un escenario rural a uno urbano.

El visitante se encuentra con un modelo fragmentado de un autobús turístico, lo que indica los muchos años de gira en las carreteras. Una réplica de uno de los primeros estudios de grabación de B.B. King vincula el arcaico mundo del blues con el mercado, la grabación y la producción de la música.

La vitrina que tiene el Grammy de B.B. King marca un punto final de reconocimiento y fama. Después de salir de la sección con las dos estaciones interactivas que permite a los espectadores practicar sus propias habilidades con la guitarra junto con B.B. King, los visitantes entran a una segunda sala de cine pequeña. La última película resalta el reconocimiento de B.B. King por parte del mundo de la música de los blancos al mostrar conciertos con U2 y Eric Clapton. Las historias cinematográficas del museo presentan una narrativa que va desde el reconocimiento local hasta la fama a nivel mundial. Éstas conectan la historia de éxito mundial de B.B. King con sus inicios rurales y crean una historia de raíces y rutas interrelacionadas.

Se podría decir que la historia de B.B. King proporciona una respuesta positiva a las preguntas abiertas y a las incertidumbres a lo largo de la ruta del blues por el Delta del Misisipi. El Museo B.B. King nos presenta a un hombre de blues que por fin llega a casa, cuenta su propia historia y presenta su propia casa del blues. La narración de B.B. King en la primera película es una ejecución conciente de (re)integración. Vincula al protagonista con su lugar de nacimiento en Misisipi así como a la región del Misisipi con la nación entera. Muestra a B.B. King como un maestro de la actuación en sus habilidades musicales y verbales. Da a su voz una recreación oral de la historia de la música en el Delta. La emoción se fue ['The Thrill is Gone'] – para remitirnos a uno de los títulos de las últimas canciones de blues de King –, pero la historia de la música continúa dando forma a la política cultural, económica y racial. B.B. King siempre estuvo a favor de un acercamiento dialógico y relacional al mundo de los blancos. La narración en estilo autobiográfico habla a través de B.B. King y su voz reconciliadora, sin duda, es acogida con especial beneplácito por la política estatal de reconciliación.

El patrimonio en la cultura comercial local y global

Como resaltan Dallen Timothy y Gyan Nyaupan, "Por tratarse de manera inherente del poder y el control, a menudo los gobiernos (y otras instituciones es *agregado es mío*) emplean el patrimonio de manera intencional con el fin de lograr algunos fines moderados y de demostrar su autoridad sobre la gente y los lugares" (2009, 44). Los museos de blues son parte de un uso estratégico más extenso del patrimonio musical con el fin de insertar nueva vida económica y cultural a la región, y se encuentran vinculados a redes formadas por diferentes actores sociales. Estas redes también dictan en diferentes grados la narrativa y la política espacial que habrá dentro de los museos. La industria turística es un factor importante en el proceso de promoción y orientación conceptual. Asimismo, es importante considerar que la "comercialización cultural con frecuencia da como resultado la pérdida del control sobre los recursos culturales conforme agentes externos empiezan a capitalizar aprovechando elementos culturales que le pertenecen a otras personas" (62). Como la mayoría de los museos contemporáneos, los museos de blues en el Delta incluyen tiendas. A la venta se encuentran discos compactos y libros especializados, pero primordialmente parafernalia musical, tazas y platos decorados así como camisetas y carteles que presentan a músicos y festivales de blues. No está a la venta lo exótico racial ni en el Museo B.B. King ni en el Museo de Blues del Delta. A tono con la conceptualización general del mapa y las rutas de blues del Misisipi, hay la tendencia a vender mercancías – objetos, textos, imágenes – que refuerzan la mística sobre la sagrada triada de la tierra, la música y la gente, y los misterios sin resolver sobre la vida de Robert Johnson y cosas por el estilo. Sin duda, el turismo del blues de Misisipi, con sus múltiples tumbas, también explota lo que Philipp Stone describe como "turismo oscuro" que "se puede referir al acto de viajar a sitios asociados con la muerte, el sufrimiento y lo aparentemente macabro" (146).

Es normalmente conocimiento compartido que 'vender la etnicidad' y 'vender lo exótico' con frecuencia son tanto manifestaciones económicas como estrategias de mercadotecnia poderosas. Ambos fenómenos han surgido de un fuerte multiculturalismo y una orientación cultural pluralista en los discursos dentro de la sociedad urbana contemporánea. Diversos discursos se cruzan cuando se encuentran, chocan y se fusionan, en un intercambio económico y cultural global, con un interés creciente en los estudios poscoloniales, la institucionalización académica de los estudios étnicos, la industria turística en constante expansión así como el interés de los consumidores por los productos étnicos en términos de comida, moda y cultura. Los procesos que se encuentran detrás de 'vender etnicidad' son múltiples, como lo son las cuestiones sobre la agencia que giran en torno a los procesos consistentes en convertir en artículos de consumo al yo y al otro. Como argumenta la académica feminista negra bell hooks, "[c]onvertir la otredad en mercancía ha tenido mucho éxito, porque se ofrece como un nuevo deleite, más intenso y más satisfactorio que los modos comunes de hacer y sentir" (1992, 21). El turista de blues probablemente se sienta atraído por una mezcla de nostalgia, curiosidad y anhelos por una cultura rural propia de los afroamericanos como el otro, por la sociedad moderna. "En la cultura comercial", como escribe hooks, "la etnicidad se convierte en especia, condimento que puede animar el platillo aburrido que es la cultura blanca dominante" (21). Aunque la dimensión racial brilla por su ausencia en las narrativas del museo, podemos suponer que para la mayoría de los visitantes de los recorridos turísticos de blues es un hecho que las raíces del blues provienen de la música y la experiencia negras.

Una mezcla del patrimonio como invención, una nueva industria cultural del blues, postes indicadores que flotan libremente e historias misteriosas multiplicadas por tumbas especulativas describen el mundo del blues del Delta como algo exótico. Foster nos recuerda que domesticar por completo lo exótico limitaría su potencial para crear efectos sorprendentes, asimilándolo de esta manera "a lo monótono de la rutina cotidiana" (1982, 21–22). De esta manera, si bien lo exótico puede emplearse para asimilar y neutralizar las diferencias culturales, también significa una comprensión de la diferencia y la diversidad que inevitablemente se distorsionan y siempre son incontrolables. Por lo tanto, la asimilación necesariamente es limitada y, como señala Huggan, "como sistema, entonces, el exotismo funciona a lo largo de líneas predecibles, pero con un contenido impredecible; y sus dimensiones políticas son de igual manera inestables ..." (2001, 14). Además, es necesario tomar en consideración que los cambios políticos así como los económicos ocasionan cambios en la agencia que influyen en a quién, dónde, cuándo y cómo se vende 'lo exótico' y con qué fin, más allá de simplemente obtener una ganancia. En este contexto, Huggan habla de toda una "industria cosmopolita de la alteridad" que se basa en gran medida en vender no solo la etnicidad, sino "mitos exóticos" (xiii). Si bien los productos de esta industria principalmente se orientan a su fácil consumo, Huggan señala que la comercialización de la diferencia cultural rara vez es solo unilateral, porque también, al menos en parte, tiene como objetivo satisfacer una función educativa. Sin embargo, aunque la industria de la alteridad brinda un espacio de agencia a lo que Huggan llama lo "exótico poscolonial", sus grupos de destinatarios son, no obstante, "en su mayor parte, si no exclusivamente, [...] las sociedades capitalistas occidentales" (68). En el Museo B.B. King y las tabernas como *Ground Zero* en Clarksdale, nos encontramos sitios de múltiples agencias que involucran a actores blancos y negros. Un interés común, sin duda, es el impulso económico de la región combinado con una apreciación sincera del blues como expresión cultural. Es cierto que "la invocación y la supresión simultáneas del sufrimiento negro es tan central para el turismo del blues como lo fue el resurgimiento, como lo es un deseo de reunión y reconciliación racial de la era posterior a los derechos civiles" (McKinley 2014, 185). Este caminar en la cuerda floja es arriesgado. McKinley puede tener razón al advertirnos que "la constante minimización de la historia de la violencia hacia sus residentes negros patrocinada por el Estado" puede a la larga socavar "el objetivo de una reconciliación racial que muchos buscan lograr en Misisipi" (185).

El concepto de los museos de música en Misisipi tiende a seguir un conjunto de políticas complejo. Los museos son sitios de patrimonio, nostalgia, centros educativos y sitios de culto. Respaldados por los premios a los museos e inversiones financieras, personifican un reconocimiento que debería de haberse hecho hace mucho tiempo de los logros culturales afroamericanos en el Delta del Misisipi. El Museo de Blues del Delta, a pesar de su bajo presupuesto, ha logrado el reconocimiento nacional al ganar numerosos premios en años recientes. En 2009, al sitio web del museo le fue otorgada una certificación 'de oro' en la categoría de Diseño Corporativo, Pequeño Presupuesto y Multimedia por parte de la Conferencia de los Museos del Sureste.[2] Como comparte con orgullo su directora actual Shelley Ritter, en 2013 el museo "fue condecorado por el Instituto de Servicios Museísticos y Bibliotecarios con una Medalla Nacional por Servicio Museístico y Bibliotecario, el honor más alto de la nación para los museos" (citado en "Delta Blues Press Release" 2017). Como se mencionó antes, en noviembre de 2014, Michelle Obama presentó el premio *National Arts and Humanities Youth Program Award* (NAHYP) [Premio a las Artes y Humanidades del Programa para Jóvenes] al Museo de Blues del Delta y a la banda del mismo museo en una ceremonia en la Casa Blanca ("Delta Blues Museum Acceptance" 2014). El museo B.B. King y el Centro Interpretativo del Delta recibieron más donaciones económicas con una subvención de la Comisión de Arte de Misisipi en 2011 y 2012.[3] Estos premios ponen de relieve que los museos de blues en el Delta no solo están orientados al pasado, sino que también ven con resolución hacia el futuro. Los diseños de la narrativa multimedia proporcionan universos narrativos que integran los museos de blues a una red más grande de turismo musical local y global. Sin embargo, más allá de esto, los museos son proyecciones hacia el futuro en lo que se refiere al nivel de formación educativa para las generaciones más jóvenes y son como un sitio impulsor para el propósito de la industria creciente del entretenimiento y cultural de reinventar el blues una vez más. Las narrativas multimedia hacen uso de la diversidad y, al mismo tiempo, abren las puertas para pensar, pintar, escribir e interpretar de nuevo el blues. Después de todo, el blues, desde sus inicios, siempre ha sido performativo tanto en su dimensión musical como política.

---

[2] http://www.deltabluesmuseum.org/about.asp.

[3] "B.B. King Museum and Delta Interpretive Center Receives Mississippi Arts Commission   Grant." http://myemail.constantcontact.com/B-B--King-Museum-Receives-Mississippi-Arts-Commission-Grant.html?soid=1102037602779&aid=nQIFWJqDLV0.

Colofón

La música popular en el museo trasciende lo sónico e impulsa una nueva industria cultural estrechamente vinculada al turismo, la cultura patrimonial, los programas educativos, las mercancías, el arte en serie y la producción de diseños. La samba, el reggae y el blues se convierten en formas de recordar y formas de vivir profundamente arraigadas en la nostalgia por la música que alguna vez dio forma a las identidades y a la política identitaria de generaciones. Como expresión musical, la samba, el reggae y el blues pueden celebrar el reconocimiento cultural y político que merecen desde hace mucho tiempo. Al historizar la música, los museos de música popular tienden a narrar historias de éxito eclécticas, aunque tienden a restarle importancia a las duras condiciones sociales, culturales y económicas en las que surgieron alguna vez estas expresiones musicales. Sin duda, esta es parte de las estrategias elegidas para crear museos con un fuerte atractivo popular. Si bien estas estrategias de patrimonio cultural también tienen como objetivo reconciliar las divisiones culturales y raciales, y fomentar un nuevo consenso regional y nacional, la nueva retórica chovinista y racista expresada y tolerada por los actuales dirigentes políticos en Estados Unidos y Brasil muestra que una presencia más fuerte del contexto y de la historia en estos museos de música popular podría ser una medida correctiva muy necesaria para las historias de éxito actuales con medios mixtos en las que la samba, el reggae y el blues merecen ser consagrados en el ámbito de la música popular global.

La música en la literatura y en las artes: Historiografías negras

La música determina expresiones de producción cultural mucho más allá del sonido en las Américas. Más allá del placer y del entretenimiento, funciona como un medio sonoro para redefinir el tiempo y el espacio. Rítmicamente, genera procesos cognitivos, evoca memorias e inspira visiones. Por ello, suena lógico que la música funcione también como matriz, modelo o fuente de inspiración entre escritores y artistas para repensar lo social desafiando conceptos de tiempo lineal, para reinventar la temporalidad como una fuerza social, y para situar identidades individuales y colectivas en relación a procesos y cambios (Bauman 2000, Ferris 2009, Raussert 2017).

El blues, el calipso, el jazz, el reggae, la samba, el soul y el hip hop son ejemplos prototípicos de géneros músicales que surgieron en las Américas desde diversos loci de enunciación, tales como Brasil, el Caribe y los Estados Unidos, infundiendo 'modelos de tiempo' adaptables y polirítmicos en diferentes culturas alrededor del mundo. Las culturas negras, desde África hasta las diásporas africanas – en especial en las Américas – han mantenido a la música como un elemento central en su performance de "historias alternativas" y de "futuros utópicos" (Chaar-Pérez 2013, 29). Dada su presencia global y su fuerza propulsora para producir nuevos estilos y culturas musicales, la música negra se consolidó como un punto de referencia clave respecto a la persistencia, creatividad y agencia dentro de la producción cultural.

La música afroamericana no solo sería una de las manifestaciones artísticas más extendidas en la actualidad, sino que es posiblemente el medio con mayor impulso para cruzar fronteras estéticas, geográficas, políticas e ideológicas. Así, la música afroamericana continúa alimentando la imaginación de escritores afroamericanos en el siglo XXI. Como lo demuestran obras recientes tales como *44 On 44. Forty-Four African American Writers on the Election of Barack Obama 44th President of the United States*, [44 sobre 44. Cuarenta y cuatro escritores afromericanos sobre la elección de Barack Obama como el 44° Presidente de los Estados Unidos], editado por Lita Hooper, Sonia Sanchez y Michael Simanga, el diálogo entre la música y la literatura, la música y la política, y la música y la historia se encuentra en su esplendor en estos tiempos. El libro en mención presenta reacciones poóeticas, literarias, filosóficas y periodísticas por parte de escritores contemporáneos negros con respecto a la elección de Barack Obama como el primer presidente afroamericano de los Estados Unidos de Norteamérica.

Michael Simanga, en *"First President and First Lady"* [Primer Presidente y Primera Dama] comenta con melancolía sobre la pareja de baile conformada por Michelle y Barack Obama: *"we watched them dance / deep inside a sweet soul music trance / her head on his shoulder / his hand on her back / movin/ to a promise / to love/ each other/ and us"* [los vimos bailar / en lo más hondo de un dulce trance de música soul / la cabeza de ella en el hombro de él / la mano de él en la espalda de ella / moviéndose/ en la promesa / de amarse / uno al otro/ y a nosotros] (2011, 139). Por su parte, Sharan Strange continúa con las analogías entre blues, visión y literatura al vincular cambio y visión con expresiones del ritmo blues en su poema "Inaugural":

How to capture the sagacity of a swagger announcing change/ like the tremolo of a new Blues... / How to croon ...the rhythm's shift-slight enough, though enough/ that we might dare to breathe, loosen, lean toward / one another, cultivate a human wealth?/ My breath quickened by that historic exchange, that wealth. (2011, 94)

[Cómo capturar la sagacidad de un fanfarrón que proclama el cambio / como el trémolo de un nuevo blues [...] / Cómo canturrear [...] la ligera variación del ritmo lo suficiente, pero lo suficiente / como para que podamos atrevernos a respirar, aflojar, inclinarnos / uno al otro, cultivar una riqueza humana/ Mi respiración se acelera por ese intercambio histórico, esa riqueza.]

Antoinette Brim, en *"We Winter Still"* [Seguimos invernando] relaciona al pasado y al futuro con las voces cantantes de la audiencia en la inauguración presidencial de Barack Obama: *"Consider the changing sky. Today is the prayer, every prayer sung in a field, juke joint, church or jail. Schoolhouse, roadhouse"* [Considera el cielo cambiante. Hoy es la plegaria, cada plegaria cantada en un campo, cantina, iglesia o cárcel. Un edificio de escuela, un motel] (2011, 96). Y concluye: *"Every wail of every whip now joins the chorus of mothers and the swell of our ancestors to sing: Ooh child, things are gonna get easier"* [Cada gemido por cada latigazo se une ahora al coro de madres y a la muchedumbre de nuestros ancestros para cantar: Oh hijo, las cosas se volverán más llevaderas] (96). Finalmente, E Ethelbert Miller conecta al jazz y la música sagrada con la noción de cambio histórico y triunfo en *"The Day the Earth Stood Still"* [El día en que la Tierra se detuvo]: *"Many of us. Maybe millions went down/ to the Mall to hear Obama. / I stood behind Duke Ellington and Billy Strayhorn. Duke was composing on the spot."* [Muchos de nosotros. Quizás millones se desplazaron / hacia la explanada para escuchar a Obama. / Estaba parado detrás de Duke Ellington y Billy Strayhorn. Duke estaba componiendo música allí mismo] (2011, 103). Miller culmina expresando renovación y emoción suprema: *"Sacred music was in the air. I wanted to lift every voice and sing / I wanted to hear the thunder and watch the first drops of a new American rain"* [Música sagrada flotaba en el aire. Yo quería levantar cada voz y cantar / Quería escuchar el trueno y ver las primeras gotas de una nueva lluvia estadounidense] (103). Los poemas arriba citados responden a un momento decisivo en la historia afroamericana y todos ellos reflejan la significancia social y política de este evento a través de tropos musicales.

El presente capítulo se enfoca principalmente en cómo la música inspira la imaginación histórica en la literatura y las artes, cómo da forma a representaciones de temporalidad y cómo, de esta manera, desafía las macro-narrativas de la colonialidad y modernidad (Mignolo 2011) en las producciones culturales de artistas y escritores afroamericanos, afrocanadienses y del Caribe. Al explorar el rol fundamental de la música en la remembranza de la historia y en la imaginación de nuevas historiografías en otras formas de arte, dichos artistas y escritores hacen uso de la larga trayectoria de culturas orales que narran y representan la historia en contextos de cultura negra. Escritores tales como Ishmael Reed, Ntozage Shange, Afua Cooper, y Lilian Allen, así como artistas visuales tales como Aaron Douglas y Adrian Hayles adoptan técnicas, temas y estrategias musicales para crear visiones transculturales de la historia en la literatura y el arte. Las historiografías literarias de inspiración musical también son un rasgo distintivo en la obra de escritores como Nicolás Guillén, Langston Hughes, Zora Neale Hurston, Miguel Covarrubias, Alejo Carpentier, Mário de Andrade, Toni

Morrison, y Julio Cortázar, por mencionar solo algunos. Estos ejemplos indican un ímpetu transamericano continuo y creciente de la música en otras creaciones culturales.

Modernismo negro e historiografía de inspiración musical

Ya desde las primeras décadas del siglo XX, los poemas, manifiestos y novelas de escritores como Zora N. Hurston, Langston Hughes, Nicolas Guillén, y Mário de Andrade reflejaban la importancia de la música para repensar lo social, lo cultural y la nación. Nicolas Guillén, por ejemplo, utiliza el ritmo de la jerga callejera negra de Cuba en *Motivos de Son* para expresar imágenes e imaginarios de la cultura popular, y exponer así la africanidad de la cultura e historia cubanas. En sus poemas, Guillén (1988) crea vínculos explícitos entre el presente cubano y el pasado africano, yuxtaponiendo y superponiendo diversas temporalidades. El flujo y sonido de la música *son* se convierten en instrumentos que reflejan la identidad cubana como una identidad fundamentalmente mulata. Hurston, en su calidad de antropóloga y escritora, acogió a la música como una expresión de resistencia y celebración de la vida. Obras como *Mules and Men* y *Their Eyes Were Watching God* [*Sus ojos miraban a Dios*] se basan en la tradición oral y la música para escribir historia negra mujerista y re-escribir el modernismo desde el punto de vista del folclor y la música. Para Andrade, la cultura brasileña traduce la simultaneidad polirítmica de la música negra, entre otros elementos culturales, en una matriz 'caníbal' globalizante, ecléctica y propensa a crear nuevas expresiones culturales por medio de la criollización y del sincretismo.

Del mismo modo, artistas visuales de la talla de Aaron Douglas, Romare Bearden, y Miguel Covarrubias recurrieron a la música – en especial a los tropos del *blues* y del jazz – para expresar nuevas culturas e identidades negras emergentes en un modo transcultural. Para muchos escritores y artistas, la música se convirtió en un punto de referencia para repensar culturas e historias negras en el hemisferio americano. Los flujos de esclavitud, libre comercio, migración humana y cultura han tenido un enorme impacto en la formación de culturas en las Américas, desde Brasil hasta el Caribe, desde el Golfo de Veracruz en México, hasta las islas de Georgia, desde el Sur profundo de los Estados

Unidos hasta las comunidades afrocanadienses en Toronto. A todo lo largo de las Américas, las movilidades han dado lugar al desplazamiento, reubicación y movimiento transversal. Dentro de estos flujos, la música desde la época colonial en adelante ha funcionado como una guía en el tiempo, reinventándose continuamente para expresar ese sentido de ruptura producto de la dislocación y opresión frecuentes. Como respuesta a ello, la música desarrolló imaginarios de conectividad, arraigo y pertenencia cultural y temporal.

Evidentemente, la relación de la música con la temporalidad y su expresión de la misma son, ante todo, rítmicas. Formatos musicales afrodescendientes tales como el blues, el jazz, el reggae, el son, la samba, el calypso y el hip hop guardan una estrecha relación con ritmos y conceptos temporales africanos. Las culturas provenientes de dicho continente definen el tiempo desde una perspectiva holística. Por consiguiente, el pasado, el presente y el futuro coexisten de forma simultánea. Históricamente, la cultura egipcia ni siquiera contaba con un término abstracto para el tiempo. La comprensión del tiempo siempre ha sido directamente relacionada a eventos o acciones específicos, así como al lugar determinado en el que estos ocurren (cf. Baker 1972). Tal como lo resalta la fuerte presencia de la improvisación rítmica en la música negra, la intensidad y la simultaneidad caracterizan la experiencia del acontecimiento y del lugar. El tiempo, por lo general, permanece neutral hasta que algún incidente denote su importancia. Del mismo modo, la noción de una secuencia temporal abstracta no existe en el pensamiento africano (cf. Achtner 1998). Así, la danza negra nos ayuda a ampliar nuestra comprensión de las diferencias temporales entre ritmos africanos y occidentales. Los elementos rítmicos de la música africana son multidimensionales en espacio y tiempo. A diferencia de las danzas europeas, que implican un movimiento corporal a través del espacio, los ritmos africanos producen una movimiento de baile vinculado a un lugar determinado.

La energía inética en los bailes africanos se transforman en un movimiento policéntrico en el acto. La danza jazz afroamericana y otros estilos de baile afrodescendientes en las Americas fusionan movimientos policéntricos con movimientos espaciales. En la danza jazz, por ejemplo, el movimiento y la locomoción están diferenciados. Mientras que la primera categoría se refiere al movimiento policéntrico de cabeza-cuerpo, los hombros, busto, brazos, piernas y pelvis conforman centros independientes de movimiento; la segunda categoría – las marchas de jazz, por ejemplo – se refiere al desplazamiento de un punto hacia el otro (Rosenberg 1995). Por lo general, el ritmo refleja la forma en que la música se organiza en el marco de una dimensión espacio-temporal e implica una secuencia de compases acentuados y no acentuados y su relación mutua.

La música afrodescendiente adopta rítmicas en cruz, el fraseo *offbeat* y la progresión polirítmica. Con frecuencia, los músicos del blues, calipso y jazz tocan al compás de la música. Estos cambios en el ritmo abren innumerables oportunidades para la improvisaciones individuales; y condicionan a los músicos a expresar rítmicamente la experiencia de tiempo y espacio (cf. Raussert 2017, 6–8). Esta insuperable proximidad a la experiencia y expresión del tiempo hace a la música polirítmica particularmente apropiada como modelo para reflejar temporalidades múltiples y dispares, sincronías y rupturas temporales en la literatura y las artes. Si bien muchos escritores y artistas colaboran directamente con músicos, otros utilizan la música como una referencia intertextual y un medio para reflejar la temporalidad. La música negra en las Américas, tal como evolucionó en géneros musicales diversos, es profundamente polirítmica y el resultado de múltiples transculturaciones (Lenz 2002, 2011; Raussert y Isensee 2008). Dado que la música interactúa permanentemente en el contexto, la movilización de lo social e histórico por medio la música influye en diversas expresiones culturales. Su movilización ocurre usualmente en procesos que cruzan las fronteras entre medios de comunicación y culturas, convirtiendo a las zonas de contacto en espacios productivos para la creación y ejecución de temporalidad e historiografía. Parece seguro afirmar que, desde la era del jazz, los estilos musicales negros han tenido un creciente impacto en el desarrollo de las expresiones artísticas escritas y visuales en las Américas, y en cómo éstas reflejan la historia y los entrelazamientos históricos.

El modernismo negro: La música en las representaciones de temporalidad e historia en las obras de Aaron Douglas y Langston Hughes

A inicios del siglo XX, la convocatoria a intelectuales en Londres para explorar la situación de la población de ascendencia africana residente en Norteamérica, Latinoamérica, el Caribe y las tierras natales africanas, capturó la atención de activistas, artistas e intelectuales negros. Junto a la esperanza de combatir las imputaciones de 'inferioridad racial negra' en los círculos científicos, surgió también un movimiento panafricano para enfrentar los problemas globales de discriminación colonial contra personas de origen africano. Pensadores comprometidos de diversas comunidades afrodescendientes compartían la convicción de que la experiencia histórica, los valores culturales, las ansiedades sociales y las esperanzas unían a muchas culturas negras alrededor del mundo. La Conferencia Panafricana de Londres hizo eco del impacto causado por la 'Exhibición del Negro Americano' que se había llevado a cabo pocos meses antes en la Rue des Nations en Paris. Dicha exhibición combinó libros, arte gráfico, fotografía, productos fabriles y de bellas artes para celebrar la producción cultural e industrial negra posteriores al periodo esclavista en los Estados Unidos. El contenido común entre los intelectuales negros celebraba la evidencia de equidad y productividad negras "una vez levantado el velo de la esclavitud" (Powell 2002, 24). Las ideas panafricanas cobraron impulso y hallaron una nueva fascinación exótica con el continente negro y su descendencia dispórica en la denominada 'manía por lo africano'. Una acogida un tanto ambigua y una representación estereotipada de la expresión cultural africana impulsaron la expresión artística en la música, el cabaret, las artes gráficas y la literatura hacia nuevos horizontes. Los Estados Unidos de Norteamérica se hallaron al centro de la reinvención de la modernidad, nutridos por el anhelo de una estética y un vernáculo auténticamente 'estadounidenses'. El *Harlem Renaissance* [Renacimiento de Harlem], también denominado *New Negro Movement* [Movimiento del Nuevo Negro], constituyó una importante contribución afrodescendiente a esta nueva estética estadounidense. Con el surgimiento de *Race*

Records [Discos de Raza], el blues y la música jazz se tornaron expresiones centrales de un modo de vida modernista. El 'Nuevo Negro' parecía ser la metáfora perfecta para una sociedad y una cultura en una época de quiebre, cambio y transición profundos. Si bien el Renacimiento de Harlem albergó innumerables colaboraciones entre poetas, pintores, fotógrafos y músicos, para muchos, la entidad del 'Nuevo Negro' era más que nada un "estado de ánimo, o un sentimiento' en el cual los trabajadores culturales negros eran reconocidos como socios igualitarios en el mundo de la producción cultural (42).

La emergencia del 'Nuevo Negro' como metáfora poderosa fue también resultado de algunas prácticas de comparación en los círculos intelectuales, políticos y artísticos de la época. El 'Old Negro' [Negro Antiguo], en calidad de un otro construído metafóricamente, sirvió de trasfondo con el cual la 'negritud' entró en diálogo y fue renegociada en yuxtaposición con la comparación 'Negro Antiguo' *versus* 'Nuevo Negro.' En calidad de construcción metafórica, ambos términos sirvieron para múltiples significancias; asimismo, fueron expuestos a diversas interpretaciones performativas, teatrales, artísticas y literarias durante las primeras décadas del siglo XX, especialmente en las múltiples producciones culturales del Renacimiento de Harlem. En varios niveles, el 'Negro Antiguo' significaba lo que Athanasiou y Butler denominan "los desposeídos" (2013), mientras que, de diversas maneras, el 'Nuevo Negro' sugería agencia y empoderamiento. A nivel político, el 'Negro Antiguo' representaba al conservadurismo político y al acomodacionismo social, mientras que el 'Nuevo Negro' representaba renovación y cambio (Bernhart 2011, 273). La constitución metafórica básica de ambos términos comparativos indica la complejidad de una nueva síntesis de 'negritud' (tertium). Las comparaciones entre el 'Negro Antiguo' y el 'Nuevo Negro' involucraban inevitablemente cuestiones de tradición e innovación. También significó el llevar a cabo comparaciones entre los imaginarios de las culturas e historias africanas, afroamericanas y euroamericanas para enmendar viejos paradigmas de diferencia y jeraquía.

El artista Aaron Douglas fue posiblemente el pintor afroamericano más prolífico en abordar temporalidad, historia, entrelazamientos históricos en las artes gráficas modernas durante el Renacimiento de Harlem. También fue uno de los primeros pintores negros en usar máscaras y desarrollar estrategias de 'enmascaramiento' como contraposición a las ideas hegemónicas blancas sobre la negritud. Y los motivos musicales negros se convirtieron en tropos centrales para la imaginación histórica de Douglas. El 'Nuevo Negro' llevaba un atuendo híbrido entre afroamericano/ africano en la obra de Douglas. Este último tenía inclinaciones artísticas que incluían formatos experimentales modernistas tales como el cubismo de Braque y Picasso, la modernización de la pintura vernacular gracias a Winold Reiss, y el arte africano (Mehring 2016). Muchas de las figuras negras en las pinturas de Douglas muestran rostros que fueron modelados a partir de máscaras de la etnia Dan en Liberia, África. En dichas figuras la personalidad está oculta, se trata de siluetas de cuerpos vigorosos representados en una expresión artística más bien abstracta. Douglas soterró la individualidad para desplegar una visión pictórica de narración e historia colectivas. Mostró predilección por las dinámicas cubistas de la forma y por el cubismo, así como por un estilo moderno y avant-garde; lo que le sirvió a manera de máscara pintada para mirar más allá de las visiones eurocéntricas de modernidad y enfocarse en una comparación de la cultura contemporánea negra con la cultura africana, en especial la egipcia. A nivel comercial, la máscara cubista le abrió una senda hacia el mundo del arte en Estados Unidos, y las autoridades le encomendaron pintar murales en la biblioteca pública de Nueva York.

Estos murales demostraron que Douglas se consideraba a sí mismo perfectamente capaz de adaptar el arte africano del mismo modo que los maestros del cubismo de la época, Picasso y Braque. Sin embargo Douglas, inspirado en el nuevo nacionalismo mexicano en la pintura mural, no estaba rindiendo homenaje al arte modernista occidental. Douglas utilizó la máscara en el estilo cubista para celebrar el arte negro y la historia desde el antiguo Egipto hasta el arte negro actual de Harlem. Sus figuras de arte africano y afroamericano y de arte vernacular se fusionan en presentaciones de negritud similares a máscara y silueta. Su prácticas pictóricas de comparación se basaron en la comparación entre Egipto y la(s) América(s) Negra(s), y no en la comparación entre la(s) América(s) Negra(s) y Europa. Douglas creó una visión compleja del 'Nuevo Negro', presentada en *Aspects of Negro Life* [Aspectos de la vida del Negro], una serie de cuatro murales auspiciados por la oficina federal de *Works Progress Administration* – WPA [Administración de Obras en Curso]. *Song of the Towers* [Canción de las torres] (1934)[1] es, posiblemente, la más moderna de las cuatro. Los murales esbozan colectivamente la historia negra, desde sus raíces africanas hasta la 'Gran Migración.' La pintura *Song of the Towers* cuenta la historia de la conflictiva lucha negra contra la modernidad. Complejo e intrincado, el mural *Song of the Towers* [Canción de las torres] está compuesto de diseños gráficos y de patrones de figuras geométricas y, de esta manera, se expresa mediante prácticas de pintura cubista. Las personas y las cosas aparecen como elementos abstractos. Dominando el centro del mural aparecen círculos concéntricos, enmarcados por prismas rectangulares sobresalientes. Por medio de esta cuidadosa improvisación de formas diversas, Douglas despliega una narrativa que catapulta a las figuras negras en la vorágine de la maquinaria urbana y moderna. De un modo comparativo y sin embargo también relacional, la abstracción cubista muestra el despojo y el levantamiento, al humano y a la máquina, al 'Negro Antiguo' que se dejó de lado y al 'Nuevo Negro' emergente al centro. Al colocar sus figuras negras en una mezcla de formas dinámicas de inspiración cubista, Douglas refleja los orígenes negros del arte modernista. No obstante, las figuras negras continúan luchando por alcanzar su posición en el escenario de la metrópolis moderna. 'Canción de las Torres' celebra con melancolía el triunfo de la expresión artística negra en el Renacimiento de Harlem: Douglas se muestra a sí mismo dominan el modernismo cubista, el músico negro al centro del mural alude al ennegrecimiento musical de Harlem y de los Estados Unidos durante el auge de *Race Records* en la década de 1920. Como lo señala el título de la serie de murales, la música es una inspiración clave en la obra de Douglas. La imagen del saxofonista representa un momento de ascenso. La música es representada como empoderamiento. El músico con el saxofón en alto constituye una extensión del cuerpo humano y une al cuerpo y a la arquitectura como fuerzas imponentes. Douglas hace que las formas geométricas cubistas "oscilen al compás de la música" y, al igual que la naturaleza polirítmica del jazz, su mural captura la simultaneidad de diversas temporalidades dentro de la modernidad.

No obstante la lucha contra la historia, la rueda de la modernización, y la imponente presencia de la arquitectura metropolitana, la fi-

---

[1]   https://www.wikiart.org/en/aaron-douglas/song-of-the-towers-1934.

gura central negra con la mirada en lo alto sugiere que un arribo completo de los afroamericanos continúa siendo "un sueño diferido" (Hughes). Esta interpretación se ve corroborada por los contornos de la Estatua de la Libertad, que aparece más bien distante en posición y tamaño. El mural compara estrechamente sueño y realidad, mito e historia; teniendo como resultado abstracción y ambigüedad. Douglas despliega completo dominio del estilo tanto en la tradición africana, como en la afroamericana y la europea. Al igual que otras figuras literarias del Renacimiento de Harlem, utilizó el estilo del patrón para desarrollar un discurso auto-reflexivo sobre la negritud – destacando que todos los murales manifiestan una diversidad dentro de la negritud y relacionan diversos matices de negrura con una larga trayectoria de historia diaspórica africana. El dominio del estilo otorga a Douglas la autoridad para hablar por la comunidad modernista, elevando empero una crítica racial hacia la modernidad. En el mural *La Canción de las Torres*, realizado por encargo estatal, Douglas introdujo astutamente una visión modernista negra que resulta crítica pero empoderadora a la vez. Al comparar y relacionar diferentes figuras y etapas de la historia afroamericana con el surgimiento de la metrópolis moderna de la era del jazz, Douglas revela las fisuras al interior del diseño modernista utópico estadounidense, al tiempo que impulsa un concepto del 'Nuevo Negro' que reside fuera de las prácticas de comparación euroamericanas de comparación de lo blanco versus lo negro. Sus figuras negras demuestran una diferencia al interior de la negritud en términos de historia e identidad. África y la diáspora africana en las Américas sirven como puntos de referencia comparativos y la visualización de enlaces rítmicos se convierte en la técnica usada por Douglas para la creación de entrelazamientos históricos negros.

Figura 18: The Song of Towers (La canción de las torres), mural de Aaron Douglas (cortesía de la Fundación Douglas).

Douglas fomentó conscientemente una nueva visión de los social y lo cultural a través de la divergencia negra. Como resultado de una reunión del comité editorial de la revista *Fire!!,* Aaron Douglas compuso la siguiente declaración artística en 1925 (cf. 2002):

> Tenemos conciencia de grupo. Estamos principal e intensamente dedicados al arte. Creemos que el Negro es fundamental y esencialmente diferente a sus vecinos nórdicos. Estamos orgullosos de esa diferencia. Creemos que esas diferencias consisten en una mayor dotación espiritual, mayor sensibilidad, mayor fuerza para la expresión y la apreciación artísticas. 122)

El manifiesto arriba citado se caracteriza por su reflexividad. La mirada es claramente hacia adentro. Es una reflexión acerca del *self* negro, el colectivo negro y el parentesco entre ambos. Su comparación entre las culturas negra y blanca está basada en la diferencia gradual, y concluye en una afirmación de superioridad negra. El mensaje empático de Douglas indica una diferencia en términos de emoción, espiritualidad y estética, a la vez que presenta una inversión radical de los paradigmas de supremacía blanca. La cita anterior de Douglas también demuestra que el énfasis en las diferencias negras como estrategia esencialista ayudó a desafiar las prácticas de comparación normativas que predominan en el mundo.

Si bien las estrategias de 'enmascaramiento' implicaban una apropiación de los modelos del amo blanco, su performatividad interna hizo posible una reflectividad grupal, una multitud de 'Nuevos Negros' afirmativos, y la opción de nuevos modelos comparativos dentro de las culturas negras. Los modelos primarios para la perfomatividad en el Renacimiento de Harlem fueron el blues y el jazz, que proporcionaron una matriz para la comparación y el diálogo a través de sus patrones multidimensionales de 'llamada y respuesta.' Esto dio lugar a una comprensión de los profundos y complejos entrelazamientos entre las culturas negras más allá de los historiales coloniales y su bagaje racial; y produjo temporalidades modernistas negras en las producciones culturales de las Américas.

La historiografía de inspiración musical también caracteriza a la poética y la obra de Langston Hughes. Fue, probablemente, la voz poética más potente del Renacimiento de Harlem y un pionero en la creación de visiones transculturales de identidad e historiografía negras para las Américas. Su poema *"I Too"* [También yo] fue publicado por primera vez en 1926. De manera similar a Douglas, Hughes también utilizó una estrategia de enmascaramiento para cuestionar el discurso modernista blanco de la América anglosajona. En este poema, las prácticas de comparación funcionan a nivel de autoría y ciudadanía y están incorporadas en un modo reflexivo. Ya desde el título, Hughes se refiere a la noción de dualidad y doble conciencia de Du Bois. Autoproclamándose el hermano más oscuro, la voz poética negra reclama lazos de sangre, ciudadanía y pertenencia comunal. A medida que el poema corto avanza, Hughes describe un escenario extendido de racismo doméstico ante el cual contrapone la comparación inicial. En estilo de verso libre, la voz poética negra del que sería un sirviente doméstico se dirige a la familia de sus patrones. La comparación expresada por medio de "hermano más oscuro" es simple y potente a la vez. El 'Nuevo Negro' está concebido en términos comunitatios, políticos y estéticos: *"How beautiful I am"* [Cuán hermoso soy] (1926, 257). Hughes va un paso más allá de lo familiar/social/estético hacia comparaciones a nivel de autoría. Al escribir a través de la máscara de expresión auto-celebratoria de Whitman y asumir el estilo de verso libre de este último para componer poesía afroamericana, Hughes se compara a sí mismo como poeta y ciudadano a Walt Whitman, el convencionalmente aclamado padre fundador de la poesía moderna. La voz poética del sirviente doméstico no solo reclama equidad negra, sino que celebra la belleza de la negritud al estilo de autoaceptación de Whitman.

La máscara 'Whitmanesca' provee un espacio autoral para enérgicas demandas culturales y sociales. Hughes hace uso de la misma para referirse al ennegrecimiento de los Estados Unidos de Norteamérica mediante la música, desde la época de la esclavitud hasta la era del jazz. Las líneas *"I, too, sing America"* [También yo, canto América] reivindican la autoría negra en la expresión artística moderna estadounidense. Lo que a simple vista parece ser una referencia intertextual a la famosa apertura del poema "Song of Myself" [Canto a mí mismo] de Whitman, contiene un verbo que en el contexto del Renacimiento de Harlem expresa una celebración de la cultura oral y musical afroamericana. Las prácticas de comparación textuales de Hughes elevan a la cultura vernacular afroamericana al ámbito de la cultura y literatura modernistas estadounidenses. Su voz cantante es tan bíblica como la de Whitman, pero sus orígenes son espirituales, el blues, y el jazz. Bajo la superficie de utopía moderna 'Whitmanesca' estadounidense, Hughes introduce disidencia (risa) y expande ideales utópicos con una fuerte convicción en el cambio social basado en de la perfomatividad musical y expresado a través de la misma.

I, too, sing America.
I am the darker brother.
They send me to eat in the kitchen Music in Literature and the Arts

When company comes,
But I laugh,
And eat well,
And grow strong. ... (1926, 257)

[También yo canto, América.

Soy el hermano más oscuro.

Ellos me mandan a comer a la cocina

Cuando vienen las visitas,

Pero yo me río,

Y como bien,

Y crezco fuerte.]

En "The Negro Speaks of Rivers" [El Negro habla de ríos] (1920, 259), Langston Hughes reflexiona sobre la larga trayectoria de la 'alta cultura' negra al relacionar a las culturas africana y afrodescendiente americana. *"I heard the singing of the Mississippi when Abe Lincoln went down to New Orleans"* [Escuché el canto del Misisipi cuando Abe Lincoln estuvo en Nueva Orleans] es una línea emblemática de cómo Hugues se refería a la música como fuente de una historiografía negra alternativa. El fundamento oral y sónico de las culturas negras funge como práctica de comparación alternativa, cuestionando y reinventando la cultura y la historia. De manera autoreflexiva, Hughes contempla la libertad del escritor negro y lo compara al grupo vanguardista, experimental e innovador de artistas y escritores en su manifiesto de vanguardia negra *"The Negro and the Racial Mountain"* [El Negro y la montaña racial] (1926). "Nosotros, los artistas negros jóvenes que creamos ahora, tenemos la intención de expresar nuestras individualidades de piel oscura sin miedo ni vergüenza. [...] Construimos nuestros templos para el futuro, fuertes como nosotros sabemos hacerlos, y nos paramos en la cima de la montaña, libres en nuestro interior" (91–95).

La referencia a la "cima de la montaña" de Hughes tiene una connotación bíblica pero también profana. Ésta compara al artista negro con el profeta Moisés en la montaña, y también con John Winthrop y su modelo futurista de una ciudad sobre una colina. No obstante, la poesía de Hughes rompe con temporalidades lineales y, paralelamente, sus conversiones poéticas de jazz polirítmico incorporan temporalidades alternativas que insisten en imaginarios entrelazados pero marcadamente negros de la historia. Como lo demuestran los ejemplos de Hughes y Douglas, la música y su fuerte presencia cultural en la sociedad constituyeron un medio excepcional en el Renacimiento de Harlem para repensar a la modernidad y su concepción del tiempo, al hacer de la reflexión sobre la negritud y su trayectoria histórica un tema de interés público.

Revisando la música y la historia en el postmodernismo literario negro: Ishmael Reed y Ntozake Shange

Como los críticos coinciden en señalar, el pensamiento posmodernista rechaza a las metanarrativas. Esto también incluye a las narrativas hegemónicas de coloonialidad y modernidad. Por el contrario, el posmodernismo privilegia una actitud anti-autoritaria al momento de analizar al mundo y sus productos culturales. Puesto de otra manera, el posmodernismo es frecuentemente considerado como receloso de cualquier entidad o agencia que pretenda controlar o regular lo que las personas pueden o no pueden hacer, y el pensador y escritor posmodernista comparte una profunda desconfianza con respecto a cualquier agente o elemento que intente establecer significados fijos a algo (Raussert, Lantz, y Michael 2020). Debido a la historia, muchos escritores afroamericanos, afrolatinos, afrocanadienses y afrocaribeños comparten lógicamente dicha desconfianza, en especial hacia narrativas dictadas por las clases colonizadoras y dominantes. Si bien la posmodernidad es percibidad como la era de la relatividad, la fragmentación y la incertidumbre, para muchos pensadores negros en las Américas ésta ha sido una condición humana básica determinada por la división del poder, la discriminación racial, y la violencia tanto física como psicológica, desde el comercio de esclavos hasta el racismo nuevamente aprobado en la política en la actualidad.

El posmodernismo aparenta impartir un sistema de creencias en el cual reina el relativismo metafísico, ético y epistemológico. Para los escritores negros tales como Ishmael Reed y Ntozake Shange, que escriben durante la tendencia posmodernista, dicha condición metafísica representa tanto una amenaza como una oportunidad. Un sistema de pensamiento relativista puede abrir las puertas al avance de la demarcación racista, al mismo tiempo que provee espacios para desafiar las narrativas impuestas de maneras creativas y experimentales. Mientras que el posmodernismo suele entenderse como cuestionador de la modernidad, debido a su clamor de dar inicio a una era futura donde reine el progreso (o donde, por el contrario, la catástrofe aguarda) y a poner en duda creencias modernistas en la renovación y el porvenir (o los temores apocalípticos de que el fin se acerca), escritores como Reed y

Shange crearon obras literarias experimentales en una época en que el movimiento del Poder Negro y las ideas radicales sobre la agencia y afirmación negras atravesaban a las Américas. El compositor musical Sun Ra proporcionó visiones cósmicas para un afrofuturismo, y el soul proporcionó un modelo sónico para la identidad negra a través de las fronteras (Van Deburg 1992). El jazz libre al estilo de Ornette Coleman y John Coltrane se convirtieron en una demostrción del poder musical e intelectual negro para trascender por medio de la experimentación radical con mensaje político. Por extraño que parezca, los años turbulentos de los sesenta y setenta fueron testigos de un incremento en la autoestima, la agencia y la autoridad negras, las mismas que hicieron uso de artificios posmodernistas en sus expresiones literarias y artísticas, subvirtiendo paralelamente su absoluta jovialidad y relativismo al enlazar al experimento con la ética, a la ficción con la historia, y a la poesía con lo social.

Considerando el impacto del funk y soul para la liberación negra, así como los diálogos y afinidades que suscitó entre las comunidades afrodiaspóricas a lo largo de las Américas, se hace evidente que la producción cultural negra opera al interior y contra la esencia posmoderna de relativización, fragmentación e individualización de las culturas. La literatura posmoderna es comúnmente percibida como una forma de expresión literaria marcada tanto estilística como ideológicamente por la dependencia en convenciones literarias tales como la fragmentación, la paradoja, los narradores sospechosos, tramas usualmente poco realistas o del todo imposibles, juegos, parodias, humor negro, y autorreferencia autoral, Si la expectativa de una ruptura con el pasado no se concreta, entonces el tiempo no avanza, no ocurren cambios profundos y la novedad auténtica no aparece. Por esta razón, la expresión artística tiene a relacionarse y referirse lúdicamente a lo que se hizo en el pasado, socavándolo e invirtiéndolo (Raussert, Lantz, y Michael 2020). Las prácticas posmodernas de re-escritura también desdibujan los límites entre las formas 'altas' y 'bajas' de arte y literatura, así como las distinciones entre los diferentes géneros y estilos de escritura y narrativa.

En especial con respecto a los últimos puntos mencionados, Reed y Shange proporcionan una obra altamente innovadora de literatura de ficción posmoderna, pero con una misión ética, política y social de revisitar la historia negra en las Américas desde su transculturalidad e interconectividad hemisférica, y desde la necesidad de ser contada por voces autorales negras. Para ambos escritores, los tropos del trickster (o pícaro divino) provenientes del folclor afrodescendiente constituyen figuras negras arquetípicas precedentes de la parodia posmodernista. Dichas figuras están transculturalmente enraizadas en la culturas africanas y en las culturas diaspóricas negras, y sirven perfectamente para reinventar la historia y afirmar la agencia negra. En las ficciones de Reed y Shange, la música negra moviliza estos arquetipos y torna a la expresión literaria en una representación de los social muy lejana a la condición lúdica posmoderna. La música negra trae consigo poliritmo, solistas, 'llamada y respuesta' y coros, elementos estructurales que son traducidos por los mencionados autores en interpretaciones literarias de la historia. Para revisitar lo social y lo histórico, su expresión literaria experimental se sumerge en lo más profundo de la tradición oral y musical para dar forma a modos polivocales de narración de historias con el fin de fomentar más narrativas inclusivas de negritud.

Reed, quien fuera poeta, ensayista y novelista, muestra inequívocamente una estrecha afiliación con el blues y el jazz en sus textos y en sus colaboraciones con músicos. Junto al músico vanguardista Kip Hanrahan, produjo dos álbumes titulados "Conjuro". El primer album, lanzado en 1983, presentaba poemas de Reed concertados a piezas de blues y de jazz. El músico de blues Taj Mahal y los virtuosos del jazz Lester Bowie y David Murray contribuyeron a la producción del disco. En su calidad de crítico y comentarista de la escena musical afroamericana, Reed ha permanecido activo como una voz intelectual que reflexiona sobre lo social a través de la música durante toda su carrera literaria. La mayor parte de sus ensayos están dedicados al jazz y a músicos de este género musical. Títulos como *"The Old Music"* [La Antigua Música], *"Music: Black, White and Blue"* [Música: Negra, Blanca y *Blue* (Azul)], *"Remembering Josephine Baker"* [Recordando a Josephine Baker] son solo algunos ejemplos recogidos en su autobiografía ensayística *Shrovetide in Old New Orleans* [Carnaval en el Viejo Nuevo Orleans] (Reed 1978). Particularmente en el blues y en el jazz, Reed detecta formas de arte dialógicos que socavan a los sistemas dualistas. A medida que Reed hace uso de estos esquemas musicales, estos últimos se convierten en modos de expresión culturales que desafían los signos y metáforas de los sistemas de control. Echando mano de estos estilos musicales, dicho autor remodela nociones y significados de conceptos de raza y cultura (Raussert 2017, 105).

El bebop, probablemente el punto de referencia musical más importante en la obra de Reed, representa al jazz en un extremo profundamente individualista de la dialéctica de improvisación y comunidad. Tras pensar diversos movimientos culturales negros desde la década de 1920 hasta los sesenta, Reed se distancia de las drásticas doctrinas del Movimiento Estético Negro en los sesenta. Su perspectiva de la historia también resulta muy distinta a la de las ficciones afroamericanas de la tradición socio-realista. En su lugar, Reed abraza al 'Poder Negro' como un tropo inspirador, y a la política sónica negra – herencia del Renacimiento de Harlem – como un instrumento importante para expresar visiones experimentales de historia negra.

El jazz influyó de manera decisiva en su imaginación histórica, principalmente en su novela policial póstuma *Mumbo Jumbo* (Reed 1972). El texto sincrético de dicha novela toma elementos de varias culturas y avanza en un estilo ecléctico, abrazando rupturas y cambios repentinos en la progresión narrativa. Reed ejecuta en su novela un modo de "narrativa transmedial", que incorpora múltiples documentos, incluyendo fotografías, recortes de periódico, citas del diccionario, entre otros (Jenkins 2006, 17–19). A nivel de género, el género occidental de la novela policial se ve entremezclado con folclor afroamericano y mitos africanos. Al adoptar la diversidad y la multiplicidad en el ámbito estético, Reed también reconoce la fluidez de lo social (Bauman 2000) como un componente básico de la existencia. Por ende, hace énfasis en que lo social también necesita de un lenguaje políglota para ser mediado y expresado. Además del inglés estándar, el inglés isabelino y el inglés negro aparecen codo a codo. El tiempo y el lenguaje cruzan fronteras culturales en las representaciones literarias que Reed hace de la historia. Asimismo, diferentes nociones culturales del tiempo interactúan en *Mumbo Jumbo*. Los sentidos del tiempo africano, afroamericano y occidental colisionan, se superponen y fusionan. La simultaneidad polirítmica del *bebop* y del jazz libre en especial fungen como el modelo artístico usado por Reed para reflejar la complejidad temporal. Su fantasía muestra que las temporalidades negras y las historias diaspóricas negras añaden un nivel complicante de percepción temporal al modelo progresivo de a modernidad. Los movimientos temporales aquí-y-ahora, circulares, repetitivos, interactúan con una progresión básica constante del tiempo. Al igual que las luchas de liberación negras, la historia parece avanzar para luego retroceder de nuevo. Desde la revolución haitiana hasta la emancipación de los esclavos, desde el movimiento del 'Nuevo Negro' hasta el movimiento de las Artes Negras, el progreso y el retroceso marcan la historia y sus avances turbulentos y opuestos en la fantasía literaria de Reed.

Reed encuentra en la representación a través de la música a la mayor fuerza alternativa para contar la historia. Como escritor, le corresponde traducir las aptitudes musicales en discurso escrito. El potencial de la música para cruzar fronteras guía la interpretación que Reed hace de la conjetura de Bakhtin que afirma que "la nueva conciencia cultural y creativa vive en un mundo activamente políglota" (Bakhtin 1994, 12; Raussert 2017, 125). En contraste a los conceptos lineales y teleológicos de la historia, Reed desarrolla una perspectiva sincrética y sincrónica de la historia basada en el tiempo musical; ya que el jazz transforma temática y rítmicamente al sincretismo en una forma de arte que siempre está sumando, cambiando e improvisando. La sincronicidad caracteriza la estructura de la novela. Reed alcanza este efecto temporal con la introducción de múltiples elementos de ocurrencia simultánea. Si bien parecen desconectados uno del otro al inicio, la novela sigue una progresión de eventos que son integrados y conectados. El resultado es una imagen densa de historias negras entrelazadas, incluyendo la del antiguo Egipto, la de la isla independiente de Haití, y la oscilante cultura afroamericana en la era del jazz. Reed invita al lector a dirigir una mirada globalizada a la historia negra, exponiendo conexiones interamericanas así como transatlánticas en lo referente a tiempo y lugar.

Las complejidades de las geografías negras – conformadas por historias de colonialismo, esclavización transatlántica, prácticas racistas contemporáneas, y resistencias – alimentan una trama en Mumbo Jumbo que se mueve entre la memoria y la proyección visionaria, y que rechaza definitivamente el cierre. La obra especializada de Raymond Williams resalta que siempre hay aspectos residuales de etapas culturales previas dentro de la denominada cultura dominante, así como aspectos emergentes de una cultura futura (1977, 25–45). Reed comparte estas conjeturas y se sitúa entre los escritores posmodernos que "son sumamente hábiles en escenificar a las culturas residuales o emergentes al interior de la cultura dominante" (Winders 1993, 28–29).

La novela *Mumbo Jumbo* se desarrolla en la década de 1920, la época del Renacimiento de Harlem y del surgimiento del "Nuevo Negro". Las tramas y subtramas de la novela giran en torno a la guerra cultural entre la doctrina atonista blanca y el Mu'tafikah, un ala militante del movimiento *Jes Grew*. La historia principal de la novela dramatiza el conflicto entre estos grupos opuestos. El conflicto es tanto cultural como religioso, dado que la Orden Atonista Alhelí representa a la tradición judeocristiana, mientras que el movimiento *Jes Grew* representa a las tradiciones africanas y afrodiaspóricas en las Américas. *Jes Grew*, una epidemia de música y baile, se está extendiendo por todas las Américas y pone en riesgo al orden hegemónico blanco. La población blanca estadounidense está horrorizada: "si este Jes Grew se vuelve pandémico, significará el fin de la Civilización Tal Como La Conocemos" (Reed 1972, 7). La búsqueda del libro sagrado impulsa las acciones en la novela y es el equivalente a la búsqueda de una historia negra auténtica. Con la finalidad de detener la epidemia, la Order Alhelí intenta hacerse del texto sagrado del *Jes Grew*. El detective del antiguo HooDoo, LaBas, se esfuerza por rescatar al texto para salvaguardar la supervivencia del *Jes Grew*. Sin embargo, el texto nunca puede ser encontrado y surge el rumor de que Abdul Hamid, una nacionalista cultural radical negro, lo echó al fuego.

El hecho de que el texto nunca sea encontrado expresa la sensibilidad posmoderna de Reed, de acuerdo a la cual el reconocimiento de múltiples posibilidades temporales al escribir la historia es algo largamente pendiente. Winders nos recuerda que "considerar seriamente a otras culturas (incluyendo a la cultura pop) implica considerar seriamente las nociones y experiencias a menudo radicalmente diferentes del tiempo que dichas culturas tienen para ofrecer" (1978, 43). Reed compagina a la historia negra entre la alta cultura y la cultura pop. La música jazz es considerada como un agente crucial de cambio cultural. Si bien constituía una expresión importante de la cultura popular en la década de los veinte', el jazz se trasladó de los bares hacia las salas de conciertos, de la denominada "baja" cultura hacia la denominada "alta" cultura. En su novela, Reed sitúa en el jazz y su protagonista epidémico *Jes*

Grew una fuerza musical para evocar al pasado y vislumbrar el futuro. La novela es una reflexión lúdica sobre las dinámicas y tensiones entre los movimientos negros de diversas épocas. Por consiguiente, Reed compara diferentes momentos históricos a lo largo de la novela. Por ejemplo, las batallas y conflictos entre los grupos en contienda en *Mumbo Jumbo* reflejan la obsesión del Renacimiento de Harlem con crear una nuevo imaginario de negritud. En la superposición de niveles temporales, el escenario del Renacimiento de Harlem se convierte en la matriz para la reflexión crítica sobre los movimientos negros de la década de los sesenta. Las batallas ideológicas de la novela se asemejan demasiado a las controversias entre loas Nacionalistas negros, las Panteras Negras, y el Movimiento Afroamericano por los Derechos Civiles como para pasar por alto la conexión. De esta manera, Reed compara diferentes momentos históricos y la retórica negra aplicada a la lucha emancipatoria negra para alcanzar una mejor comprensión de las relaciones intergeneracionales e intertextuales en la historia negra. Para darle un mayor intervalo histórico a la novela, esta regresa a la revolución haitiana, la primera república negra en el mundo moderno, y por medio del mito de Set y Osiris, retorna a los misterios del antiguo Egipto, posiblemente la primera 'alta cultura' negra de la historia.

La novela *Mumbo Jumbo* de Reed cuestiona a la historiografía occidental. Como tema largamente recurrente para la resistencia negra, Haití continúa siendo un punto de referencia constante en la novela. "Pero la pequeña Haití resiste. Se convierte en un símbolo mundial de libertad religiosa y estética" (Reed 1972, 72). La exitosa rebelión de esclavos liderada por Toussaint contra el poder francés en 1796, su obstaculización de invasiones por parte de España y Gran Bretaña, y la resistencia de Haití frente a la invasión estadounidense en 1915 funciona perfectamente para Reed como bastión negro dentro de las historias entrelazadas de conquista y colonización. Como el detective LaBas lo afirma en la novela: "*Jes Grew* no tiene final ni principio. [...] Nos hará falta por un tiempo pero volverá, y cuando retorne veremos que nunca se fue" (233). Reed evoca metafóricamente el permanente bastión de la música negra para escribir, vivir y hacer historia en las culturas negras, desde épocas ancestrales hasta tiempos coloniales y poscoloniales. Y dada su flexibilidad sincrética, la música negra constituye la fuerza cultural para llevar adelante la antorcha de historia e historiografía alternativas en el período actual. LaBas, en ese sentido, concluye: "Elaboraremos nuestro propio Texto futuro. La generación futura de artistas jóvenes lo llevará a cabo" (233).

La primera novela de Ntozake Shange, *Sassafrass, Cypress & Indigo* (1982) narra la fragmentación posmoderna y su posible trascendencia a través de la historia de la familia Effania. Haciendo uso de su versatilidad como poeta y dramaturga consumada, Shange despliega historias poligenéricas mostrando la evolución individual de tres protagonistas femeninas, las hijas de la familia Effania: Sassafrass, Cypress, e Indigo. Shange combina recetas, cartografías, poemas, diálogo dramático con pasajes de prosa para relacionar la historia de vida de cada hija a la historia familiar y a la historia de las culturas negras en general. En la novela, las historias individuales de las hermanas Sassafrass, Cypress, e Indigo transcurren en el contexto histórico de los tumultosos años sesenta e inicios de los setenta, cuando los movimientos por los Derechos Civiles y el Poder Negro no solo remecían los fundamentos de la supremacía blanca en los Estados Unidos sino que lideraban las luchas anticoloniales negras a todo lo largo de las Américas y otras partes del mundo. Si bien el hogar materno de los Effania en Charleston, Carolina del Sur constituye un referente constante para la progresión tanto narrativa como de los personajes, las tramas individuales conducen a los personajes a travesías literales y eimaginarias dentro de los Estados Unidos y más allá de sus fronteras: Charleston, las islas *Gullah*, San Francisco, Baton Rouge, México, y Brasil por nombrar algunos destinos. Los personajes atraviesan zonas rurales y urbanas, culturas continentales e insulares, el sur estadounidense y el Caribe, ubicaciones estadounidenses y latinoamericanas en su búsqueda de sí mismas y de pertenencia. Si bien la historia del Atlántico negro es evocada en el argumento de Cypress y su involucramiento con la cultura europea de música y baile, las historias de Sassafrass y Cypress reflejan entrelazamientos interamericanos narrando historias de la Afroamérica extendida en formas hemisféricas.

En esta novela, encontramos una compleja cartografía musical para repensar a la historia, que combina el talento de la autora como poeta, dramaturga y artista de *performance* en el arte de escribir ficción. Inspirándose en una visión panamericana de flujos e influencias de la música negra, Shange recurre al blues, jazz, rhythm & blues, calipso, funk, y soul para crear una temporalidad diaspórica negra en la cual el tiempo privado y el público interactúan de manera consistente. Lo que Abrahams sugiere es que la música ha hecho posible la difusión de un vasto imaginario negro en círculos comerciales más allá de las fronteras del estado-nación en las Américas. Como lo afirma, "Estas músicas, y las personas que se identifican a través de las mismas, unen a una región entera, inclusive al divulgar la producción cultural local entre audiencias populares de todo el mundo" (2001, 100). Lo que emerge es una visión de las Américas negras mucho más allá del Sur estadounidense: "Es una región que no solo incluye al Caribe y al Sur estadounidense, sino innumerables puestos costeros en Sudamérica tanto en las costas norte, este y oeste, y muchas áreas del latifundio centroamericano, incluyendo a México, Belice y Costa Rica" (100). Shange evoca esta visión musical geopolítica creando una noción de lo social por medio de la música. La influencia musical aparece en elementos como la dicción, que muchas veces imita el sonido de la voz y del instrumento musicales; la estructura, que sigue pautas de llamada-y-respuesta; y los temas de la novela, que están insertos en referencias a la música negra. El empoderamiento de la mujer negra ocurre tanto dentro como a través de la música. Las maneras en que las hermanas Effania definen sus repertorios como músicas, poetas y bailarinas – "Lilah James, Eleo Pomare, Rod Rodgers, Royal Brown ... Todos van a estar en esta gala especial para aquella gran dama de la danza negra, Sevilla Forte" (Shange 1982, 162) – demuestran una conciencia histórica transcultural. Shange abre los ojos del lector hacia una perspectiva panorámica de las culturas negras, las mismas que han desarrollado múltiples tradiciones sónicas y rítmicas al interior de las Américas por encima del eje Viejo Mundo-Nuevo Mundo.

La música infiltra todas las esferas de lo social en la novela de Shange. Como lo afirma Roach, "Muy versadas en canciones para cada ocasión, las tribus africanas han utilizado la música como arte práctico que reflejaba todas las facetas de la vida cotidiana" (1985, 17). En su labor como partera, Indigo alivia a las mujeres en parto por medio de la canción (1982, 221). De forma similar, la música se torna en comentario sobre las relaciones sociales y en expresión de las mismas, sean estas generacionales, raciales, de clase o género. Por medio de la identificación de su protagonista con la música, Shange expone la trayectoria de larga data que tienen las mujeres en la acción de contar y hacer historia.

La música es el medio para dialogar con el pasado – "*the fiddle be callin' our Gods*" [el violín está convocando a nuestros Dioses] (1982, 26). La música es una forma de resistir. Las conversaciones secretas de Sassafrass con la señorita Brown Blues la empodera para dar pelea contra la narrativa y la historia de hegemonía masculina (89). Y la música es el medio para vislumbrar el futuro cuando Cypress se une a la compañía de baile "*Soil and Soul*" [Suelo y Alma], la misma que apoya al Movimiento por los Derechos Civiles (158). De esta manera, la música asume el protagonismo como un medio creativo empoderador para expresar historias desoídas, olvidadas, y silenciadas.

Además de las tradiciones *griot* africanas, el blues, basado en patrones de sonido africanos y afroamericanos, es usado por Shange como una fuerza cultural que explota la herencia histórica de las mujeres negras y expresa una visión feminista negra futura que acoge a las comunidades africana, caribeña, afrolatina y afroamericana. El blues ocupa un lugar destacado en el intercambio verbal y musical entre Indigo y el Tío John, para quien el blues representa una forma de *"talkin' wit the unreal"* [conversar con lo irreal] (1982, 27). Al representar la larga trayectoria de la música negra, la novela permite al lector atravesar diversos géneros y épocas de la expresión musical negra. Por medio de la adaptación de elementos del bop, hard bop, y jazz libre al nivel de dicción idiosincrática, rítmica, sintaxis e improvisación scat en las palabras, las voces narrativas de Shange cantan la historia y hacen a la historia literalmente audible. "Es la música, el bebop, el jazz los que conforman gran parte de la obra de Shange," como lo indica Sandi Russell cuando explica la idiosincrasia oral en la prosa y la dicción de Shange (1990, 181; Raussert 2017, 132). La polifonía por medio de las voces distintivas de las tres hermanas, y el poliritmo en los cambios de compás, fraseo rítmico, y en las referencias a diferentes temporalidades en la ejecución musical negra constituyen préstamos tomados del rico espectro de la música negra. Estos crean una noción dialógica y global de una sociedad negra vista a través de ojos de mujer, Shange se basa en la tradiciónde que la música funge no solo como herencia cultural sino como una visión futurista feminista, dado que, históricamente, las mujeres han ocupado un rol mucho más dominante en la historia de la música negra que sus contrapartes de origen occidental. Ya en la década de los veinte, mujeres del blues tales como Bessie Smith y Ma Rainey estremecían los circuitos musicales, al tiempo que promovían el orgullo de género y raza. Cantantes como Nina Simone, Billie Holiday, Miriam Makeba, y Celia Cruz continuaron esta tradición. Artistas actuales como Beyoncé, Rihanna, y Las Krudas plasman lo social a través del cántico femenino desde el centro hasta los márgenes de la música popular contemporánea.

Shange reescribe las historias negras a través de la lente de formas opcionales de conocimiento (Mignolo) tales como recetas, consejo médico, canciones sanadoras que fueron proporcionadas en la esfera doméstica a lo largo de los siglos. La autora permite que estas formas de conocimiento opcional viajen de regreso en el tiempo y adelante en el futuro en una compresión diaspórica del tiempo y el espacio. La novela sigue los rastros de vida de las tres hijas de Hilda Effania como una extensión de la compleja historia negra diaspórica en las Américas. "Como las esclavas que éramos nosotras mismas" (Shange 1982, 27) Sassafrass, Cypress, e Indigo confrontan sus vidas individuales con una conciencia histórica "que se hizo profunda como los ríos" para usar una expresión de Langston Hughes. Estructuralmente, la visión de la historia negra entrelaza y de la comunidad social compartida se expresa a través de un esquema de llamada-y-respuesta derivado del blues, el mismo que Shange establece en la forma de cartas, conversaciones y canto entre madre e hijas que median entre la tradición y la innovación, entre el pasado y el presente, entre el sur global nehro y el hemisferio norteamericano.

Las vidas de las tres hermanas Effania giran en torno a la música negra de los sesenta y setenta y a sus dialécticas de herencia y renovación culturales. Indigo improvisa tonadas de blues, soul y funk tunes en el violín, Sassafrass absorbe la tradición femenina del blues como poeta, y Cypress procura hacer una carrera de la danza negra. Especialmente en las fugas imaginarias de Indigo, Sassafrass, y Cypress, el lector sigue los rastros de las tradiciones orales y musicales fuera de los Estados Unidos y a lo largo de las Américas. En las imágenes del puerto de Charleston, de bares y cantinas ínfimas, y en las figuras de marineros de color, se critaliza la interconectividad entre el sur estadounidense y el el Gran Caribe:

Sassafrass stayed by the wharf whenever she cd/... there were drums & special dances the Bermudans & Trinidadian sailors played in the

evenin/showd sassafrass what they called the "jump-up"/or the mambo/... she wd write it all down so other children wdnt feel lost ... .
(Shange 1982, 108–109)

[Sassafrass se quedaba en el muelle siempre que podía/ ... había tambores & bailes especiales que los marineros bermudeños y trinitarios tocaban en la noche/ le mostraron a sassafrass lo que ellos llamaban el "salto-hacia-arriba"/ o el mambo /...ella lo apuntaba todo para que otros niños no se sintieran perdidos]

El muelle del puerto de Charleston se convierte en un lugar de migraciones sónicas desde todos los rincones de las Américas, y los sonidos y ritmos del puerto se convierten para Sassafrass en modos de memoria y de una construcción diferente de lo social. Su narrativa inspirada en la música moviliza la historia negra en la intersección de raza, género, y las geopolíticas del conocimiento, adoptando explícitamente al Gran Caribe y a África, y creando paisajes sonoros que hacen eco de siglos de canción, persistencia y espiritualidad negras.

Poesía dub contemporánea e historiografías diaspóricas: Afua Cooper y Lilian Allen

Los inicios de la poesía dub se remontan a la década de los setenta en Jamaica, donde se convirtió rápidamente en una poderosa expresión de cultura popular y resistencia política. Se extendió velozmente al interior de las Américas y fuera de ellas, pero sobretodo entre la diáspora jamaicana de Toronto y de Londres. En cuanto a sus comienzos en el Caribe, artistas como Oku Onuora, Mutaburuka, y Michael Smith fueron los que crearon la poesía dub en Kingston, Jamaica. En Londres, por su parte, Linton Kwesi Johnson y Jean Binta Breeze escribieron y recitaron poesía dub como expresión poética de una lucha anticolonial continua, dando origen a una escena artística que contactaba a otras comunidades jamaicanas en Inglaterra. Lillian Allen, Afua Cooper, y Clifton Joseph, entre otros, crearon la escena diaspórica de poesía dub en Canadá, con Toronto como su centro (Carr 1998, 10–12). La poesía dub se caracteriza por un estilo rítmico afrocaribeño de narrar historias diaspóricas. Por medio de elementos musicales y rítmicos, la poesía dub crea puentes imaginados y vividos entre temporalidades dispares, entre hemisferios distantes pero entrelazados en diferentes continentes. La poesía de Allen y de Cooper recurre a la música como estructura, contenido y ejecución rítmicas para mediar temporalidades desde el pasado colonial hasta la tierra prometida de un futuro mejor. Ambos autores expresan transculturaciones históricas (Raussert y Isensee 2008) en términos del idioma, por medio de una combinación de inglés estándar con *creole/patois* jamaicano y por medio de una mezcla de poesía oral e impresa. La combinación de ritmos lingüísticos distintivos del *creole/patois* jamaicano con compases musicales del reggae crean una fuerte expresión rítmica de temporalidad vivida y recordada (Habekost 1993). En suma, la poesía dub al estilo de Cooper y Allen constituye historia oral. Y su trabajo de memoria es autoreflexivo, e incluye esquemas nemotécnicos que contribuyen a la memorización en la obra cultural contemporánea.

Cooper, nacida en Jamaica, se mudó a Canadá en 1980. Esta autora literalmente hace a la historia tangible y audible en sus textos y representaciones. Cooper incorpora su obra dentro de una concepción que considera a lo social como modificable. La historia no permanece como algo abstracto. La historia se siente, se vive, se expresa y se refleja en la obra de una poeta que es al mismo tiempo una historiadora. Como fundadora del colectivo Poetas Dub de Toronto, y siendo una intérprete vibrante con varias grabaciones en su haber, que incluyen *Love and Revolution* [Amor y revolución] (2009), Cooper hace que la historia cobre vida a través de su voz, cuyo ritmo y acento están determinados por las resonancias del reggae y otras expresiones musicales. Como lo explica Lisa Tomlinson, la poesía dub de Cooper y su trabajo histórico literario "reposiciona la ruta del Atlántico negro" para incluir "la característica singular de intercambio cultural entre Canadá, su Jamaica natal y el Gran Caribe" (2012, 107). En efecto, Cooper coloca a la historia negra y la literatura negra en el mapa cultural de Canadá. "Canadá es el lugar donde la literatura negra es un suceso" afirma con insistencia al referirse a escritores contemporáneos de la talla de Dionne Brand, Olive Senior, y Esi Edugyan (110).

Con una fuerte influencia de la poesía dub de Oku Onoura en Jamaica, Cooper sitúa en el reggae y su ritmo las mayores posibilidades de dar forma al "'sonido, ritmo, voz y música' en su poesía" (citado en Tomlinson 2012, 112). En sus historiografías diaspóricas, Cooper sintetiza al poeta oral y al "poeta de página" (113). La poesía de Cooper, como la poesía dub en general, es frecuentemente coreada e interpretada al ritmo de reggae. A nivel musical también toma prestado elementos del rhythm & blues estadounidense, calipso, jazz, ritmos afrolatinos, y rap, estilos que también combina; y hace uso de las tradiciones orales africanas y caribeñas al tiempo que agrega variaciones diaspóricas dependiendo del entorno local respectivo. Las historiografías poéticas de Cooper recurren espiritualmente al movimiento rastafari (cf. Knopf 2005, 254) y revelan que su noción de lo social abraza tanto lo racional como lo espiritual, fusiona lo factual con lo afectivo, y memoria archivística con imaginación.

Cooper constituye un emblema de la escena de poesía dub en Canadá que combina composiciones e interpetaciones dinámicas e incluye nuevos elementos mediales mixtos prestados del teatro, el videoarte y la electrónica. A nivel temático, la autora aborda una amplia gama de cuestiones tales como el colonialismo, la esclavitud, el desplazamiento diaspórico, el racismo, el sexismo, la violencia policial, la inmigración, la mendicidad y la división de clase. En la poesía de Cooper, la historia ocupa un lugar de especial importancia y es yuxtapuesta y fusionada con anécdotas de la vida privada. En ese sentido, la poesía dub representa una forma tanto individual como colectiva de narrar la(s) historia(s). De forma similar a los poetas afroamericanos en los Estados Unidos y a los poetas dub en Jamaica, Cooper emplea esquemas de llamada-y-respuesta con un coro repetitivo que a su vez estructura rítmicamente a los poemas e invita al diálogo entre el poeta y la comunidad. En una entrevista con Emily Allen Williams, la autora reafirma: "Estoy en comunión con el público. Estoy creando un diálogo – un espacio discursivo" (323). Recitar poesía se convierte en un acto sagrado. "Nosotros el – público y yo – estamos 'partiendo juntos el pan'" (323).

Cooper ha dejado su huella en la cultura y en la política afrocanadienses como poeta, activista historiadora y trabajadora cultural. Ha cuestionado el mito canadiense de las 'Dos Soledades' – la francesa y la inglesa – y su conflictiva relación mutua (Knopf 2005, 38). En su obra, Cooper saca a la luz la historia negra canadiense silenciada y llama la atención hacia el conjunto de población originaria en Canadá así como en el Caribe. Según la poeta, "la esclavitud en Canadá ha sido el secreto mejor guardado del país" (304) y se traza el objetivo de recuperar y descubrir la historia de la población negra en Canadá y sus vínculos diaspóricos transatlánticos e interamericanos desde los tiempos coloniales hasta la actualidad. Ya desde el inicio de su carrera como poeta, la música ha jugado un rol central. Las palmas y el canto de los servicios litúrgicos, así como las prácticas de prédica a la vera del camino en Jamaica conformaron sus primeras influencias musicales. En una entrevista con H. Nigel Thomas (2006), Cooper rememora: "Estábamos descubriendo quiénes éramos como africanos y haciendo de ello un aspecto central de nuestra identidad" (74). Para ella, el patrimonio y la música se tornaron un sólido vínculo: "La música popular –especialmente la música reggae, la poesía dub con tambores de fondo – y el teatro enfocado en el estilo africano y en temas de identidad africana fueron todos formas que utilizamos para recuperar ese legado" (74).

Para sus poemas iniciales, desde *Breaking Chains* [Rompiendo cadenas], Cooper trabajó con un grupo de percusión africana en el estilo de palabra oral (Williams 1995, 317). Habiendo crecido en los setentas, la autora pertenece a una generación con una nueva conciencia de historiografía negra. En aquella época, el movimiento rastafari era notable, la música reggae floreció en Jamaica, la ideas de la Historia Negra y del Poder Negro circulaban entre la generación más joven, y Walter Rodney se convirtió en una fuente de inspiración para la lucha negra (Silvera 1995, 299). Ya desde antes de mudarse de Jamaica a Canadá, las ideas contra el apartheid y del Poder Negro atravesaban las Américas. La comunidad dub de Toronto surgió de las luchas políticas negras de los setenta y ochenta. En los recuerdos de Cooper, las demostraciones y marchas siempre terminaban en lugares públicos y parques donde la gente conversaba, bailaba, cantaba, actuaba y hacía música. Un movimiento artístico acompañó al movimiento político y "las artes fueron fundamentales en todo sentido" en las luchas negras contra la discriminación y el apartheid (Williams 1977, 319).

En muchos sentidos, los poemas de Cooper rinden homenaje a la expresión musical negra, celebrando los logros musicales de Bob Marley y Mahalia Jackson, entre otros. La música representa para Cooper una fuerza rítmica y espiritual. El contenido, la estructura y la interpretación de su poesía tienen raíces musicales. Políticamente, se considera

anticolonial y feminista negra. Sus poemas permiten a los cuerpos fe-
meminos moverse, bailar y trascender. Los cuerpos dan a luz, mueren,
y se levantan de nuevo. La música y el movimiento son considerados
fundamentales para la liberación del espíritu, del cuerpo y de la sociedad en general. El *creole/patois* jamaicano agrega una tonalidad rítmica
a su voz en "She Dance" [Ella danza] cuando Cooper modela poética-
mente a lo social:

She dance wid di wind
fi di wind
against di wind
har hands held high in supplication to God
she dance and dance
now is like Damballah possess har. (Cooper 1992, 99)

[Ella danza con el viento
para el viento
contra el viento
sus manos levantadas en súplica a Dios
ella danza y danza
ahora es como si Damballah la poseyera.]

Los movimientos de la danzante femenina son multidireccionales.
Ella se mueve con el viento y en contra de éste. Cooper sugiere tanto
afirmación como resistencia en estas breves líneas poéticas. La danza
de la mujer expresa una conciencia panafricana. La música, el ritmo y
la danza de la costa oeste africana se une con movimientos diaspóricos
negros. Se celebra a la música como una fuerza de vida. Muchos de los
poemas en su libro *Memories Have Tongue* [Los Recuerdos tienen Len-
gua], tales como "Stepping To Da Muse/Sic" y "The Upper Room" son
expresiones de trascendencia. La música y los ritmos negros preparan
el camino hacia la elevación y el ascenso. Inspirada en la voz de Mahalia Jackson, un ícono de la música gospel afroamericana, la voz poética
en "The Upper Room" [El Aposento Alto] declara:

You crown me with your chants
And I spin, yes
I stumble and then
I rise ... .

As you take me to the Upper Room. (Cooper 1992,101)

[Tú me coronas con tus cánticos
Y yo giro, sí
Me tropiezo y entonces
Me levanto … .

Mientras me llevas al Aposento Alto.]

Las mujeres poéticas de Cooper son mujeres en la vorágine de la historia. Como lo explica Keith B Mitchell "Cooper está particularmente interesada en recuperar y revisitar historias olvidadas y sumergidas de mujeres afrocanadienses" (2008, 38). Para ella, es esencial abordar diferentes generaciones, desde las más jóvenes hasta las más ancianas, para recordarles los vínculos y lazos de la diáspora africana pasada y presente. En su fantasía histórica, Cooper resucita a Marie Joseph Angélique, una esclava que prendió fuego a la casa de su amo y provocó un incendio que se extendió por casi toda la ciudad de Montreal como consecuencia, y lo hace en diferentes tipos de texto para diferentes públicos y grupos de edad. Cooper empezó por un poema para niños titulado "Marie Joseph Angélique". Una versión más larga y elaborada apareció como "Confesiones de una Mujer que Incendió una Ciudad," y luego en la biografía histórica *El Ahorcamiento de Angélique: Canadá, Esclavitud y el Incendio de Montreal* (2006b), que se convirtió en un éxito de ventas y se hizo acreedor a un galardón.

Cooper quiere hacer que las voces ignoradas sean escuchadas. Tiene un interés especial por llenar los vacíos en la historia canadiense apuntando hacia la esclavitud y el racismo en Canadá colonial y contemporánea para crear un nuevo sentido de los social. El recordar es para ella un acto de producción de conocimiento; y al mismo tiempo, un paso importante hacia la toma de conciencia y la estimulación de acción social. En los tres textos escritos por Cooper sobre Marie Joseph Angélique, la autor humaniza a la protagonista al margen de cuestiones de clase, ciudadanía, género y raza (*citizenship, gender, and race*). Cooper la define firmemente como una luchadora liberacionista modelo; una abolicionista feminista de aquella época y una inspiración para la mujer negra inmigrante en el contexto canadiense actual. Al resucitar a una mujer de tiempos coloniales que buscaba la libertad, la autora levanta el velo de la raza y la ceguera al color en la escritura de la historia y la conciencia canadiense. Su retórica revela que Cooper es una poeta como historiodora, y una historiadora como poeta. Su escritura de la historia caracterizada por el sonido y el ritmo estrechamente conectados al contenido da lugar a una historiografía holística que abraza el discurso oral y el escrito a través de lo performativo. Sus textos parecen "oraliterarios" (Mitchell 2008, 40). Su prosa y su poesía tienen una cualidad de cántico que convierte su obra en un texto público para ser compartido, diseminado y apreciado mucho más allá del discurso académico; otro aspecto de su creatividad que ejemplifica que Cooper contempla una visión más inclusiva de lo social. La autora extiende las tradiciones griot africanas e incorpora antiguos estilos africanos de narrativa y elaboración de la historia al discurso de la historiografía afrocanadiense.

Por medio de la fusión de ritmos contemporáneos (el reggae en especial) con la exhumación de datos históricos inadvertidos de la historia afrocanadiense, Cooper suma nuevas piezas de conocimiento al tejido de la historia de la diáspora africana. Un ejemplo de ello es su poema a Richard Pierpoint, "Soldado Revolucionario (un poema en tres voces)" (Cooper 2006a). En este poema del poemario *Copper Woman* [Mujer de Cobre], Richard Pierpoint, nacido en África, esclavizado y traído a las Américas, luego de haber servido en la Guerra Revolucionaria y en la Guerra de 1812 "en cuerpos de color levantados en la frontera del Niágara" (57) solicita al gobernador asignado por el rey su retorno a su suelo patrio en una carta de julio del 1821. En su rendición poética de la carta, Cooper vuelve a contar el entrelazamiento de Pierpoint en la historia del comercio de esclavos, en los movimientos de independencia en las Américas, y en el establecimiento de los asentamientos iniciales. Una de las voecs en el poema es el propio sujeto migratorio Pierpoint, quien escribe "a la edad de dieciséis fui tomado prisionero /vendido como esclavo /transportado a América en el año de 1760 … Deseo ver de nuevo a las aguas de Senegal fluir" (56, 58). Una segunda voz la constituye la del público social imaginado por Cooper en apoyo a la petición de Pierpoint: "Así que, por favor, su Majestad /Escuche el ruego del solicitante /Él anhela retornar/ A la tierra de su familia" (58). La tercera voz es la de la propia Cooper, la poeta dub, coreando "Soldado revolucionario" al ritmo de reggae con referencia a la canción *"Buffalo Soldier"* de Bob Marley. La canción de Marley lamenta el abuso de esclavos liberados por parte del gobierno para combatir a las tribus indígenas americanas. Cooper transfiere el escenario histórico al Alto Canadá:

Revolutionary soldier
revolutionary soldier
stolen from Africa
   brought to Upper Canada
revolutionary soldier
   Revolution (2006a, 59)

[Soldado revolucionario
soldado revolucionario
robado de África
   traído al Alto Canadá
soldado revolucionario
   Revolución]

Cooper descubre los orígenes históricos y corea la historia de manera que las diásporas negras en las Américas queden entrelazadas con la patria africana. De esta manera, establece un modelo para la historiografía negra como conocimiento alternativo al discurso histórico establecido. La meta de Cooper es "revisar las historiografías canadienses inglesa y francesa" (Knopf 2005, 38). Exactamente como sus personajes en el poema "Cementerios de Negros" en *Copper Woman* [Mujer de cobre], Cooper desentierra las narraciones (historias) silenciadas y las canciones de la población negra en la sociedad canadiense:

"Negro" cemeteries are surfacing all over Ontario
Ancestros revolcándose
Huesos crujiendo
Esqueletos desempolvándose a sí mismos
Dry bones shaking in fields of corn. (2006a, 25)

[Los cementerios de "Negros" están apareciendo en todo Ontario
Ancestors rolling over
Bones creaking
Skeletons dusting themselves off
Huesos secos temblando en campos de maíz.]

En el poema, la historia negra despierta y se infunde en lo social. Los cadáveres negros se convierten en agentes que exponen las grietas en la construcción del mito canadiense y los silencios en la escritura de la historia canadiense. En el poems "500 Years of Discovery" [500 Años de Descubrimiento], Cooper admite que ella, una "mujer africana jamaicana negra cuyos ancestros surgieron de otro continente, otro hemisferio" está "todavía tratando de entender su 'lugar en estas Américas'" (2006a, 29). Exhumar temporalidades dispares y sus conectividades, conectar cuerpo, historia y lugar constituyen el núcleo de la visión poética de Cooper. Y es a través de la voz y el ritmo musicales que ella ejecuta el acto de traer a la historia silenciada y olvidada a la conciencia social de un mejor país por surgir.

La política del cuerpo de Lillian Allen: La poesía dub como fuerza social

Nacida en Jamaica, Lilian Allen cruzó las Américas con estancias en los Estados Unidos, el Caribe y Canadá. Emigró de Jamaica a Canadá en 1969 y solo ingresó a una escena vital de poesía dub cuando estuvo en Nueva York en los setenta. Es posiblemente la poeta dub canadiense más prominente, ejecutando versos en temas culturales, sociales y políticos. Sus interpretaciones incluyen una rítmica distintiva y un estilo vocal declamatorio en diálogo con el acompañamiento de reggae y calipso. Allen ha publicado regularmente tanto obras sonoras como impresas, como es usual en la poesía dub. Desde la década de los ochenta ha actuado en festivales y eventos culturales, literarios y políticos en Canadá, los Estados Unidos, el Caribe, Inglaterra y Europa. En 1982 publicó su primer libro de poemas, *Rhythm an' Hardtimes* [Ritmo y Tiempos Difíciles] y grabó como artista perfomativa *Dub Poet: The Poetry of Lillian Allen* [Poeta Dub: La Poesía de Lillian Allen] (1983) así como *De Dub Poets* [Los Poetas Dub] (1984); este último trabajo incluía las voces de los poetas de Toronto Clifton Joseph y Devon Haughton. Mediante la colaboración con diversos músicos grabaría más adelante *Revolutionary Tea Party* (1986) y *Conditions Critical* (1988), que incluía canciones como "I Fight Back," y "Riddim an' Hardtimes," las cuales alcanzaron a un público más amplio en Canadá y Jamaica. Ambos discos fueron lanzados y distribuidos por el sello de Allen,

Verse to Vinyl [Verso al Vinil] y fueron galarnoados con el Premio Juno en la categoría de Mejor Album de reggae/calipso, en 1986 y 1989 respectivamente (Roberts 2010).

Como poeta y artista, se ha consolidado como una voz líder en la escene dub en Canadá y ha demostrado que "la poesía dub ha continuado insopirando y sosteniendo la lucha en los numerosos escenarios en los que ha sido redirigido/reenraizado en la diáspora caribeña" (Gingell 2005, 220). Allen recurre especialmente al reggae para fusionar ritmo, cuerpo y voz como medio político. "Aunque Allen reinvindica el placer transformativo del cuerpo a través de los ritmos de reggae y *dancehall*," como explica Carr "ella lo hace sin afeminamientos de estrategias de alarde sexual de origen masculino" (1998, 24). Allen reemplaza dichas estrategias adoptando un "comentario social de inspiración *griot* y de amplia base que es central a la lucha de liberación nacional africana-jamaicana" (24). Inspirada en una expansión transamericana del Poder Negro, el lema 'Lo Negro es Hermoso', y la espiritualidad rastafari, la poesía dub de Allen da voz a la experiencia de la mujer en la diáspora caribeña. Es a través del encuadre musical de sus mensajes políticos que Allen llega a grupos subalternos y dominantes "por la puerta trasera del sistema cultural dominante" (Knopf 2005, 80). Carolyn Cooper observa que "[…] el negocio del reggae es también es una empresa milagrosa en la que las juventudes pobres del gueto, identificándose con los héroes de la fantasía hollywoodense, pueden alzarse a la fama internacional y la fortuna" (2004,153). Paralelamente, la poesía dub ha seguido manteniendo la lucha en los muchos lugares "donde ha sido reencauzada/reenraizada en la diáspora caribeña" (Gingell 2005, 220).

Allen aborda los placeres físicos del ritmo y el baile en sus interpretaciones, no obstante canaliza las políticas del cuerpo alejada del eroticismo para expresar un movimiento colectivo que apunta al cambio social. La autora vincula los imaginarios del Poder Negro y otros movimientos afroamericanos con el rastafarianismo, crando así una matriz diaspórica negra para la afirmación y la resistencia.

Sus reflexiones acerca de la experiencia negra están a menudo insertas en escenarios de inmigración que tienen una gran relevancia en su poesía. El color es la metáfora omnipresente en su título *Women Do This Every Day* [Las Mujeres Hacen Esto Todos los Días]. El negro como color y como indicador de identidad es importante en la estética

y la intención comunicativa de poemas como "Jazz You." El poema
empieza,

Molten shimmer red
charcoal roasting
like hot, burn
burn black, burn sax
burn blue
burn into my flesh
brewing a potpourri of a storm
ablowing waves of hues. (Allen 1993b, 120)

[Rojo derretido reluciente
carbón tostándose,
como candente, quema
quema negro, quema saxo
quema azul
quema en mi carne
fabricando popurri de una tormenta
soplando olas de tonalidades]

Sin embargo, en el estribillo de este dub, *negro* tiene una connotación
diferente, asociada a la opresión:

what the people have to do today mi say
just a juggle fi get a little peace. (120)

[lo que la gente tiene que hacer hoy en día yo digo
hay que apañárselas para conseguir un poco de paz.]

Como lo expresa este poema dub en jamaicano diaspórico, la transculturación es compleja y se presenta como conflictuada, impugnada y
prometedora. Repensando lo social, Allen refleja las experiencias del
inmigrante en múltiples perspectivas. En el poema *"In these Canadian
Bones"* [En estos Huesos Canadienses] (1987), Allen interpreta una noción más positiva de los procesos transformativos. En el curso del
poema, el inmigrante caribeño se convierte en un agente cultural y político dando forma a lo social dentro de una experiencia diaspórica mul-

tigeneracional. La música, en su expresión de reggae y calipso, representa la matriz para formar nuevos panoramas culturales en Canadá. Las políticas poéticas del cuerpo despliegan ritmo musical, al igual que la imaginación colectiva, y la voz se funde en la voz poética del personaje inmigrante: las líneas "*In these Canadian bones/where Africa landed*" [En estos huesos canadienses/ donde desembarcó África] marcan el inicio de una agencia diaspórica multidimensional y multitemporal. "[…] *and Jamaica bubble inna reggae redstripe and calypso proddings of culture*" [...y Jamaica burbujea en pinchazos de cultura reggae (cerveza) redstripe y calipso] expone los flujos musicales dentro de las Américas que dieron lugar a una nueva producción cultural. El personaje inmigrante es provisto de poder y percibido como móvil y productivo. "*We are creating this very landscape we walk on*" [Estamos creando este mismo paisaje sobre el cual caminamos] (1993, s.n.).

En su visión de lo social, es el acto de creación musical y cultural lo que conduce a la inmersión del inmigrante en la sociedad canadiense. Evidentemente, la voz del inmigrante está llena de historia diaspórica y de una conciencia global cultural negra que lo empodera para asumir un rol creativo en la formación de la cultura y la sociedad canadienses. El poema desarrolla una narrativa generacional que enfatiza las diversas temporalidades al interior de la migración e inmigración. Así como la persona inmigrante representa el arribo, el primer contacto y la orientación en la apertura del poema, la segunda estrofa celebra una transculturación positiva de segunda generación en la presencia de la hija del personaje inmigrante. Es nuevamente a través de tropos musicales que Allen permite al personaje inmigrante reflejar inmersión e integración: "*My daughter sings opera/ speaks perfect Canadian*" [Mi hija canta ópera/ habla perfecto canadiense] (1993, s.n.) El inmigrante mismo es consciente de la diferencia y la tensión: "And I dream in dialect/ grown malleable by my Canadian tongue" [Y yo sueño en dialecto/ hecho moldeable por mi lengua canadiense] (s.n.). Sin embargo, la música continúa siendo el consuelo e inspiración para una visión futura: "*I dream [...] of a world where all that matters is the colour of love/compassion/heart and music that grooves you*" [Sueño ... con un mundo donde todo lo que importe sea el color del amor/ la compasión/ el corazón y la música que disfrutes] (s.n.). La persona inmigrante que "sueña en dialecto" anhela convertir en realidad la utopía de una verdadera transnacionalidad y transetnicidad canadienses. El poder para lograrlo se sitúa en la música, sea ésta ópera, reggae o calipso. Para ella, la transculturación es un proceso que nunca será completado y que está lleno de rupturas. Si bien la experiencia de la hija proporciona esperanza, el poema no niega la continua marginalización en la sociedad canadiense.

Allen es consciente de las temporalidades conflictivas involucradas en la creación imaginaria de la nación. Sus poemas atraviesan diversas zonas de espacio y tiempo para capturar el sentimiento diaspórico de su propia experiencia canadiense. Pertenecer a la diáspora a menudo cuestiona los modos lineales de tiempo asociados a una progresión homogénea. Con frecuencia, las expresiones alterntivas de temporalidad forman los rituales y prácticas culturales y sociales en las comunidades diaspóricas. Surge una coexistencia de mundos diferentes reales e imaginarios; los ancestros, la patria, la ubicación diaspórica y sus raíces y rutas históricas habitan un mundo espacio-temporal imaginario en movimiento. De forma similar al 'tiempo mesiánico' de Walter Benjamin, estos "cronotopos ancestrales" suspenden diferencias y prioridades temporales inequívocas (Eisenlohr 2018, s.n.). *"We are Hurons, and visitors and traders/ Adventurers and underground railroaders"* [Somos hurones, y visitantes y comerciantes/Aventureros y ferrocarrileros subterráneos]. La voz poética de Allen lo anuncia en "gEsto pOético," extraído de una serie de poemas de Toronto (Allen 2014). Las poblaciones de Primeras Naciones, los comerciantes coloniales, esclavos prófugos se funden una concepción diaspórica del tiempo y el espacio.

"We are the Iroquois's promise of unity" [Somos la promesa Iroquois de unidad] señala que esta concepción de los social solo puede ser alcanzada abrazando la diferencia y el cambio. El self diaspórico continúa en un proceso de cobrar existencia: *"Making us larger than we are becoming"* [Haciéndonos más grandes que lo que nos volvemos] La trascendencia es hallada en la creatividad social y artística: *"Dub Poetry, Hip Hop, Opera, Visual smarts and Community Arts"* [Poesía dub, Hip Hop, Ópera, astucias Visuales y Artes Comunitarios] (s.n.).

Allen considera a los poetas, artistas y trabajadores culturales como actores claves en la fabricación de un mundo diaspórico y de una Canadá históricamente multidimensional. Para ella, la especificidad del sonido, expresión y ritmo son parte del discurso jamaicano y le otorga una cualidad particular a su visión poética, en la cual cada sílaba y cada palabra importa. "Los ritmos del habla jamaicana, sustentados por el compás musical y reflejados en el mismo, constituyen la experiencia dub", como lo resalta Haberkost (1993, 92).

La íntima conexión entre voz, lenguaje, y ritmo potencia a la poesía como un medio para reflexionar y al mismo tiempo impulsar el llamado al activismo. *"I Fight Back"* [Yo doy pelea] está en el estilo "poema lisuriento" y el "significante" (Carr 1998, 10, 25), y es uno de los poemas de Allen del poemario Women Do This Every Day que muestra precisamente esta síntesis empoderadora. Allen refleja la experiencia-en-medio mediante la maternidad diaspórica. Su poema vincula diversas generaciones e invoca a lazos maternales cuestionadores de pero a la vez amenazados por la experiencia del desplazamiento y las políticas de exclusión en Canadá. Las líneas *"My Children Scream/ My Grandmother is dying"* [Mis Niños gritan/ Mi Abuela está muriendo] establece el tono emocional frente al yo lírico cuando una madre plasma su experiencia de migración. *"I came to Canada/ And Found the Doors/ Of Opportunities Well Guarded"* [Yo vine a Canadá/ Y Encontré las Puertas/ De Las Oportunidades Bien Resguardadas] (1993b, 139–140). El espacio y el tiempo se multiplican en el sistema de trabajo explotador. *"I Scrub Floors/ Serve Backra's Meals on Time…"* [Yo Friego los Pisos/ Sirvo las Comidas del Amo Puntualmente] (s.n.). *"Spend two days working in one/And Twelve Days a Week"* [Paso dos días trabajando en uno/ Y Doce Días a la Semana] (s.n.). Allen intensifica la compresión espacio-tiempo de la experiencia diaspórica relacionándola a la carga de trabajo que hace al tiempo vivido más intenso que el tiempo real. Adicionalmente, la maternidad asume el vínculo dual y el cuidado: *"Here I Am in Canada/ Bring Up Someone Else's Child/ While someone Else and Me in Absentee/ Bring Up My Own"* [Aquí me encuentro en Canadá/ Criando al Hijo de Alguien Más/ Mientras alguien Más y Yo en Ausencia/ Criamos a Mis Propios Hijos] (s.n.). La figura de la madre representa la doble agencia que mantiene fuertes los lazos entre la tierra natal y Canadá y dentro de los circuitos de la familia (y clan familiar). La línea del coro en letras mayúsculas que repite el título del poema *"AND I FIGHT BACK"* [Y YO DOY PELEA] expresa el aguante, la resistencia, y la triple agencia de la persona femenina poética: trabajando, cuidando, asumiendo acción política. El poema proporciona una reflexión crítica a los mitos de la inmigración canadiense y asume una posición también crítica contra las prácticas neocoloniales en el sistema laboral canadiense. En versiones interpretadas y grabadas de *"I Fight*

Back", el diálogo entre el discurso y el ritmo subraya la urgencia del pedido de Allen de revisitar políticas migratorias.

Por lo tanto, Allen claramente depende de la palabra hablada jamaicana para muchos de sus efectos como poeta dub. Cuando escribe los poemas, hace uso de aliteraciones, repeticiones, y fraseo elíptico para trasladar los efectos de sonido a la página. Junto al diálogo discurso-ritmo, la performatividad de las palabras cumple un rol fundamental en la obra poética de Allen. Muchos de sus poemas arreglados al son de canciones como *"For Billie Holiday"* [Para Billie Holiday] muestran una compleja relación dialógica ente música y texto mediante la cual Allen plasma lo social y propone mejoras. Dichas interpretaciones requieren del oyente una intensa y dedicada concentración en el juego entre palabras, sonido y música. Sin embargo, Allen también utiliza sus performances en mítines y demostraciones políticos para crear una voz común entre los participantes con cánticos y consignas; la música y el cántico poético se convierten así en un instrumento para canalizar la protesta en las comunidades de la diáspora. En la práctica poética de Allen, el sonido como poder es fuerza física y social concreta.

Un ejemplo de la aproximación poética participativa de Allen es su poema "Colores" (1993a), también incluído en la grabación titulada *Family Folk Festival: A Multicultural Sing Along* [Festival foclórico familiar: Un canto multicultural] (1993a). Preguntas tales como *"Who thinned the colors for the atmosphere"* [Quién diluyó los colores para la atmósfera] abordan directamente a la audiencia. Las estrategias retóricas en el poema, además, apoyan la interpretación poética de Allen, la cual atraviesa en modo llamada-y-respuesta las promesas y grietas del mosaico multicultural canadiense. La tradición oral caribeña y un ritmo lento de reggae forman la base de una progresión musical poética que culmina en un coro cantado por niños y por Allen al unísono. Su performance es una invitación a que los niños se unan y señala así una proyección para un mejor país en el futuro. "Colores" es un ejemplo de cómo Allen recurre a un amplio espectro de prácticas de resistencia. Mientras que "Yo doy pelea" en estilo "lisuriento" es directo en su argumentación y denuncia, "Colores" utiliza modos indirectos mediante los cuales Allen aborda las deficiencias de los mitos fundacionales canadienses. *"Is anyone listening here?"* [¿Hay alguien que escuche aquí?] pregunta Allen en su poema, resaltando la necesidad de protesta y crítica firmes. Ella crea un tejido metafórico de colores que evoca los ideales canadienses: *"Blue tights/green overcoat/polka dot underwear/Yellow ribbon/brown bobby pin/hanging from her hair/Black belt/purple shoes/mauve hat/striped socks/Red and white Crinoline top"* [Mallas azules/ abrigo verde/ ropa interior de lunares/listón amarillo/ gancho de pelo marrón/colgando de su pelo/Correa negra/zapatos morados/sombrero malva/medias a rayas/camiseta roja y blanca de crinolina]. Una serie de preguntas retóricas – "Quién hizo al cielo azul/Quién hizo al rosado cálido" – expresa molestia sin acusar directamente. En un procedimiento circular, el poema retorna a la línea de apertura *"Blue tights/green overcoat/polka dot underwear"* pero termina en una nota de bienvenida e inclusión *"Yellow ribbon/brown bobby pin/glad you are here"* [Listón amarillo/ gancho de pelo marrón/me alegra que estés aquí]. La voz individual colectiva conlleva el mensaje cuando la poeta alterna con el coro de niños cantando las líneas del coro en un ritmo lento de reggae. Al igual que el rimo lento que subyace a la interpretación del poema, el comentario crítico del poema se forma cautelosamente. El texto de Allen desafía la condición autoproclamada por Canadá de paraíso multiétnico y multicultural, al preguntar "Quién tomó el día y la noche/y los unió lado a lado." Allen alterna entre la utopía perdida y la utopía reimaginada cuando contrasta las realidades del inmigrante canadiense con los ideales canadienses de alto vuelo. Como colofón, la voz poética recita los múltiples colores coexistentes lado a lado. El sonido es persistente en la poesía de Allen, y expresa el empeño así como la insistencia en recuperar los sueños e ideales perdidos. El sonido es para Allen y para Cooper una manera popular y profunda de determinar lo social y expresarlo de forma inédita.

La música y la historia en el arte mural y callejero contemporáneo en Toronto, Canadá y en Kingston, Jamaica

Las historiografías poéticas de Cooper y Allen inspiradas en el reggae encuentran su contraparte visual en el arte mural y callejero contemporáneo en las ciudades de Toronto, Canadá y Kingston, Jamaica. Incluso antes de que el reggae fuera declarado herencia cultural del mundo en el 2018, los conceptos de planificación urbana de Toronto para el embellecimiento de espacios públicos junto al proyecto StreetARToronto (Start) comenzaron a transformar a las paredes, callejuelas y pasos subterráneos de la ciudad en murales, arte callejero y otras expresiones visuales, muchas de las cuales hacen referencia al reggae y a otras expresiones musicales. Fomentando la conciencia sobre el patrimonio cultural y combatiendo la imagen negativa del grafiti, "Start" se unió en colaboración con la Iniciativa *The STEPS* y con el artista local Adrian Hayles, para lanzar el Proyecto *Reggae Lane* [Vía Reggae]. La "Vía Reggae " se refiere al callejón situado detrás de los escaparates al sur de la Avenida Eglinton y al oeste y este de la Avenida Oakwood en Toronto. Fue bautizada con este título en el 2015 por el concejal de Toronto Josh Colle para honrar la rica tradición musical de esta área, conocida como la "Pequeña Jamaica." El 21 de Septiembre del 2015, un mural de 1200 pies cuadrados fue develado al público. La obra realizada por Hayles y otros artistas locales celebra a los legendarios músicos de reggae de Toronto como parte de un proyecto urbano patrimonial más amplio.

Figura 19: Mural de la Vía Reggae (© Lami Cooper).

Junto al mural, una placa histórica de Toronto fue develada en memoria al legado reggae de dicha ciudad.

Figura 20: Patrimonio cultural Raíces Reggae (cortesía de Heritage Toronto 2015).

Si bien la placa conmemorativa "Raíces Reggae de Toronto" resalta la más grande ola de migración jamaicana hacia Canadá, la historia del reggae en Toronto se remonta a la década de los sesenta, cuando muchos músicos jamaicanos ya se habían afincado en la ciudad. Una ola de inmigrantes jamaicanos en los sesenta trajo la música reggae a Toronto, y los músicos que su mudaron aquí también participaron en la escene local de rhythm & blues scene, dando lugar a una polinización cruzada de culturas. Por ejemplo, el tecladista de la banda Studio One Jackie Mittoo se reubicó en Toronto en 1969, y otro integrante de la misma banda, su colega Leroy Sibbles, lo siguió en 1973. Las performances de música jamaicana diaspórica atravesaron muchos géneros musicales, incluyendo al jazz, calipso, soul, R & B, entre otros. Nuevos sonidos de reggae surgidos en Jamaica fueron rápidamente adoptados por los músicos jamaicano-canadienses en la diáspora de Toronto. Todo una cultura musical alrededor del reggae apareció en la "Pequeña Jamaica," a medida que tiendas de discos, estudios de música, pequeños teatros y sedes de eventos se alineaban a lo largo de la Avenida Eglinton, entre las calles Marlee y Dufferin. Ropa, comida, y música crearon una vibrante cultura dispórica negra jamaicana, mientras la franja se convertía en el hogar de numerosas tiendas de ropa de las Indias Occidentales, salones de belleza y peluquerías, restaurantess, tiendas de abarrotes, y otros negocios..

La inauguración de la Vía Reggae continúa siendo un hito importante en la concientización del patrimonio cultural, considerando que procesos actuales, especialmente de gentrificación, amenzanan con desplazar a la "Pequeña Jamaica" Jamaica" hacia otras zonas de Toronto. Los murales en la Vía Reggae constituyen lugares de memoria e identificación para la población de la diáspora jamaicana en Toronto. Paralelamente, resultan atracciones turísticas importantes de la ciudad. El mural cooperativo de Hayles en la Vía Reggae captura diariamente la atención de miles de pasantes y turistas globaless. A través de su presencia así como de su nueva presencua mediática, reconecta a las culturas negras en Norteamérica, el Caribe, y África, visualizando flujos musicales y la inteconectividad de la experiencia diaspórica caribeña. La mayor fuerza creativa detrás del que sería el mayor mural de reagge en el mundo es Hayles, un artista visual de origen guyanés pero nacido en Toronto. Su obra de arte visual suprime los límites entre el grafiti y el ultra-realismo, y es visible en diversas zonas de Toronto. En colaboración con los jóvenes locales y el equipo STEPS, Hayles transfromó visulamente historias de origen local e imaginarios globales de reggae en lo que ahora constituye un monumento cultural en la comunidad de Eglinton-Oakwood. Íconos globales como Bob Marley aparecen lado a lado con artistas de reggae locales, atrayendo a públicos musicales intergeneracionales y desenrollando un tejido transcultural de continuidad reggae (Kotarba 2018, 18). El mural invita a un viaje en el tiempo y el espacio, enfatizando el involucramiento de la música con lo social, desde las luchas coloniales de liberación hasta la reestructuración urbana del siglo XXI. La conexión del reggae con la religión, la espiritualidad, la lucha política, las políticas de identidad y el entretenimiento están enmarcadas estéticamente por colores e imágenes de los imaginarios de reggae jamaicanos. Al crear la impresión de figuras en movimiento, el mural hace hincapié en el reggae como cultura viajera y como fuerza unificadora a través de fisuras temporales, espaciales, culturales y religiosas.

Mientras que el mural proporciona una representación visual a una historia de éxito de la música global, recorridos actuales de la Vía Reggae ofrecen talleres de percusión, de poesía dub, y performances de leyendas locales del reggae de la talla de Otis Gayle, Carl Henry, Everton Pablo Paul, Bernie Pitters, y Jay Douglas, entre otros. Por consiguiente, el sonido, la performance, y la imagen aportan e intensifican una presencia cultural reggae en la diáspora jamaicana y ayudan a conmemorar la relevancia de Toronto como foco del reggae a nivel mundial. Tanto la conversión musical como visual de la música jamaicana en cultura canadiense deben ser consideradas en diálogo con las raíces y rutas jamaicanas. Igualmente, la inspiración de Hayles se remonta a visualizaciones de cultura reggae en Kingston, Jamaica. Su mural colaborativo incluye imágenes del mito africano, de rastafaris, de íconos de la música popular, líderes políticos, e iconografía espiritual, tal como fueron popularizados en las artes gráficas de Jamaica desde la década de los setenta.

En las artes gráficas de Jamaica, el reggae está siempre presente. Cubiertas de CD, posters con festivales internacionales anuales y la mayor parte de murales y pintas de la ciudad constituyen una fuerte presencia visual de la música reggae en la esfera pública jamaicana. En especial los murales de *yard art* en Kingston combinan símbolos, signos e imágenes de la música reggae para difundir mensajes sociales, espirituales y políticos. Por medio del reggae, la cosmovisión rastafari se infiltró dentro de África, Inglaterra, Estados Unidos y Canadá. Al igual que el reggae, los ideales de influencia rastafari ofrecieron a las comunidades jóvenes y diaspóricas alrededor del mundo una fuente alternativa de sentido e identidad en medio de un entorno eurocéntrico. Indudablemente, el compromiso del reggae con la justicia social y la experiencia común de sufrimiento de poblaciones oprimidas y racializadas ha conformado culturas juveniles y movimientos sociales en las Américas y ha redefinido un nuevo enlace cultural con el continente africano en la actualidad. A medida que la música asumía las luchas del Tercer Mundo, se fue extendiendo gradualmente entre las masas de jóvenes dentro de discotecas, fiestas, y otros lugares de esparcimiento. De esta manera, la música reggae se tornó instrumental para la ampliación del discurso sobre cómo percibimos convencionalmente el intercambio cultural entre personas de origen africano (Raussert y Tomlinson 2020).

Los murales en Trench Town representan figuras del mito africano, el rastafarianismo, íconos musicales, líderes políticos e iconografía espiritual. Estas obras establecen vínculos entre la política local, la experiencia de la diáspora africana y las raíces imaginadas en las patrias africanas. Expresiones musicales, religiosa y políticas se fusionan en imaginarios transculturales profundamente arraigados en la espiritualidad rastafari. De la misma forma en que el reggae funge como expresión musical de protesta política, los murales de Trench Town constituyen expresiones de arte popular que reflexiona sobre la violencia policial, los desalojos de viviendas, las luchas sociales, la gentrificación y la comodificación, entre otras cuestiones. La iconografía recurre a letras, canciones e íconos del reggae para crear una expresión artística dialógica que difunda el pensamiento rastafari. Trench Town, una comunidad urbana de Kingston, la capital de Jamaica, es similar otras comunidades vecinales en zonas urbanas con altos índices de pobreza, violencia, y desempleo. Al mismo tiempo, Trench Town es diferente y culturalmente único debido a que su imaginario se sostiene en dos cualidades fundamentales: ser el hogar icónico de Bob Marley, y ser la cuna del reggae. Una serie de murales retratan a ídolos locales del reggae como el arriba mencionado Marley, Peter Tosh, y Bunny Wailer, junto a renombrados líderes negros tales como Marcus Garvey. Estos murales cumplen una importante función en las políticas urbanas, dado que están situados en ubicaciones estratégicas. Por ejemplo, marcan el ingreso a Trench Town y proporcionan una identidad urbana musical al vecindario que se extiende a lo largo de las principales avenidas. El vecindario es considerado como parte del gueto y del centro histórico de Kingston. Los murales agregan un espíritu edificante y un sentido de orgullo cultural al ambiente, que es amplificado por el éxito y la difusión global del reggae de los héroes locales Bob Marley y Peter Tosh.

A lo largo de la calle *Spanish Town Road*, un mural que lleva la figura de Bob Marley con la leyenda "Bienvenidos a Trench Town: Hogar de los Legendarios" da la bienvenida a visitantes y turistas. Marley es retratado sonriente y rasgando su guitarra, mientras que debajo de su imagen aparece, en leyendas de menor tamaño, una lista de músicos famosos, políticos e intelectuales selectos de la comunidad, conformando un monumento de patrimonio cultural al estilo del arte popular. Si bien los murales inspirados en el reggae son intrínsecamente obras de arte políticas, el excesivo enfoque en músicos de reggae de fama mundial en Kingston deja de lado el aún amplio rango de músicos locales, no todos los cuales siguen la doctrina rastafari, tales como Ken Booth, Joe Higgs, Alton Ellis, y Leroy Sibbles.

Uno de los murales más famoso en Trench Town muestra un mapa de África dentrás de la cabeza de Bob Marley, que fuma un cigarrillo de marihuana. El mural hace referencia al album de Marley *Exodus*, lanzado en 1977 y considerado su mayor éxito musical.

Figura 21: Mural 'Exodus' en honor al disco de Bob Marley, Kingston (© Lami Cooper).

La creación del album fue motivada por el revuelo social y político y por las acuaciantes cuestiones raciales en Jamaica; asimismo, fue una reacción al intento de asesinato de Marley por motivos políticos en diciembre de 1976. *Exodus* [Éxodo] fue grabado durante el exilio autoimpuesto de Marley en Londres en esta época. Marley se pregunta sobre cuestiones de raza y clase que se habían tornado por entonces en temas muy urgentes en "una sociedad jamaicana recientemente independiente y poscolonial" (Rhiney y Cruse 2012). Otros murales se refieren al carismático intelectual jamaicano y líder espiritual negro Marcus Garvey, quien también se convirtió en una figura central en los movimientos políticos durante el Renacimiento de Harlem. La yuxtaposición de Marley con el continente de África en el mural y la visión panafricana de Marcus Garvey demuestran que las artes visuales de inspiración musical contribuyen en preservar una larga trayectoria de considerar la conectividad global de la diáspora africana. El mismo efecto emerge de las representaciones del emperador etíope Haile Selassie, cuyos murales se encuentran al lado de aquellos donde se representa a Bob Marley, Peter Tosh, y Bunny Wailer, a imágenes de África, los colores de la bandera de Etiopía en rojo, verde y dorado, y al culto a la marihuana relevante para el movimiento espiritual rastafari.

Empapado en el diseño visual de la cultura musical popular, la serie de murales crea un enlace entre la música, la política y la espiritualidad, y propociona un imaginario panafricano desde la década de los veinte hasta el siglo XXI. El atractivo global de la música y el posicionamiento estratégico de los murales en las calles de Trench Town también ilustran la significancia que tiene la presencia visual de la música en la producción cultural contemporánea de Jamaica, su relación con el turismo y los mercados culturales, así como su importancia para la política local y global. Como lo demuestra un ejemplo más, murales como *"One World Is Enough for All Of Us"* [Un Mundo Es Suficiente Para Todos Nosotros] reflejan una aproximación holística a la cultura y la política. Con un poema que celebra a la Madre Naturaleza a la izquierda, una imagen del planeta de fondo, una referencia textual al título de la canción *"One Love"* [Un Amor] de Bob Marley y un comentario explícito en las relaciones raciales entre blancos y negros, así como un unísono entre razas sugerido por dos figuras tomándose las manos, el mural convierte la letra de la canción de Marley en una promoción visual de política ambientalista y racial.

El título de la canción en cuestión es vinculado también con la letra de una canción escrita por Linda Creed y Michael Masser, e interpretada por Whitney Houston en el concierto por Sudáfrica en el 2010: *"I believe the children are our future/ Teach them well and let them lead the way"* [Creo que los niños son nuestro futuro/ Enséñeles bien y déjelos liderar el camino]. La música abarca visualemente el pasado, el presente y el futuro en *"One World Is Enough for All Of Us,"* un mural que extiende una sensibilidad local social de inspiración musical por medio de la concientización ecológica global.

El continente americano sónico: la política del reconocimiento y las tendencias recientes en los documentales musicales para repensar la relación entre la música y lo social

Desde las canciones de los afroamericanos esclavizados hasta los murales de los modernistas mexicanos, desde los sonidos del hip hop hasta el arte callejero, los paisajes sonoros y de imágenes provenientes del continente americano han dado forma y realizado lo social en dicho continente. Estos paisajes a veces remplazan al lenguaje como mediadores y comentaristas de lo social. A finales del siglo XX, la cultura de la música/video de MTV estableció el sonido y la imagen musical como la expresión interconectada y casi inseparable de las culturas juveniles (Edgar, Fairclough-Isaacs, y Halligan 2013). El documental musical y su presencia creciente en los programas de televisión, festivales cinematográficos, programas de cine y museos de cultura popular señalan la importancia cada vez mayor de este género cinematográfico para respaldar la cultura de las celebridades y reescribir la historia de la música. El documental musical proporciona una matriz para repensar la historiografía musical en formas narrativas donde la imagen, el sonido y la palabra interactúan de manera intensa. Asimismo, se presta a reubicar la música en la historia y la historia en la música, y la historia de la música en la intersección del entretenimiento, el comercio y la política patrimonial. Igualmente, como argumento en el presente capítulo, el documental musical refleja la interrelación de la música y lo social en una escala más grandiosa.

Una proliferación de documentales así como otros formatos de no ficción o de reality caracteriza a los últimos avances en la industria de los medios de comunicación. Y éstos revelan nuevas tendencias en la redefinición del modo documental. En la sociedad de las redes globales con su inclinación por la hiperrealidad, el simulacro y la saturación mediática (Baudrillard 1994, 9ss.), t l florecimiento del modo documental responde a un deseo renovado por aceptar lo real, lo social y la historia en general. Las series documentales populares para la televisión, como la compilación de Martin Scorcese de siete documentales de blues dirigidos por renombrados directores cinematográficos de todo el mundo y llamado *The Blues* (2003), revela cuán atractivo es este género para los cineastas de ficción y no ficción. Los documentales ponen de relieve un nuevo nivel de interacción de la música con las películas documentales como una historiografía en medios mixtos que se encuentra entre la educación y el entretenimiento. Se puede decir con seguridad que la cinematografía de documentales ha llegado a la pantalla grande y se ha librado con éxito de su confinamiento previo a la distribución no comercial. Los cineastas como Michael Moore y Marilyn Agrelo produjeron ingresos multimillonarios. Los documentales como *Fahrenheit 9/11* (2004) y *An Inconvenient Truth* [Una verdad incómoda] (2006) despertaron la conciencia pública sobre cuestiones políticas y ecológicas. Los documentales musicales como *Searching for Sugarman* [Buscando a Sugarman] (2012) y *Twenty Feet from Stardom* [A veinte pasos de la fama] (2015) ascendieron a la fama cuando ganaron un Oscar, lo que les valió la aclamación de la crítica y popular. Mitchell Block hace hincapié en que, con el inicio del siglo XXI, "la exhibición de los documentales en las salas cinematográficas se convirtió en un negocio" para la industria cinematográfica y del entretenimiento más grande (s. n.). El documental no solo florece en la era digital contemporánea, sino que se suma a la representación creativa de la actualidad mediante nuevos formatos híbridos y participativos. Nos encontramos con modos documentales mezclados con representaciones montadas, escenas animadas y simuladas.

Una presencia intensificada de la hiperrealidad (Baudrillard 1994) y la performatividad (Bruzzi 2006, 53–56) da forma a los modos narrativos de los documentales musicales y muestra que la línea entre la ficción y la no ficción no es más que una línea delgada y permeable. Contra el telón de fondo de estas dinámicas, se destacan acercamientos selectivos a la verdad y formas de narración del contenido y del contexto eclécticas y fragmentarias. Cada vez más se mete a la fuerza a la realidad en modos y patrones narrativos orientados a la narrativa popular y al éxito público. "La idea largamente anhelada de que la verdad en el documental se establece en un proceso controlado exclusivamente por el documentalista parece cada vez más insostenible", como sostiene Thies (2016, 216, 168). Los documentales musicales en general están profundamente integrados a los mecanismos de la industria cultural en general (Yúdice 2004, 9–39) (Yúdice, 9-39). Y Sheila Curran Bernard hace hincapié en que "en el mercado actual de los documentales, la historia es lo que están buscando los editores y se considera que es necesario para los cineastas contar con una formación sobre narración" (2010, 6).

La serie de televisión de la década de los años setenta de Tony Palmer *All You Need is Love* [Todo lo que necesitas es amor] podría considerarse como un punto de partida para crear documentales musicales de grande alcance orientados hacia la educación integrada al entretenimiento (Long y Wall 2013, 25–26). En el siglo XXI los documentales musicales, como *Buena Vista Social Club* (1999) de Wim Wenders (1999) y *Shine a Light* [Haz brillar una luz] (2008) de Martin Scorsese, han popularizado el documental musical entremezclando momentos de actualidad política, nostalgia, historia musical en historias de éxito documentales. Al sobresalir como éxitos de taquilla, muestran la nueva popularidad que han obtenido los documentales para la industria cultural y dentro de ella (Yúdice 2014, 9–35).

Parte del resurgimiento de los documentales en años recientes es la creciente producción de documentales sobre la música en el continente americano. Una tendencia sorprendente entre los cineastas es la selección de fuentes de crisis social y cambio como la Habana en Cuba, Detroit en Estados Unidos y las zonas fronterizas entre Estados Unidos y México como trasfondo para la historiografía de la música que quieren presentar. La Habana, por ejemplo, se ha convertido en el sitio más popular para los directores de documentales musicales. Como lo ha documentado Geoffrey Baker, una docena de documentales en la escena del hip hop solamente en la Habana han desplazado el foco de la música cubana tradicional al hip hop en Cuba y sus relaciones con subculturas globales (2014).

El acercamiento al documental varía de una película a otra. Algunos documentales buscan de una manera convencional un alto grado de objetividad e historicidad (*Cuban hip hop desde el principio*), otros aceptan de manera más abierta la política y la polémica (*Guerrilla Radio, A Short Radiography of Hip Hop in Cuba* [Una radiografía corta del hip hop en Cuba]), un tercer grupo sigue pautas artísticas y simbólicas para crear nuevas narrativas basadas en la importancia cultural del hip hop (*HavanYork* [Havanyork: un diálogo entre dos mundos]). Sus diferencias y significados no pueden entenderse sin comprender sus programas culturales, económicos o políticos. Muchos de los documentales los hicieron personas externas a esa cultura como, por ejemplo, *Havanyork,* que fue filmado por el director mexicano Luciano Larobina y muestra que los cineastas están conscientes de que la música desempeña un papel clave para realizar y reflejar el cambio social. Estas películas dan voz a la escena del hip hop en Cuba, pero también dan forma a éste al narrar de nuevo al modo de las miradas turísticas, nostálgicas o idealizadoras. El vínculo entre la imagen y la música y su importancia para repensar lo social en los documentales musicales prevalece en particular en aquellas películas que crean narrativas culturales que trascienden la noción de la expresión musical o género. *Havanyork* (2009) representa un viaje fílmico entre Nueva York y la Habana, y traduce el objetivo de Larobina de salvar la distancia entre Estados Unidos y Cuba cinematográfica y musicalmente. Al fluctuar entre imágenes de ambas ciudades, insertar historias individuales de artistas de hip hop en Nueva York y la Habana, y narrar subculturas conectadas más allá de las divisiones políticas de la Guerra Fría, el documental crea un entramado del hemisferio sur y norte interconectados. Como dice Baker, "la idea detrás de esta película es tanto crear un puente entre Nueva York y la Habana como describirlo" (2014, 12). Si bien un deseo de objetividad puede caer en la trampa de la visión narrativa, la música en *Havanyork*, en sus representaciones visuales y sónicas, sirve como una memoria cultural y un modelo para una nueva visión sociocultural.

Hay una presencia creciente de secciones de documental musical en festivales cinematográficos, por ejemplo, en Los Ángeles y Montreal. El festival cinematográfico en Guadalajara, uno de festivales cinematográficos que tiene más influencia en el continente americano, comenzó a dedicar toda una sección a los documentales sobre música en 2009. En una categoría denominada "Son de Música" los organizadores del festival presentaron una amplia sección de documentales sobre géneros musicales, artistas individuales, bandas y la migración de la música en el continente americano y contextos globales. Entre las películas que se exhibieron estuvieron *Woodstock: Now&Then* [Woodstock ahora y entonces] (Estados Unidos, 2009) de Barbara Kopple, *Slingshot Hip Hop* (Palestina/Estados Unidos, 2008) de Jackie Reem Salloum, *Beyond Ipanema* [Más allá de Ipanema] (Brasil/Estados Unidos, 2009) de Guto Barra, *Havanyork* (Mexico, 2009) de Luciano Larobina y *Johnny Cash at Folsom Prison* [Johnny Cash en la prisión de Folsom] (Estados Unidos, 2008) de Bestor Cram. Si bien sucintamente estas películas difieren en su uso de la cámara y la narrativa, todas actúan como mediadores en la representación de la "otredad" en la música, sea ésta étnica, racial, basada en las clases o contracultural.

Mi atención en el presente capítulo se centra en una ola reciente de documentales musicales que han logrado el éxito comercial así como con la crítica. En el contexto estadounidense, por ejemplo, documentales como *Standing in the Shadows of Motown* [A la sombra de Motown] (2002), *The Wrecking Crew!* [El equipo de demolición] (2008), *Muscle Shoals* (2013), *Before There Was Punk There Was Death* [Antes de que existiera el punk había una banda llamada *Death*] (2012), *Searching for Sugarman* (2012), *Charles Bradley* (2012) y *Twenty Feet from Stardom* (2015) representan una dirección bastante reciente en los documentales musicales al hacer que fueran escuchadas voces que no eran escuchadas, con frecuencias vinculadas estrechamente con sitios urbanos, regionales y comunitarios en crisis y en proceso de cambio. Observan los vacíos que hay en la historia de la música y se proponen como objetivo llenarlos corrigiendo narrativas estandarizadas sobre los géneros musicales y poniendo en primer plano voces que verdaderamente no han sido escuchadas. Estos documentales musicales fuera del canon de los documentales sobre celebridades que tratan de figuras icónicas como Harry Belafonte, Bruce Springsteen, Neil Young, Eric Clapton, Rubén Blades y, de manera más reciente, Whitney Houston, se enfocan en historias individualizadas menores. A pesar de su interés histórico y político, exponen la historiografía de la música como entretenimiento; tampoco ocultan su ambición de crear narrativas para llegar a públicos más grandes y lograr el reconocimiento popular. Sin duda, parecen compartir lo que François Lyotard denomina la "incredulidad [postmoderna] con respecto a los metarrelatos" (1997, 1). Mediante la observación de historias menores y desconcertantes de la historia de la música tienden a producir conocimiento postmoderno que "refina nuestra sensibilidad ante las diferencias y fortalece nuestra capacidad de tolerar lo inconmensurable" (1).

Hace mucho tiempo se ha reconocido que la producción de conocimientos y la música son aliados cercanos en la formación de lo social. Con un reconocimiento a George Lipsitz, ya he señalado en el capítulo introductorio que la música popular juega un rol fundamental en la creación y la conservación de la memoria colectiva. Los compositores de música suelen producir historia basándose en la experiencia personal, la memoria y la reflexión propias. La música popular, en particular, otorga a la memoria colectiva una presencia vital al superar las brechas generacionales. La música funciona como un medio especialmente capaz de representar valores comunales, ya que la música se puede disfrutar sin importar las divisiones que crean el que haya diferentes idiomas y costumbres, las que, de lo contrario, serían rigurosas. Por esta precisa razón, la música se puede adaptar a diferentes contextos culturales y sociales, lo que también significa que la música se puede asumir como propia con el fin de exponer, narrar y reflejar lo social más allá de las fronteras locales, regionales y nacionales. El documental musical, entonces, es otro medio para acentuar el poder historizador de la música.

La ola reciente de documentales musicales desentraña la historiografía de la música dentro de una red compleja de educación, historia, entretenimiento y política del reconocimiento. Más intensos que nunca los temas y sitios escogidos se encuentran incorporados en la política del reconocimiento más amplia. Sin duda, el reconocimiento es un concepto bastante debatido, pero todavía goza de una posición sólida en las teorías de formación de sujetos. Como Winfried Fluck dice con un reconocimiento a Althusser y Butler, "mediante la interpelación… el reconocimiento sigue siendo crucial … . El reconocimiento no se obtiene en la aceptación recíproca de los otros, sino en un acto de llamado (interpelación) que convierte a los individuos en sujetos" (2014, 170–171) Películas actuales, tales como *Searching for Sugarman*, *Twenty Feet from Stardom* y *Before There Was Punk There Was Death*, toman parte en la interpelación como "una práctica performativa cuya eficacia está basada en la repetición" (171). En las películas mencionadas, los músicos, los cantantes y los compositores logran una identidad (quizás fluida) mediante una forma de reconocimiento. A pesar de sus narraciones, a veces incompletas y eclécticas, estas películas comparten el deseo de corregir las representaciones erróneas de los otros y exponer las condiciones sociales, políticas y culturales de la historia de la música. En años recientes, como señalan Wendy Martineau, Nasar Meer y Simon Thompson, "la idea de la política del reconocimiento se ha convertido cada vez más en una forma popular de pensar sobre una variedad de fenómenos políticos desde la lógica de las luchas sociales hasta la naturaleza de la justicia social" (2012, 1). A la historia de la música le ha dado forma el reconocimiento y la ausencia, esta última a menudo reforzada mediante el reconocimiento erróneo de los otros. Richard Rorty, por ejemplo, interpreta el reconocimiento érroneo como una falta de solidaridad (1989, 190). El posicionamiento de los músicos en la historia de la música también tiene que ver con ciertas afiliaciones grupales. El hecho de que músicos con diversos antecedentes étnicos, raciales y de género han desempeñado un papel subordinado o experimentado su ausencia en la historia de la música también tiene que ver con lo que Charles Taylor define como las consecuencias de estar atrapado en un grupo y de las relaciones asimétricas: "Si se degrada o se desprecia a un cierto grupo, sus miembros se enfrentarán a formas de negligencia, exclusión y subordinación" (1994, 25–26, 24).

Mediante la selección de varios documentales representativos, el presente capítulo examina la manera en que da forma la política del reconocimiento a nuevas narrativas menores en el documental musical contemporáneo en la intersección de la historiografía con el espectáculo de masas. Para restringir el foco de atención sobre la relación entre la música, el documental musical y lo social, selecciono documentales relacionados con música que surgen de sitios y zonas de crisis como Habana, Detroit y la zona fronteriza de Estados Unidos con México.

Buena Vista Social Club (1999)

Permítaseme empezar con el reconocido documental de 1999 de Wim Wenders, The Buena Vista Social Club, que, sin duda, no solo es el comienzo a finales del siglo XX de una ola de documentales musicales que se alimentan de la nostalgia y la política del reconocimiento en el siglo XXI, sino de una manifestación sorprendente de movilidad de la música con una fuerte carga política. El documental musical aborda los lazos que hace tiempo se rompieron entre Cuba y el mundo occidental mediante el lente de la música. Muchos de los elementos fílmicos sirven como un depósito para repensar la música mediante lo social y lo social mediante la música. La película de Wenders es un producto transcultural que reúne la experiencia musical de los músicos del Buena Vista

Social Club, como el guitarrista Compay Segundo, el músico del instrumento musical cubano tres Eliades Ochoa, el pianista Rubén González y los cantantes Ibrahim Ferrer y Omara Portuondo, el espíritu musical etnográfico y creativo del músico estadounidense Ry Cooder, el dominio para la producción profesional de Nick Gold y la propia maestría cinematográfica de la progresión narrativa de Wenders. Al proporcionar una visión íntima de la vida y mente de músicos de 80 años de edad e incluso mayores, y que aparentemente se encuentran mucho más allá de la posibilidad de tener un nuevo éxito musical, la narrativa fílmica busca un acercamiento afectuoso a la historiografía de la música que evoca respuestas empáticas de parte del espectador.

La vejez, la historia de la música cubana y músicos que cayeron en el olvido desde hace mucho tiempo encuentran su recompensa en la narrativa de Wenders del éxito global tardío del son cubano. El título de la película es un préstamo del álbum que Ry Cooder había producido con el Buena Vista Social Club en 1997. Tanto el álbum como la película surgieron hacia el final de la crisis cubana en la década de los años noventa, el llamado Periodo Especial, y que ayudó a regresar la música y cultura cubana a los círculos occidentales. Si bien la película de Wenders no redescubrió el *Buena Vista Social Club,* amplió sucintamente el reconocimiento internacional que los músicos arriba mencionados obtuvieron después del estreno del álbum, el espectáculo y el documental. Sostengo que la película de Wenders establece estrategias centrales para que los documentales musicales del siglo XXI reconsideren que la música y lo social están interrelacionados. Su narración de la música cubana relata, y en parte idealiza, el surgimiento musical de Cuba después de un periodo en que ésta se congeló culturalmente durante la Guerra Fría. En un giro nostálgico, Wenders vuelve a cargar la cultura musical de Cuba que tuvo su auge en las décadas de los años cuarenta y cincuenta antes de la Revolución cubana. Sin embargo, esta nostalgia por la época dorada de la música cubana, que floreció en el contexto de un régimen totalitario y represivo, está acompañada por historias de un nuevo reconocimiento cultural ejemplificado por el concierto en Amsterdam y en el Carnegie Hall en Nueva York, y por una recreación mítica del occidente como árbitro de la música mundial. Se reintegra culturalmente a Cuba en el orden mundial más amplio del '*gusto*' occidental. Cuando los músicos cubanos caminan asombrados por las calles de Manhattan no es solo una celebración de una movilidad recién ganada, sino también de Nueva York como órbita cultural del mundo moderno. De manera emblemática la escena del escaparate en la que se ve el encuentro de los músicos del Buena Vista Social Club con la réplica de los grandes estadounidenses como Louis Armstrong, Ray Charles y Miles Davis muestra tanto la ruptura que había caracterizado a las relaciones entre Estados Unidos y Cuba como la persistente admiración del sur por la cultura mundialmente exitosa del norte.

La banda Buena Vista de músicos cubanos de edad avanzada, que alguna vez estuvo afiliada en la década de los años cuarenta a un prominente club social de la Habana del mismo nombre y fue echada al olvido en la Cuba de Castro, afortunadamente proporciona material para una historia de éxito estadounidense motivada cultural y políticamente y, no obstante, esta vez, producida transnacionalmente. Con el estreno de la película de Wender, el éxito global de la banda se fue a las nubes. Las escenas del concierto en Nueva York y las de alrededor de éste muestran una historia atractiva desde el punto de vista político que visualiza una nueva conectividad entre Cuba y Estados Unidos, y demuestra que la narrativa de Wenders está vagamente incorporada a un contexto más grande de conflicto y cambios históricos. Si bien los comentarios de admiración por el paisaje urbano de Manhattan de músicos como Ibrahim Ferrer introducen un deseo por aceptar la cultura estadounidense, la representación fílmica de la Habana evoca un sentido de nostalgia por un sistema político y económico en decadencia a punto de dejar de ser una amenaza para el occidente. La luz de la cámara rodea la decadente arquitectura colonial de la Habana en un brillante estilo retro. Los músicos del Buena Vista Social Club caminan por las calles como si siguieran una línea de recuerdos públicos, mientras las calles de Manhattan prometen el futuro. La narrativa de Wenders pone en escena la llegada de Ry Cooder a la Habana en motocicleta como una conquista cultural amistosa, pero firme. Reescribir la historia se equipara con un deseo por la apropiación participativa. En la mayoría de las escenas de los conciertos y las grabaciones, Cooder ocupa el centro de la escena como mediador y productor. Este gesto se aprueba al contar también la historia de un deseo latente de los músicos y artistas cubanos por meter por fin sus productos a los mercados de la industria cultural occidental. La fascinación de Wenders con la cultura cubana y la estadounidense es sincera. Su interpretación de la política del reconocimiento no puede evitar reexaminar las relaciones culturales hegemónicas. Si bien la música cubana que se declara olvidada se escucha de nuevo mediante la repetición, esta última claramente está encauzada por los espacios y la producción cinematográfica musical occidental.

Tanto el álbum como la película muestran la labor política de la producción cultural. En retrospectiva, el grupo del Buena Vista Social Club como mensajeros de la música y la cultura cubanas tradicionales desempeñó un papel cultural significativo en el mejoramiento de las relaciones políticas entre Cuba y Estados Unidos. El hecho de que los músicos terminaran su concierto en el Carnegie Hall presentando orgullosamente la bandera cubana en medio de una de las catedrales culturales de Estados Unidos recalca el deseo de la película de crear una narrativa relacional para una conectividad futura entre Estados Unidos y Cuba. El documental como éxito de taquilla reveló que la industria cultural también había reconocido la conexión entre imagen y sonido como una puerta de acceso para la música tradicional cubana a los circuitos de música globales. Es significativo que estas oportunidades políticas y económicas las hiciera posibles el intercambio musical y cultural entre Cuba, Estados Unidos y Europa, lo que llevó a una historia de éxito musical cubano a escala mundial. El ejemplo de Wenders muestra que la documentación de la música a finales del siglo XX y principios del siglo XXI está inextricablemente relacionada con redes de nostalgia por el pasado, la política del reconocimiento, la producción del conocimiento y la producción de elementos culturales para los circuitos comerciales. Si bien la música puede ser la banda sonora y el tema principal dentro del género documental, *Buena Vista Social Club* también muestra que la documentación visual de la música es una forma de reinventar lo social mediante la reapropiación de la música para nuevas historiografías de entrelazamientos culturales entre Cuba y Estados Unidos.

Standing in the Shadows of Motown (2002) [A la sombra de Motown]

Detroit, la primera ciudad estadounidense que tuvo que declararse en bancarrota, es hogar de un número creciente de documentales musicales. La ciudad que cuenta con una larga historia de ciclos de crisis social y política, por una parte, y de enorme producción musical, por otra parte, representa una matriz ideal para los documentales dinámicos e impulsados por la tensión que tienen por objetivo repensar la historiografía de la música en un contexto más amplio de relaciones sociales y desarrollo. Los documentales musicales como *Standing in the Shadows of Motown, Twenty Feet from Stardom, Before There Was Punk There Was Death* y *Searching for Sugarman* crean paisajes sonoros como paisajes urbanos y proporcionan una fuerte identificación entre la ciudad, la música y los músicos. Los documentales musicales estadounidenses del siglo XXI tienden a seguir modelos que traducen la política del reconocimiento a un proceso creativo de reescritura de la historiografía de la música con descripciones narrativas elaboradas cuidadosamente que obligan a mantener al público entretenido. Estos modelos dan a conocer a músicos, coristas e intérpretes que la industria de la música básicamente pasó por alto.

El libro de Allan Slutsky *Standing in the Shadows of Motown: The Life and Music of Legendary Bassist James Jamerson* [A la sombra de Motown: la vida y música del legendario bajista James Jamerson] (1989) forma la base del documental musical ganador de un Grammy, *Standing in the Shadows of Motown* (2002) dirigido por Paul Justman. El modo de la película es predominantemente poético; el guión fue escrito por Walter Dallas y Ntozake Shange. La película está ambientada en Detroit, el hogar de Motown y testigo de muchas marchas por los derechos civiles y bailes callejeros inspirados por Martha and the Vandellas. La película añade una historiografía alternativa a las historias de música cultural contada por los críticos en el libro de Suzanne Smith *Dancing in the Street: Motown History and the Cultural Politics of Detroit* [Bailando en la calle: la historia de Motown y la política cultural de Detroit] (2009). Este último retrata la historia de Motown desde que era una pequeña compañía discográfica local en la comunidad afroamericana de Detroit hasta que se convirtió en un protagonista mundial de la industria musical y estableció la música de Motown como agente cultural en una época políticamente turbulenta. La historia de Motown como industria musical y sólida empresa exitosa también es una historia del Detroit negro y un microcosmos del Estados Unidos afroamericano. Complementario a la narrativa de Smith, este documental musical se centra en historias menores dentro del panorama total global mediante el realce del talento y destino de músicos menos conocidos que participaron en su historia.

El documental musical de Justman aborda la historia musical de Motown desde la posición económicamente privilegiada de una producción cinematográfica con gran presupuesto. El plan de la película consiste en crear una contranarrativa a las historias de éxito estandarizadas de la historia de la música de la década de los años sesenta y exponer a una banda de músicos de estudio afroamericanos a los que no se les ha tomado en cuenta como héroes culturales locales. La narrativa también muestra que tener un apoyo basado en un presupuesto alto tiene como objetivo el éxito popular y no es sorprendente que el espectador se encuentre con una historiografía cinematográfica muy entretenida. El documental representa y eleva las habilidades de los músicos de estudio y el papel importante que desempeñaron para dar forma al sonido Motown. Los protagonistas de la película comprenden a los músicos de estudio de Motown Earl Van Dyke, Joe Hunter, Johnny Griffith, Eddie Willis, Joe Messina, Robert White, William Benjamin, Uriel Jones, Richard Allen, James Jamerson, Bob Babbitt, Jack Ashford Bass y Eddie Brown, un grupo al que también se conoce como The Funk Brothers. De manera similar a las estrategias usadas por Wenders en *Buena Vista Social Club*, el documental de Justman une a muchos de los ex integrantes de los Funk Brothers con el propósito de desentrañar su grandiosidad musical y rescatarlos del olvido al que los han relegado por tanto tiempo. El documental pone en escena la reiteración de las magistrales habilidades de ejecución de los músicos. La exaltación sigue a la reiteración en la progresión de la película, de tal forma que la línea argumental va y viene de la documentación a la celebración y viceversa.

La mayoría de los músicos presentados los había reunido Berry Gordy de muchos clubes de jazz y blues en Detroit desde finales de la década de los años cincuenta hasta principios de la década de los años setenta para que grabaran los temas musicales para su sello discográfico Motown. Según la narrativa de la película, las interpretaciones en el estudio de The Funk Brothers fueron la clave del éxito de la música de Motown. Acompañaron a las luminarias de Motown, sólo para que los abandonaran por completo cuando el sello discográfico se mudó a Los Ángeles a principios de la década de los años setenta. En el momento en que se hizo la película muchos de los integrantes de la banda, incluidos Benjamin, Jamerson, Brown, Van Dyke y algunos otros habían caído en bancarrota y en el olvido, algunos ya habían muerto. La historiografía de la ciudad y la de la música se complementan aparentemente sin problemas. Los disturbios raciales, la lucha de clase y las prácticas de explotación en la industria musical de Detroit forman el telón de fondo de la marginalización de los músicos de estudio de Motown. *Standing in the Shadows of Motown* permite que los Funk Brothers sobrevivientes reiteren su propia historia contra la realidad social de la decadencia urbana y las dudosas negociaciones comerciales de Motown.

El documental musical instala el comentario en voz en off como un puente para alinear recreaciones históricas, varias entrevistas de los integrantes de Funk Brothers y el concierto del reencuentro como una reunión y el punto culminante final de reconocimiento. La película es una mezcla de imágenes de archivo, historia oral, recreaciones vívidas y películas de conciertos. La voz en off de Andre Braugher se dirige al público directamente y "recuenta la historia" (Nichols 2001, 105). de la compañía discográfica Motown y una breve introducción de los Funk Brothers. En las escenas iniciales el documental musical expone la historia de los Funk Brothers en su relación con los avances sociales y económicos más amplios en las industrias de Detroit. La trama vincula de manera emblemática el origen de los Funk Brothers con la migración de decenas de miles de trabajadores a Detroit después de la Segunda Guerra Mundial. Las imágenes de trabajadores migrantes y la floreciente industria automovilística forman el telón de fondo de una narrativa interseccional que aborda la raza y la clase. Las entrevistas con el músico Joe Hunter sobre sus empleos originales en la fábrica de automóviles y su motivación por tocar música que surgió de la experiencia laboral proporcionan una narrativa maestra para establecer un vínculo estrecho entre el contexto socioeconómico, la expresión musical y el cambiante negocio de la música en Detroit.

Más allá del "marco retórico" de la filmación de documentales (Nichols 2001, 105), *Standing in the Shadows of Motown* adopta patrones poéticos así como performativos para contar una historia de resurrección y reconocimiento (Renov 1993; Bruzzi 2006). En la interpretación que hace Nichols de la práctica del documental, el modo poético permite explorar "asociaciones y patrones que implican ritmos temporales y yuxtaposiciones espaciales" (2001, 102). Justman fusiona el material musical reciente de los Funk Brothers con imágenes de archivo de integrantes de la banda fallecidos para crear la impresión de un continuo cultural. Todo el concierto de reencuentro en el presente se entrecruza con la inserción de los recuerdos de los integrantes de la banda e imágenes de archivo. De este modo, el documental musical fusiona la función narrativa de la voz en off de Braugher con la performatividad del concierto lo que crea una mezcla en la que se narra y actúa la historia social del sonido Motown.

La trama que surge alrededor del fallecido bajista James Jamerson es, sin duda, la más ilustrativa para la narrativa generacional de *Standing in the Shadows of Motown*. La voz en off sobre la juventud de James Jamerson surge contra el fondo de un videoclip corto de la antigua escuela del bajista. Una escena en la que se recrea a un niñito tocando un instrumento hecho por él mismo sigue a la imagen de archivo antes de que la entrevista del hijo de James Jamerson en la que cuenta la historia de su padre ocupe el centro de la escena. En la escena de la recreación, se muestra a Jamerson de niño creando un bajo improvisado con un palo con una banda elástica. Se muestra al hijo de Jameson recreando la forma de tocar el bajo con un dedo, lo que marcó el estilo único y cautivador del finado bajista. La película, entre otras historias, proporciona una historia edificante de un bajista poco conocido que constituye una leyenda mediante la narrativa de su familia, la cual remplaza el deterioro real del músico al caer en el alcoholismo y en el olvido con una historia de un continuo musical del padre al hijo. Esta es una historia mayor entre muchas otras menores que dan voz a los sonidos, ritmos y gente que se encuentran detrás del mundialmente exitoso sonido Motown.

De manera similar a *Buena Vista Social Club* de Wenders, al documental musical de Justman lo impulsa una fuerte nostalgia por el pasado y un deseo de llevar a cabo de nuevo la historia musical. El documental celebra a los Funk Brothers como los creadores principales del sonido Motown detrás de los éxitos número uno aparentemente interminables en las listas de éxitos estadounidenses. Con los Funk Brothers como el cerebro de una de las mejores bandas sonoras en la historia de la música, la película eleva a la clase obrera y a la raza en una historiografía alternativa y replantea lo social desde la perspectiva del desposeído (Butler y Athanasiou 2013, 4–5).

20 Feet from Stardom (2014) [A veinte pasos de la fama]

Una década después se reexamina a Motown y la historia musical de Detroit en el contexto más grande de la historia de la música del rock, desde una perspectiva transcultural y de género, en el documental musical que ganó un Oscar y que fue un éxito de taquilla *20 Feet from Stardom* de Morgan Neville, uno de los productores y directores de documentales más prolíficos de la cultura pop estadounidense con documentales sobre Muddy Waters, James Brown y James Taylor, entre otros. Este documental musical mezcla imágenes de archivo, imágenes de televisión, cortos de conciertos, entrevistas recientes, escenas de grabación, y escenas privadas y públicas de la vida de las vocalistas presentadas. Empieza con la historia de Darlene Love que, con su trío The Blossoms, ayudó a derribar la barrera del color para las coristas negras a principios de la década de los años sesenta. La película reexamina a las artistas negras en el contexto de la música de rock, pero echando una mirada a la historia musical mediante una lente afinada que ve el género y la raza. Sin duda, los coristas en la música de rock contribuyeron históricamente a la "política de la alteridad racial" (Fast 2009, 170ss.). Un gran número de coristas negras actuaron junto o detrás de hombres blancos que son íconos del rock, tales como Bruce Springsteen, Mick Jagger, Sting, Joe Cocker, así como de íconos afroamericanos de la talla de Ray Charles, Ike Turner y Stevie Wonder. Como nos recuerda Susan Fast, los escenarios reforzaron los patrones persistentes de "heteronormatividad y blancura" (2009, 174), incluso en una época en que el movimiento feminista aceleró a toda velocidad en la década de los años sesenta. Respecto al título '*20 Feet From Stardom*', David Scott Diffrient mantiene que "aquellos … veinte pies también insinúan la historia más grande de las relaciones raciales y la política sexual en Estados Unidos en el siglo XX" (2017, 26). Las salas de concierto y las sesiones de grabación con frecuencia reproducían los "discursos divisionistas y políticas segregacionistas" de la sociedad en general en el ámbito de la música (26). *20 Feet from Stardom* claramente aborda las estructuras de poder visibles en la cultura de la interpretación de la música popular en consonancia con el género y la raza, y se presenta como un documental revisionista para poner de manifiesto esta cuestión. De modo similar a los documentales musicales tales como *Muscle Shoals* y *The Wrecking Crew* [El equipo de demolición], que narran las historias de grupos que hacen acompañamiento instrumental y que son en gran parte desconocidos, *20 Feet From Stardom* intenta decir la historia silenciada de las coristas y sus papeles respectivos en las actuaciones en los conciertos y grabaciones de *rhythm and blues* y rock desde el inicio de la década de los años sesenta..

Las protagonistas proclamadas de *20 Feet from Stardom* son primordialmente coristas afroamericanas como Mable Merry Clayton, Darlene Love y Lisa Fischer. Si bien sus historias aparecen en primer plano, igualmente sirven como puerta de acceso para presentar a otras vocalistas incluida la afrocaribeña Tata Vega, que hace giras con Elton John, Cindy Mizelle, que apoya a Bruce Springsteen, y Janice Pendarvis, que colabora con Stevie Wonder. En el marco de carreras musicales que tuvieron un éxito vertiginoso como las de Ray Charles, Ike y Tina Turner y otros, la película, de esta manera, saca a relucir a integrantes de grupos musicales de rock previamente marginadas y proporciona un panorama generacional de vocalistas cuyas carreras superpuestas abarcan aproximadamente un periodo de sesenta años (de la década de los años cincuenta a la década de dos mil diez). Muchas de estas intérpretes comparten historias similares en las que empiezan como cantantes en coros de *gospel*, dominando las técnicas de llamado y respuesta esenciales para la interpretación como coristas y, a la larga, comienzan sus propias carreras musicales en el ámbito del *rhythm and blues* y de la música de rock. La película les permite reiterar sus propias historias y añadir historias para contrarrestar la historiografía estándar de *rhythm and blues* y de rock. Los cortos de conciertos y grabaciones, las entrevistas con revelaciones sobre la vida cotidiana de las vocalistas fusionan la imagen pública y la privada con el fin de crear una serie de retratos menores.

Es preciso admitir que la película hace una crónica del cambio de vocalistas blancas a vocalistas negras en la década de los años sesenta y también aborda las consecuencias de la compleja política racial en la industria de la música. Una de las protagonistas de la película es Tata Vega, cuya etnicidad y antecedentes multirraciales, con una familia proveniente de Puerto Rico y de la República Dominicana, complicó su acceso a contratos y actuaciones. Zained Mohammed cita a Vega en su reseña de la película: "sí tuve problemas para encontrar conciertos por mi apariencia", dijo. "O bien era demasiado blanca o no suficientemente blanca, o demasiado negra o no lo suficientemente negra" (2013, n. pag.). Como muestra el ejemplo, la película no rehúye resaltar la complejidad de cambiar la política racial y de género en la década de los años sesenta. Sin embargo, su postura sobre la dimensión social de la interpretación musical permanece enmarcada por patrones heteronormativos de reconocimiento. La historiografía ortodoxa de la música sigue deslizándose en la narrativa general de la película cuando las voces de íconos del rock complementan las historias femeninas aplaudiéndolas mediante una mirada y una voz masculinas. Se insertan entrevistas de estrellas de rock como Bruce Springsteen, Mick Jagger y Swing en la narrativa de la película como autoridad principal de reconocimiento. Sus voces se superponen a imágenes de archivo y enmarcan las actuaciones grabadas en estudios en las que las coristas ahora toman el centro del escenario.

Con un reconocimiento a Andrew Floyd, sostengo que si bien por el documental musical se plantean preguntas sobre diferencias de género, inequidades y asimetrías de poder señalando de esta manera la interconectividad de la dimensión social y la interpretación musical, quedan sin contestar numerosas preguntas – "¿Por qué los músicos de rock, que en su mayor parte eran hombres blancos, empiezan a valorar la 'inserción' de la negritud vocal femenina (o un 'sonido vocal *gospel*') en su música? ¿Cómo representó este 'sonido sincrético' la identidad cultural cambiante del rock durante las décadas de los años sesenta y setenta? Por último, ¿qué debemos pensar de las cuestiones de raza, género y poder que implica esta representación característica?" (2014, n.

pag.) – que, en gran medida, siguen sin respuesta. En vez de eso, el documental musical deambula entre historias familiares, explora cuestiones de género en relación con las oportunidades para hacer carrera, aborda cuestiones de raza en un contexto predominantemente personal y juega con atracciones eróticas personales entre las coristas negras y los vocalistas blancos.

Es justo decir que el documental revela voces a las que no se les ha prestado atención y en gran medida desconocidas, cuyo poder musical y su expresividad como solistas obtiene un reconocimiento estético completo. La película también muestra que un vínculo consciente entre el género, la raza y la música revela nuevas historiografías, lo que nos hace ver de este modo la interrelación de los avances sociales y la historia de la música desde una perspectiva más compleja. Aun así, la historiografía en *20 Feet from Stardom* la enmarca, limita y controla la necesidad de la película de contar con un presupuesto alto para atraer a una corriente predominante imaginada y preponderantemente heteronormativa. El documental musical expone que las historiografías alternativas de la música, incluso con las mejores intenciones, luchan por llegar a un acuerdo con las jerarquías de poder asimétrico profundamente inscritas en las políticas comerciales de la industria de la música y su deseo de fomentar narrativas de historia musical coherentes con sus estrategias de venta.

Searching for Sugar Man (2012) [Buscando a Sugarman]

El documental musical ganador del Oscar *Searching for Sugar Man*, dirigido y escrito por el finado Malik Bendjelloul, cuenta una historia de flujos musicales transnacionales con las canciones de Sixto Díaz Rodríguez y su impacto contracultural en la cultura juvenil de los sudafricanos blancos de clase media en las décadas de los años setenta y ochenta. En 2012, la película se estrenó en el Festival de Cine Sundance. El documental, producido por Simon Chinn y John Battsek como un proyecto transnacional suecobritánico, logró más fama al ganar el Premio Especial del Jurado de Cine Mundial y el Premio del Público al Documental de Cine Mundial. Un año después de su estreno el documental ganó el Premio de la Academia por Mejor Película Documental en la entrega 85ª de los Oscares.

Searching for Sugar Man es un documental multifacético que trata más sobre la música y las relaciones sociales que sobre la música misma. Este documental musical catapulta imaginarios de las penurias de la clase obrera de Detroit a finales de la década de los años sesenta y principios de la década de los años setenta, y echa un vistazo a la cultura de protesta juvenil de los blancos en la Sudáfrica antiapartheid a finales de la década de los años setenta y, en la de los años ochenta, a la figura de Sixto Díaz Rodríguez, músico nacido en Detroit de ascendencia mexicana y nativo americano. Éste grabó dos álbumes con Sussex, *Cold Fact* en 1970 y *Coming from Reality* en 1971. Mediante la combinación de la historia de la carrera musical secundaria de Rodríguez con la historia de la clase trabajadora de Detroit y un paisaje social e histórico sudafricano cambiante, el documental vincula tres narrativas simples en un argumento elaborado estéticamente en el que se mitifica y estiliza a Rodríguez como icono de la protesta juvenil blanca en Sudáfrica y ciudadano artista socialmente activo de la clase trabajadora de Detroit. El documental se interpreta como un "cuento de hadas de un héroe de la clase trabajadora estadounidense de origen mexicano que encuentra reconocimiento entre sus aficionados desconocidos en la lejana Sudáfrica" (Hyslop 2013, 491) y "obtiene su atractivo, en gran medida, de la forma en que alegoriza y dramatiza el surgimiento de Sudáfrica a partir de un Estado paria aislado e hipercrítico hasta convertirse en un participante de un mundo cada vez más globalizado" (Lewsen 2013, 456). En la figura de Rodríguez, el reconocimiento se vuelve triple: primero, hay un reconocimiento personal para él como músico con el punto culminante de su primer concierto en Ciudad del Cabo en marzo de 1998; segundo, hay un reconocimiento de Rodríguez como la personificación del espíritu perdurable de la clase trabajadora de Detroit; y tercero, hay un reconocimiento de Sudáfrica como integrante de la sociedad global ejemplificado por su participación en el intercambio cultural.

La película, de una manera bastante ecléctica, no solo conecta las tres narrativas arriba mencionadas, sino que construye una historia de éxito menor posmoderna en la que se lleva a cabo mucha idealización y mitificación alrededor de unos cuantos 'hechos concretos' sobre la vida de Rodríguez. El espectador se entera de sus diferentes empleos como obrero trabajador en Detroit, su papel como padre cariñoso, su participación política en su comunidad de Detroit y sus actuaciones en clubes locales que se encuentran en condiciones precarias. Como lo expone la historia, fue la combinación de la voz y la letra de las canciones lo que le abrió las puertas de la industria discográfica. Sin embargo, sus dos álbumes vendieron pocos discos en Estados Unidos y, por consiguiente, Sussex sacó a Rodríguez antes de que pudiera sacar a la venta un tercer álbum. La misma Sussex cerró poco después en 1975.

Si bien Rodríguez nunca obtuvo el reconocimiento del público estadounidense ni de la industria musical en Estados Unidos durante la década de los años setenta, la película y la nueva reedición previa de los álbumes *Cold Fact* y *Coming from Reality* por parte de Light in the Attic Records, hizo que Rodríguez llamara la atención de los críticos y los aficionados de Estados Unidos y de Europa en el siglo XXI. La película, que revelaba una historia de éxito estadounidense bastante poco común, creó una cobertura de noticias importante, una amplia exposición en los medios de comunicación y marcó el comienzo de una nueva cultura de aficionados alrededor de un músico, cuya personalidad modesta y humilde lo convirtió en un representante ideal que sirvió de inspiración para la clase trabajadora del Detroit económicamente destruido. Sin duda, sus canciones sobre la experiencia de la clase trabajadora y la melancolía urbana por fin encontraron una mejor acogida en la época de la crisis económica estadounidense del siglo XXI en la que el mito de una sociedad estadounidense sin clases continúa siendo puesto en duda en gran medida por la realidad social.

Searching for Sugar Man, al igual que *Buena Vista Social Club* y *20 Feet from Stardom,* prueba que si bien el sueño americano quizás ha perdido algo de su atractivo, las nuevas historias de éxito al 'estilo estadounidense' producidas transculturalmente continúan vendiéndose bien. La historia se interpreta como un mito moderno que inserta elementos de suspenso, enigma y animación para crear un modo de documental poético y performativo. Roe detecta en la combinación de animación y documental "una extraña pareja" (2013, 1). Sus posturas opuestas cuando representan lo real, sin embargo, como esta autora argumenta, brindan una perspectiva excepcional sobre cómo vemos el mundo. El extraño acoplamiento, en particular, destaca el poder cinematográfico de construir y realizar lo social dentro de un modo documental que busca exponer, convencer y entretener. La película refleja y realiza lo social al conectar la resistencia de la clase trabajadora de Estados Unidos con la política contracultural en la Sudáfrica antiapartheid mediante circuitos de música globales. El que el sonido y la palabra viajen como un medio de identidad y resistencia es lo que hace que se crucen las barreras entre las clases y las naciones, y lo que expone lo social como algo flexible y fluido (Bauman 2000, 2–3).

La película de Bendjelloul trata de manera explícita el medio del documental no como una realidad, sino como "una construcción" (Rabiger 2004, 68).La búsqueda de la verdadera historia detrás de Rodríguez, como se revela en la película, permite "las posibilidades de formas alternativas de conocimiento, para la transferencia directa de información, la prosecución de un argumento o punto de vista particular" (Nichols 2001, 103). Y para el director cinematográfico forjar un mito parece un medio apropiado para acercarse a la verdad que se va a transmitir. Al recurrir a una mezcla bien estructurada de entrevistas, imágenes de archivo y varias escenas de animación melancólicas, Bendjelloul crea una narrativa basada en una unidad de tono y efecto. La narrativa inicial anuncia la historia del que puede ser el suicidio potencialmente más grande en la historia del rock de un músico que supuestamente se había prendido fuego a sí mismo mientras estaba en el escenario. La cámara cambia de vistas distantes de Ciudad del Cabo en Sudáfrica a escenas nocturnas de Detroit iluminado con truenos y relámpagos. La música dramática, la narración y la imagen crean una atmósfera espeluznante para abrir la narrativa de la película de redescubrimiento y reconocimiento. Cada información proveniente de diversas entrevistas añade un nuevo misterio al enigma y mantiene en suspenso al espectador sobre quién era o es Rodríguez. Si bien su imagen al principio se mantiene en el misterio, los afligidos lamentos urbanos del compositor acompañan como música de fondo el relato mitificador de las entrevistas compiladas. El tono de misterio lo confirman las entrevistas con los productores del disco de Rodríguez y con un tabernero que recuerda vagamente al protagonista como un músico peculiar que vagaba por las calles de Detroit y tocaba dándole la espalda al público.

Puesto que el documental oculta y después revela información sólo paso a paso, también narra fragmentos de la labor de archivo que se encuentra detrás de la documentación en un metanivel que sazona con elementos de suspenso y misterio. Los rumores del suicidio de Rodríguez, por ejemplo, los alientan y no los cuestionan una ola de primeras entrevistas. Dirigida por el aire melancólico de las canciones de Rodríguez, la película revela una historia de búsqueda, cuyos elementos narrativos son las entrevistas seleccionadas con productores musicales, aficionados a la música, las hijas de Rodríguez y el mismo Rodríguez. Pasando por un periodo de más de treinta años, *Searching for Sugar Man* describe un viaje idealizado hacia el descubrimiento de la verdadera historia detrás de Rodríguez. El documental musical va de Sudáfrica a Detroit y viceversa girando en torno a la labor de archivo de los dos aficionados a la música de Ciudad del Cabo, Stephen "Sugar" Segerman y Craig Bartholomew Strydom, quienes se embarcan en una misión voluntaria para descubrir si los rumores sobre la muerte de Rodríguez son ciertos. Los recuerdos de las entrevistas finalmente llevan a Segerman y a Strydom hasta la hija de Rodríguez y a una llamada telefónica al mismo músico. La película sigue un hilo argumentativo cuidadosamente elaborado del surgimiento de Rodríguez desde una muerte declarada hasta un músico animado y, a la larga 'de carne y hueso'. De los rumores hasta una escena de recreación, de imágenes animadas de Rodríguez caminado en la nieve a su voz en el teléfono, de su voz en las canciones a la presencia física final de Rodríguez, la película descubre lentamente los secretos sobre el compositor y músico que se encuentra detrás de las canciones *"Sugar Man"* y *"I Wonder"* [Me pregunto]. Más tarde en la película nos enteramos de que Rodríguez pasó la mayor parte de su vida como obrero de la construcción en Detroit con una participación continua en la política local, y la narrativa de la película basada en las entrevistas con algunas personas de la zona seleccionadas forma la narrativa de un 'poeta de los barrios céntricos pobres', un 'alma errante' e incluso un 'profeta' en la comunidad local de Detroit.

Este documental musical, en diferentes niveles, se mueve de la invisibilidad a la visibilidad. En muchas formas está revelando una narrativa de los desposeídos y enajenados (Butler y Athanasiou 2013, 5), al vincular ejemplos provenientes de la Detroit industrial con la Ciudad del Cabo antiapartheid con un claro llamado a todos aquellos que comparten experiencias sociales y económicas similares. La letra de las canciones de Rodríguez y el tono melancólico reflejan la ardua vida y condiciones laborales de las clases bajas en Detroit. Su música atrae a una generación de sudafricanos blancos más jóvenes desilusionados con el control y el conservadurismo de la corriente dominante, y horrorizados por la política del apartheid que divide a la sociedad y oprime a la población negra. Como dice Peter Bradshew, la película más allá de las cuestiones estadounidenses funciona como una "interesante nota al pie de página de una especie de historia cultural secreta o negada: la historia de las clases liberales de los blancos de Sudáfrica, cuyas tramas de vida quizá pasen por alto los historiadores sociales … . Muchos fueron atrapados por la historia, el destino y las leyes del apartheid que detestaban" (2000, n. pag.).

Según la narrativa de la película, una copia ilegal de *Cold Fact* llegó a la Sudáfrica de la era del apartheid donde se convirtió en un éxito entre las clase liberales blancas y en una banda sonora del movimiento antiapartheid. Los sellos discográficos sudafricanos consiguieron los derechos de distribución del sello estadounidense de Rodríguez, Sussex Records, y, si bien algunas canciones se prohibieron en la radio sudafricana, el récord de venta, según los testigos entrevistados, igualó el éxito del álbum de Simon y Garfunkel *Bridge over Troubled Water* [Puente sobre aguas turbulentas] y el de los Beatles *Abbey Road* en Sudáfrica.

Se presenta al mismo Rodríguez como una víctima de la corrupta industria musical, pues Sussex nunca compartió las regalías por las altas ventas del disco en Sudáfrica y otros países africanos. El documental reflexiona sobre los diferentes niveles de desigualdad e injusticia social, y vincula vaga y transnacionalmente la clase, la raza, las cuestiones juveniles y la política de la industria musical. Si bien todo esto proporciona material para sentir empatía, es la historia de la redención y el reconocimiento lo que conmueve al espectador. Si bien no es la historia clásica de la persona que pasa 'de pobre a rico', aun así está concebida como una historia edificante que mueve al protagonista del olvido al reconocimiento. Mediante la recreación transnacional de lo social, el documental musical muestra la presencia comunitaria de Rodríguez y su impacto en dos ubicaciones geopolítica y geográficamente distantes caracterizadas por temporalidades desiguales. La reflexión y la transformación de lo social, como *Searching for Sugarman* quiere convencernos, es posible mediante el poder de la música de cruzar fronteras nacionales, culturales y de clase tanto a través de los canales de la industria musical como de los circuitos musicales idiosincráticos *underground*.

Flor de muertos (2011)

Flor de Muertos lleva a cabo y narra la interrelación de la música y lo social en el fondo y en el contexto de las tierras fronterizas entre México y Estados Unidos. Danny Vinik – director y productor cinematográfico, distribuidor de películas, escritor, creador de sitios web y fundador de Brink Media – remodeló por completo un escenario original para una película de un concierto con el fin de convertirlo en un documental performativo con diversas entrevistas en las que presenta al periodista Charles Bowden que comenta sobre cuestiones sociales en la frontera entre México y Estados Unidos, al asistente social Gustavo Lozano que afirma que el riesgo de morir es mayor debido a la valla fronteriza, la escritora Margaret Regan que explora cuestiones sobre la inmigración y el artista visual Salvador Durán que pinta para lamentar la pérdida de vidas.

La mayoría de los entrevistados expresa su opinión sobre las políticas migratorias de Estados Unidos, la violencia y la destrucción por una guerra antidrogas aparentemente incesante, y la búsqueda de consuelo espiritual en la religión de la Santa Muerte, cuyo crecimiento se puede observar en ambos lados de la frontera. Las voces de los entrevistados se alternan con la música de Calexico y, de esta manera, crea un documental estética y musicalmente multifacético que expone la injusticia social al mismo tiempo que celebra la cultura de los espectáculos contemporáneos como un espacio para realizar flujos transfronterizos de cultura, música y religión. La película gira en torno de un concierto realizado por Calexico en el histórico Teatro Rialto en Tucson, Arizona. Calexico es una banda basada en Tucson y llamada así por un pequeño pueblo fronterizo en la California rural. Como un colectivo de músicos que cambia constantemente y que están conectados informalmente entre sí, adoptaron y reunieron una gran variedad de estilos musicales como el indie rock, el *fado* portugués, el jazz Cajun y las baladas folclóricas sureñas. Además, integran elementos de los sonidos de *mariachi*, valses de *cumbia* y una amplia variedad de otras formas musicales latinoamericanas (Roddy 2008; Schacht 2003; Engelschalt 2018) en lo que se podría llamar una visión musical verdaderamente transamericana. Su acercamiento híbrido a las culturas también se refleja en su uso de inglés y español en las letras de sus canciones. Éstas reflejan una conciencia política y abordan cuestiones sobre la crisis social, económica y ambiental. Muchas de sus canciones expresan un punto de vista activista que crítica la política exterior y la social de Estados Unidos, y también crítica el tratamiento que reciben los migrantes y los activistas políticos en los países latinoamericanos. Las canciones, por ejemplo, tratan sobre el desastroso efecto del huracán Katrina en la Costa del Golfo de Estados Unidos y México, las cuestiones relacionadas con los derechos humanos de las tribus indígenas en las tierras fronterizas entre México y Estados Unidos, los problemas con las drogas y el tráfico de humanos en el continente americano así como la violencia y opresión empleada contra los activistas, como el asesinato del cantante de protesta Víctor Jara por los agentes de la CIA en Chile (Schacht 2003; Engelschalt 2018).

El concierto de Calexico en el Teatro Rialto representa el punto de partida para que Vinik amplíe el escenario original para hacer una película sobre el concierto con el fin de incluir imágenes documentales sobre el Día de Muertos mexicano (Thomas 2016, n. pag). El documental musical refleja la experiencia liminal sónica y rítmicamente de lo social y lo cultural en las tierras fronterizas mediante la música de fusión de Calexico, visualmente mediante imágenes vívidas de la Procesión de Todas las Almas en Tucson, Arizona en honor de los muertos y las prácticas culturales del Día de Muertos en México, y discursivamente mediante diversas entrevistas a expertos en las tierras fronterizas. Al insertar y editar siete interpretaciones del concierto de Calexico incluidas las canciones *Roka, Fake Fur, Inspiración, Victor Jara's Hands, Güero Canelo, None of This is Mine* y *Frontera/Trigger,* Vinik mantiene el énfasis en un modo primordialmente performativo con el fin de relacionar un mundo musical híbrido proveniente de las tierras fronterizas – cuya contribución al mundo de la música popular con frecuencia pasa inadvertida – con un mundo social conflictivo en la frontera entre México y Estados Unidos. El documental musical emplea la música como un espectáculo y como parte de una cultura del espectáculo para reflejar la violencia, las desapariciones y la muerte en las tierras fronterizas.

El documental de Vinik resalta que "[e]l documental expresivo subraya la complejidad de nuestro conocimiento del mundo, al enfatizar sus dimensiones subjetivas y afectivas" (Nichols 2001, 131). La película efectivamente atrae a los espectadores a "cualidades subjetivas" (131) y resalta que "[l]os documentales expresivos nos interpelan básicamente de manera emocional, más que factual" (132). Las piezas musicales del concierto funcionan como un puente para conectar imágenes, escenas y expresiones culturales de ambos lados de la frontera. La frontera misma mantiene una omnipresencia en la película, mientras la cámara inserta de manera repetida imágenes de ésta en la narrativa. *Flor de Muertos* comienza con la celebración mexicana del Día de Muertos y termina con la Procesión de Todas las Almas, un espectáculo anual en el que miles de personas de la zona aparecen con la cara pintada como calavera para desfilar por las calles del centro de Tucson, Arizona, con el fin de honrar a los muertos y bailar con ellos. La flor de muertos – la caléndula azteca, el 'cempasúchil' – se encuentra esparcida a ambos lados de la frontera y se convierte en el vínculo visual entre las culturas del mundo natural. De manera repetida la película intercala imágenes de esta flor que mantiene un fuerte impacto transcultural en la religión en las tierras fronterizas como el resurgimiento de la religión de la *Santa Muerte* como lo ilustra el consuelo y la redención. En este contexto religioso, el perfume de la flor de cempasúchil forma un camino que pueden seguir las almas de los muertos para regresar a los vivos en el Día de Muertos anual. De manera simbólica el cempasúchil personifica la compresión del tiempo en el que se fusionan el pasado y el presente. Como una imagen unificadora a través de todo el documental, el cempasúchil en los campos contrasta marcadamente con la frontera divisoria

Conclusión

Con la estimación sobre el aumento del índice de mortalidad en la frontera, *Flor de Muertos* finalmente logra asociar la ceremonia del Día de Muertos con las políticas de inmigración estadounidenses. Como dice Nichols, "[l]os documentales expresivos recientes tratan de dar representación a una subjetividad social que une lo particular a lo general, lo individual a lo colectivo, y lo personal a lo político" (Nichols 2001, 133). Los destinos individuales, a menudo anónimos, en el norte y en el sur logran tener una voz colectiva en la narración visual y sónica de la Procesión de Todas las Almas y las prácticas culturales relacionadas con el Día de Muertos de la película. *Flor de Muertos* es un buen tema para cerrar las reflexiones del presente libro sobre las interrelaciones entre la música y lo social. En *Flor de Muertos*, la música habla a los vivos y los muertos y sobre ellos en las tierras fronterizas. En la película, la música impulsa a lo social a seguir siendo dinámico, versátil e híbrido más allá de la representación. Al hacer suyos los sonidos de la artista que hace esculturas sonoras Glenn Weyant, que convierte la valla fronteriza en un instrumento de percusión gigante, y el espectáculo sónico de Calexico en el escenario del Teatro Rialto, *Flor de Muertos* expresa la música como una interpretación de historias estadounidenses entrelazadas que son conflictivas y, sin embargo, relacionales y que están en proceso. Lo social evoluciona de manera discursiva en el sonido y la imagen, y alrededor de ellos, y está obligado a seguirse moviendo incluso ante la violencia y la muerte. Al menos eso es lo que las interpretaciones sónicas y visuales en *Flor de Muertos* nos hacen querer creer.

Obras citadas

Abrahams, Roger D. 2001. "Afro-Caribbean Culture and the South: Music with Movement." En *The South and the Caribbean*, editado por Douglass Sullivan-Gonzaléz y Charles Reagan Wilson, 97–126. Jackson: University Press of Mississippi.

Abreu, Martha. 2015. "The Legacy of Slave Songs in the United States and Brazil: Musical Dialogues in the Post-Emancipation Period." *Revista Brasileira de História*. São Paulo 35, no. 69 (June): 1–28.
 http://www.scielo.br/scielo.php?pid=S0102-01882015000100177&script=sci_arttext&tlng=en.

Achtner, Wolfgang, Stefan Kunz, y Thomas Walter. 1998. *Dimensionen der Zeit: Die Zeitstrukturen Gottes, der Welt und des Menschen.* Darmstadt: Primus Verlag.

Allen, Lillian. 1999. *Psychic Unrest*. Toronto: Insomniac Press.

——. 1995. "Poems are not meant to lay still" En *The Other Woman. Women of Colour in Contemporary Canadian Literature*, editado por Silvera Makeda, 262–353. Toronto: Sister Vision Press.

——. 1993. "Colors," *in Family Folk Festival: A Multicultural Sing Along*. Disco.

——. 1993. *Women Do This Every Day*. Londres: Women's Press.

——. 1987. *Conditions Critical*. Redwood Records.

——. *Rhythm an' Hardtimes*. 1982. Domestic Bliss: Rodmersham.

——. "pOetic gEsture." 2014. *Toronto in Excelsis!* https://medium.com/dub-poets/lillian-allen-e46c41b2d2bb.

Anderson, Amanda. 1998. "Cosmopolitanism, Universalism, and the Divided Legacies of Modernity." En *Cosmopolitics: Thinking and*

Feeling beyond the Nation. Editado por Pheng Cheah y Bruce Robbins, 265–89. Minneapolis: University of Minnesota Press.

Appadurai, Arjun. 1996. *Modernity at Large: Cultural Dimensions of Globalization*. Minneapolis: University of Minnesota Press.

Appiah, Kwame Anthony. 2006. *Cosmopolitanism: Ethics in a World of Strangers*. Nueva York: W.Norton.

Archibugi, Daniele. 2016. "Cosmopolitan Democracy and its Critics: A Review." *European Journal of International Relations* online edition 10.3: 437–473. *Rock Diaspora*. Nueva York: Continuum.

Augé, Marc. 1995. *Non-Places: Introduction to an Anthropology of Supermodernity*. Londres: Verso.

Banerjee, Mita, Carmen Birkle, y Wilfried Raussert. 2006. "Introduction." *Amerikastudien/American Studies* 51.3: 311–321.

Baraka, Amiri. 1963. *Blues People: Negro Music in White America*. Nueva York: W. Morrow.

Barth, Frederik. 1969. *Ethnic Groups and Boundaries: The Social Organization of Culture Difference*. Bergen: Universitetsforlag.

Baker, Geoff. 2014. "Represent Cuba: Havana Hip Hop Under the Lens." *alter/nativas Latin American Cultural Studies Journal*, Vol. 2 (Spring): 1–18. https://alternativas.osu.edu/assets/files/Issue%202/ensayos/baker.pdf.

Baker, Houston, Jr. 1991. *The Workings of the Spirit: The Poetics of Afro-American Women's Writing*. Chicago: University of Chicago Press.

Bakhtin, Michail M. *The Dialogic Imagination: Four Essays by M. M. Bakhtin*. Austin: The University of Texas Press, 1994.

Barrett Sr., Leonard E. 1997. *The Rastafarians*. Boston: Beacon Press.

Barrow, Steven, y Peter Dalton. 1997. *Reggae the Rough Guide*. Londres: The Rough Guides Ltd.

Batliwala, Srilatha. 2012. "Grassroots Movements as Transnational Actors: Implications for Global Civil Society." *Wiego* online edition, June. As above

Baudrillard, Jean. 1994. *Simulacra and Simulation*. Michigan: University of Michigan Press.

Bauman, Zygmunt. 2000. *Liquid Modernity*. Cambridge: Polite Press.

———. 2006. *Liquid Times: Living in an Age of Uncertainty*. Cambridge: Polity Press.

Beier-de Haan, Rosemarie. 2006. "Re-Staging Histories and Identities." In *A Companion to Museum Studies*, editado por Sharon Macdonald, 186–197. Malden: Blackwell Publishing.

Bernard, Emily. 2011. "The New Negro Movement and the Politics of Art." En *The Cambridge History of African American Literature*, editado por Maryemma Graham, 268–287. Cambridge: Cambridge University Press.

Bhabhi, Homi K. 1994. *The Location of Culture*. Londres: Routledge.

Blau, Judith R. 2001. "Bringing in Codependence." En *The Blackwell Companion to Sociology*, editado por Judith R. Blau, 58–70. Malden, MA: Blackwell Publishing Ltd.

Block, Mitchell. 2007. "Docunomics: The Money, Markets and Business of Non-Fiction." *IDA International Documentary Association*. https://www.documentary.org/feature/docunomics-money-markets-and-business-nonfiction.

Born, Georgina. 2012. "Music and the Social." In *The Cultural Study of Music: A Critical Introduction*, ed. Martin Clayton, Trevor Herbert, y Richard Middleton, 261–274. Londres: Routledge.

Boyer, Christine. 1994. *The City of Collective Memory*. Cambridge: MIT Press.

Bradshew, Peter. 2012. "Searching for Sugarman: Review." *The Guardian* online edition. https://www.theguardian.com/film/2012/jul/26/searching-for-sugar-man-review.

Brennan. Timothy. 1997. *At Home in the World: Cosmopolitanism Now*. Cambridge: Harvard University Press.

Brim, Antoinette. 2011. "We Winter Still." In *44 On 44. Forty-Four African American Writers on the Election of Barack Obama 44th President of the United States*, editado por Hooper Lita, Sanchez Sonia y Michael Simanga, 96. Chicago: Third World Press.

Brooks, Daphne. 2016. "How #BlackLivesMatter started a musical revolution." *The Observer* online edition, March 13.

———. 2011. "Planet Earth(a): Sonic Cosmopolitanism and Black Feminist Theory." En *Ethnic Identity Politics, Transnationalization, and Transculturation in American Urban Popular Music*, editado por Wilfried Raussert y Michelle Habell-Pallán, 111–26. Trier: WVT, Tempe: Bilingual Press.

Bruzzi, Stella. 2006. *New Documentary*. Nueva York: Routledge.

Butler, Judith y Athena Athanasiou. *Dispossession: The Performative in the Political*. Cambridge: Polity Press, 2013.

Canaris, Ute. 2005. *Musik//Politik. Musik und Projekte zur Musik im politischen Kontext*. Bochum: Kamp.

Carr, Brenda. 1998, "'Come Mek Wi Work Together': Community Witness and Social Agency in Lillian Allens Dub Poetry." *Ariel* 29: 1–12.

Chaar-Pérez, Kahlil. 2013. "'A Revolution of Love': Ramón Emeterio Betances, Anténor Firmin, and Affective Communities in the Caribbean." *The Global South* 7, no. 2: 11–36.

Clifford, James. 1997. *Routes: Travel and Translation in the Late Twentieth Century*. Cambridge: Harvard University Press.

Cooper, Afua. 2006a. *Copper Woman and Other Poems*. Toronto: Natural Heritage Books.

——. 2006b. *The Hanging of Angelique*. Canada: Harper Collins.

——. 2000a. "Redemption Dub: ahdri zhina mandiela and the Dark Diaspora." En *Testifyin': Contemporary African Canadian Drama*, vol. I, ed. Sears Djanet, 440–444. Toronto: Playwrights Canada Press.

——. 2000b. *"Doing Battle in Freedom's Cause": Henry Bipp, Abolitionism, Race Uplift, and Black Manhood, 1842–1854*. PhD thesis, University of Toronto.

——, ed. 1999. *Utterances and Incantations. Women, Poetry and Dub*. Toronto: Sister Vision Press.

——. 1992. *Memories Have Tongue. Poetry by Afua Cooper*, Toronto: Sister Vision Press, 1992.

Cooper, Carolyn. 2004. *Sound Clash: Jamaican Dancehall Culture at Large*. Nueva York: Palgrave Macmillan.

Craik, Jennifer. 1997. "The Culture of Tourism." En *Touring Cultures: Transformations of Travel and Theory*, editado por Chris Rojek y John Urry, 113– 136. Londres: Routledge.

Contreras, Felix. 2011. "ChocQuibTown Speaks Out On Racism In Colombia." *National Public Radio*, February 10.

Curran Bernard, Sheila. 2010. *Documentary Storytelling. Creative Nonfiction on Screen*. Amsterdam: Focal Press.

De Bres, Karen y James Davis. 2001. *Celebrating Group and Place Identity: A Case Study of a New Regional Festival. Tourism Geographies* 3 (3): 326–337.

De Valck, Marijke, y Skadi Loist. 2009. "Film Festival Studies: An Overview of a Burgeoning Field." En *Film Festival Yearbook 1: The*

Festival Circuit, editado por Dina Iordanova y Ragan Rhyne, 179–215. Glasgow: St. Andrews Film Studies.

Dave. Bharat. 2007. "Virtual Heritage: Mediating Space, Time and Perspectives." En *New Heritage: New Media and Cultural Heritage*, editado por Yehuda E. Kalay, Thomas Kuan y Janice Affleck, 40–52. Nueva York: Routledge.

Diffrient, David, Scott. 2017. "Backup Singers, Celebrity Culture, and Civil Rights: Racializing Space and Spatializing Race in *20 Feet from Stardom*." *Black Camera: An International Film Journal*, Vol. 8.2 (Spring): 25–49.

"Delta Blues Press Release." 2017. Delta Blues Museum online edition, May 15. https://www.deltabluesmuseum.org/newsletter/pressrelease-May-2017.asp.

"Delta Blues Museum Acceptance of National Arts and Humanities Youth Program Award (NAHYP) in White House Ceremony." 2014. Edición online Delta Blues Museum, Noviembre 10. https://www.deltabluesmuseum.org/nahyp-award-acceptance-2014.asp#.

Deleuze, Gilles, y Félix Guattari. 1987. *A Thousand Plateaus*. Minneapolis: University of Minnesota Press.

DeNora, Tia. 2011. *Music in Everyday Life*. Cambridge: Cambridge University Press.

Hallam, Susan. 2008. "The Power of Music," July 10. https://musicmagic.wordpress.com/2008/07/10/music-in-society/.

Douglas, Aaron. 2002. "Letter Editorial *Fire!!*." En *Naming the Stones, Claiming the Bones: Cultural Property and the Negotiation of National and Ethnic Identity*, editado por Elazar Barkan y Ronald Bush. 289. Los Angeles: The Getty Research Institute.

Dudley Shannon, and Martha Gonzalez. 2009. "The Seattle Fandango Project." *Harmonic Dissidents Magazine A Chronicle of Street Band Culture/Issue* 2, November.

Duffett, Mark. 2015. "Why I didn't Go Down to the Delta: The Cultural Politics of Blues Tourism." En *Sites of Popular Music Heritage. Memories, Histories, Places*, editado por Sara Cohen, Robert Knifton, Marion Leonard, y Les Roberts, 239–256. Londres: Routledge.

Edgar, Robert, Kirsty Fairclough-Isaacs y Benjamin Halligan. 2013. *The Music Documentary: Acid Rock to Electropop*. Londres/Nueva York: Routledge.

Eisenlohr, Patrick. 2018. "Diaspora, Temporality, and Politics: Promises and Dangers of Rotational Time." https://www.researchgate.net/publication/329061489_Diaspora_temporality_and_politics_Promises_and_dangers_of_rotational_time.

Eng David, Judith Halberstam y José Esteban Muñoz. 2005. *What's Queer about Queer Studies Now*? Durham: Duke University Press.

Engelschalt, Julia. 2018. "Straddling the Crystal Frontier: Reworkings of the U.S.-Mexican Border in the Lyrics of Calexico." *fiar forum for inter-american research* 11.1: 34–46.

Eschen, Penny von. 2004. *Satchmo Blows up the World: Jazz Ambassadors Play the Cold War*. Cambridge: Harvard University Press.

Fast, Susan. 2009. "Genre, Subjectivity, and Back-Up Singing in Rock Music." *The Ashgate Research Companion to Popular Musicology*. Surrey: Ashgate.

Falassi, Alessandro. 1987. "Festival, Definition and Morphology." En *Time Out of Time: Essays on Festival*, editado por Alessandro Falassi, 1–10. Albuquerque: University of New Mexico Press.

Fawcett, Thomas. 2007. "The Funky Diaspora: The Diffusion of Soul and Funk Music across the Caribbean and Latin America." http://lanic.utexas.edu/project/etext/llilas/ilassa/2007/fawcett.pdf.

Ferris, William. 2018. Voices of Mississippi: Artists and Musicians Documented by William Ferris. Box Set. CD.

——. 2009. *Give My Poor Hear Ease. Voices of the Mississippi Blues.* Chapel Hill: The University of North Carolina Press.

Flory, Andrew. 2014. "20 Feet from Stardom: Entertainment or History."

https://www.musicologynow.org/2014/02/20-feet-from-stardom-entertainmentor.html.

Fluck, Winfried. 2007. "Theories of American Culture and the Transnational Turn in American Studies." *REAL Yearbook of Research in English and American Literature* 23, editado por Winfried Fluck, Thomas Claviez, 59–77. Tübingen: Narr Francke Attempto.

——.2014. "The Concept of Recogniton and American Cultural Studies." En *American Studies Today: New Research Agendas,* editado por Winfried Fluck, Erik Redling, Sabine Sielke y Hubert Zapf. Heidelberg: Winter.

Foster, Anthony. 2011. "Bob Marley: The legacy wanes but the cult is going strong." *Times Malta* online edition, Mayo 11. https://www.timesofmalta.com/articles/view/20110511/world/Bob-Marley-The-legacy-wanes-but-the-cult-is-going-strong.364722.

Foster, Stephen. 1982. "Exoticism as a Symbolic System." *Dialectical Anthropology* 7: 21–30.

Freelon, Kiratiana,2018. "Samba and Misogynoir: Will 2018 Be the Last Year of Blackface in Brazil's Carnival?" *The Glow Up*, February 14. https://theglowup.theroot.com/samba-misogynoir-will-2018-be-the-last-year-of-black-1822964862.

García, David. 2006. *Arsenio Rodriguez and the Transnational Flow of Latin Popular Music*. Philadelphia: Temple University Press.

Garland-Mahler, Anne. 2018. *From the Tricontinental to the Global South: Race, Radicalism, and Transnational Solidarity*. Durham: Duke University Press.

Gates, Henry L. Jr. 1988. *The Signifying Monkey: A Theory of African American Literary Criticism*. Nueva York: Oxford University Press.

Gilroy, Paul. 1993. *The Black Atlantic – Modernity and Double Consciousness*. Londres: Verso.

Gingell, Susan. 2005. "Rooting and Routing Caribbean-Canadian Writing." *Journal of West Indian Literature* 14, no. 1/2 (Noviembre): 220–259.

GlobeNewswire. 2018. "Scythian Announces Marigold's Exclusive Agreement with Jamaica's Peter Tosh Museum," Mayo 3. https://www.globenewswire.com/news-release/2018/05/03/1495958/0/en/Scythian-Announces-Marigold-s-Exclusive-Agreement-with-Jamaica-s-Peter-Tosh-Museum.html.

Goldstein, Daniel. 2004. *The Spectacular City: Violence and Performance in Urban Bolivia*. Durham: Duke University Press.

Gonçalo, Júnior. 2012. "The Politics that result in samba music." *Pesquisa: Sounds and Ideologies*, Vol 192. http://revista-pesquisa.fapesp.br/en/2012/02/27/a-pol%C3%ADtica-que-acaba-em-samba/.

Gonzalez, Martha. 2011. "Sonic (Trans)Migration of Son Jarocho 'Zapateado'": Rhythmic Intention, Metamorphosis, and Manifestation in Fandango and Performance." En *Ethnic Identity Politics, Transnationalization, and Transculturation in American Urban Popular Music*, editado por Wilfried Raussert y Michelle Habell-Pallán, 59–72. Trier: WVT, Tempe: Bilingual Press.

Grand Junior, João. 2017. "Culture and development connection: the case of Rede Carioca de Rodas de Samba." *Economia da Cultura*: 2–10.

Grazian, David. 2003. *Blue Chicago. The Search for Authenticity in Urban Blues Clubs.* Chicago: University of Chicago Press.

Guillén, Nicolás. 1988. *Antología.* Madrid: Visor Libros.

Habekost, Christian. 1993. *Verbal Riddim: The Politics and Aesthetics of African-Caribbean Dub Poetry.* Amsterdam, Atlanta: Rodopi.

Habell-Pallán, Michelle. "Vexed on the Eastside Chicana Roots and Routes of L.A. Punk." En *Vexing Voices from East L.A. Punk*, editado por Pilar Tompkins y Colin Gunckel, 25–29. Claremont: Museum of Art.

Hall, Stuart. 1992. "Cultural Identity and Diaspora." En *Colonial Discourse and Post-Colonial Theory*, editado por Patrick Williams y Laura Chrisman, 392–403. Nueva York: Columbia University Press.

Hanson, Karen. 2007. *Today's Chicago Blues.* Chicago: Lake Claremont Press.

Haraway, Donna. 1994. "A Manifesto for Cyborgs: Science, Technology and Socialist Feminism in the 1980s." En *The postmodern turn. New perspectives on social theory*, editado por Steven Seidmann. Cambridge University Press. 82–97.

Harvey. David. 1989. *The Condition of Postmodernity: An Inquiry into the Origins of Cultural Change.* Hoboken: Blackwell Publishers.

Held, David. *Global Convenant: The Social Democratic Alternative to the Washington Consensus.* Cambridge: Polity Press, 2004.

Henning, Michelle. 2005. *Museums, Media, and Cultural Theory*. Berkshire: Open University Press.

Hernandez, Camilo. 2011."Afro-Colombian rappers vie for Grammy." *San Diego Union Tribune* online edition, February 4.

Hill, Maralyn D. 2016. "Reggae Legend Peter Tosh to be Honored with Opening of New Museum in Kingston, Jamaica This October." *The Epicurean Explorer* edición online, August 16. http://theepicurean-explorer.com/2016/08/reggae-legend-peter-tosh-honored-opening-new-museum-kingston-jamaica-october.html.

Hill, Walter. 1986. *Crossroads*. Los Angeles: Columbia Pictures.

Hillier, Bill, and Kali Tzortzi. 2006. "Space Syntax: The Language of Museum Space." En *A Companion to Museum Studies*, editado por. Sharon Macdonald, 282–301. Malden: Blackwell Publishing.

Hollinger, David. 1995. *Postethnic America: Beyond Multiculturalism*. Nueva York: Basic Books, 1995.

hooks, bell. 1992. *Black Looks: Race and Representation*. Boston: South End Press.

——. ed. 1992. "Eating the Other: Desire and Resistance." En *Black Looks: Race and Representation*, 19-30. Boston: South End Press.

Huggan, Graham. 2001. *The Postcolonial Exotic. Marketing the Margins*. Londres: Routledge.

—— y Patrick Holland. 1998. *Tourists with Typewriters*. Ann Arbor: University of Michigan Press.

Habekost, Christian. 1993. *Verbal Riddim: The Politics and Aesthetics of African-Caribbean Dub Poetry*. Amsterdam, Atlanta: Rodopi.

Hughes, Langston. 1926. "I, Too." En *The Portable Harlem Renaissance Reader*, editado por David L. Lewis, 257. 1995. Nueva York: Penguin Books.

———. 1920. "The Negro Speaks of River.". The Portable Harlem Renaissance Reader, editado por David L. Lewis, 259. 1995. Nueva York: Penguin Books.

———. 1926. "The Negro Artist and the Racial Mountain." En *The Portable Harlem Renaissance Reader*, editado por David L. Lewis, 91–95. 1995. Nueva York: Penguin Books.

Huntington, Samuel P. 2004. *Who Are We? The Challenges to America's National Identity*. Nueva York: Simon and Schuster.

Hyslop, Jonathan. 2013. "'Days of Miracle and Wonder'?: Conformity and Revolt in Searchingfor Sugarman." *Safundi* 14.4: 455–66. https://www.tandfonline.com/doi/abs/10.1753317.

Iton, Richard. 2008. *In Search of the Black Fantastic: Politics and Popular Culture in the Post-Civil Rights Era*. Nueva York: Oxford University Press.

Jameson, Frederic. 1991. *Postmodernism, or the Cultural Logic of Late Capitalism*. Nueva York: Verso.

Jenkins, Henry. 2006. *Convergence-Culture: Where the Old and New Media Collide*. Nueva York: Nueva York UP.

Kaltmeier, Olaf y Wilfried Raussert. 2019. "Introduction." En *Sonic Politics: Music and Social Movements*, editado por Olaf Kaltmeier y Raussert, 1–18. Nueva York/Londres: Routledge.

Kaplan, Fred. 2013. "When Ambassadors Had Rhythm." *New York Times* online edition, June 29.

Kelley, Robin D.G. 2012. *Africa Speaks, America Answers: Modern Jazz in Revolutionary Times*. Cambridge: Harvard University Press.

Kennedy, Randall. 2011. "The Fallacy of Touré's Post-Blackness Theory." *The Root* online edition, November 8. https://www.the-root.com/the-fallacy-of-toures-post-blackness-theory-1790865279.

King, Stephen A. 2011. *I'm Feeling the Blues RIGHT NOW: Blues Tourism and the Mississippi Delta*. Jackson: University of Mississippi Press.

Kirschke, Amy Helene. 1999. *Aaron Douglas: Art , Race, and the Harlem Renaissance*. Jackson: University of Mississippi Press.

Klein, Gabriele y Friedrich Malte. 2003. "Globalisierung und die Performanz des Pop." En *Popvisionen. Links in die Zukunft*, editado por Klaus Neumann-Braun y Axel Mai, 92–114. Frankfurt/Main: Suhrkamp.

Knopf, Kerstin. 2005. "'Oh Canada': Reflections of Multiculturalism in the Poetry of Canadian Women Dub Artists." *Views of Canadian Cultures* III, no. 2: 78–111.

Kotarba, Joseph A. 2018. "The Sociology of Popular Music." En *Understanding Society Through Popular Music*, editado por Joseph Kortaba, 1–19. Nueva York: Routledge.

Krims, Adam. 2012. "Music, Space, and Place: The Geography of Music." En *The Cultural Study of Music. A Critical Introduction*, editado por Martin Clayton, Trevor Herbert, y Richard Middleton, 140–148. Nueva York: Routledge.

Kun, Josh. 2005. *Audiotopia. Music, Race and America*. Berkeley: University of California Press.

Kunow, Rüdiger. 2001. "American Studies as Mobility Studies: Some Terms and Constellations." En *Re-Framing the Transnational Turn in American Studies*, editado por Winfried Fluck, Donald Pease y John Carlos Rowe, 245–264. Hanover: Dartmouth College PRESS.

Latour, Bruno. 2005. *Reassembling the Social: An Introduction to Actor-Network-Theory*. Oxford: Oxford University Press.

Lenz, Günter H. 2002. "Toward a Dialogics of International American Culture Studies: Transnationality. Border Discourses, and Public

Culture(s). En *The Futures of American Studies*, editado por Donald E. Pease y Robyn Wiegman. 461-485. Durham: Duke University Press.

———. 2011. "Towards a Politics of American Transcultural Studies: Discourses of Diaspora and Cosmopolitanism." En *Re-Framing the Transnational Turin in American Studies*, editado por Winfried Fluck, Donald e. Pease, y John Carlos Rowe. 391-425. Hanover: Dartmouth College Press.

Leonard, Marion y Robert Knifton. 2015. "Engaging Nostalgia: Popular Music and Memory in Museums." En *Sites of Popular Music Heritage. Memories, Histories, Places,* editado Sara Cohen, Robert Knifton, Marion Leonard y Les Roberts, 160–173. Londres: Routledge.

Levitin, Daniel J. 2007. *This is Your Brain on Music: The Science of a Human obsession.* Nueva York: A Plume Book.

Lewsen, Simon. 2013. "On Music, Censorship and Globalization." *Safundi*   14.4:455–466.
    https://www.tandfonline.com/doi/abs/10.1080/1753317.

Lietzmann, Hans J. 2005. "Politik und Musik. Gemeinschaft und Differenz." En *Musik und Projekte zur Musik im politischen Kontext,* editado por Ute Canaris, 48–73. Bochum: Kamp.

Lipsitz, George. 2007. *Footsteps in the Dark: The Hidden Histories of Popular Music.* Minneapolis: University of Minnesota Press.

Locke, Alain. 1995. "The New Negro." En *The Portable Harlem Renaissance Reader*, editado por David L. Lewis, 46–51. Nueva York: Penguin Books.

Lomax, Alan. 1993. *The Land Where the Blues Began.* Nueva York: Panteon Books.

Long, Paul y Tim Wall. 2013. "Tony Palmer's All You Need is Love: Television's First Pop History." En *The Music Documentary: Acid Rock to Electropop*, editado por Robert Edgar, Kirsty Fairclough-Isaacs, y Benjamin Halligan, 25–26. Nueva York: Routledge.

Lopes da Cunha, Fabiana. 2018. "Samba locations: An Analysis on the Carioca Samba, Identies, and Intangible Heritage." En *Latin American Heritage: Interdisciplinary Dialogues on Brazilian and Argentinian Case Studies*, editado por Fabiana Lopes da Cunha, Marilene dos Santos y Jorge Rabassa, 3–20. Cham: Springer International Publishings.

Longfellow, Henry. W. 1835. *Outre-Mer: A Pilgrimage Beyond the Sea.* Vol. 2 of 2, chapter 1: Ancient Spanish Ballads, Start Page 1, Quote Page 4. Nueva York: Harper & Brothers.

Lott, Eric. 1993. *Love and Theft: Blackface Minstrelsy and the American Working Class (Race and American Culture)*. Nueva York: Oxford University Press.

Lott, Juanita Tamayo. 1998. *Asian Americans: From Racial Category to Multiple Identities (Critical Perspectives on Asian Pacific Americans)*. Waltnut Creek: Altamira Press.

Low, Setha M. y Denise Lawrence-Zúniga, ed. 2003. *The Anthropology of Space and Place*. Oxford: Blackwell Publishing.

Lyotard, Jean Francois. 1997. *The Postmodern Condition: A Report on Knowledge*. Minneapolis: University of Minnesota Press.

Macdonald, Sharon. 2006. "Introduction." En *A Companion to Museum Studies*, editado por Sharon Macdonald, 1–12. Malden: Blackwell Publishing.

Martineau, Wendy, Nasar Meer y Simon Thompson. 2012. "Theory and Practice in the Politics of Recognition and Misrecognition." *Res Publica* 18: 1–9.

Masilela, Ntongela. 1996. "The 'Black Atlantic' and African Modernity in South Africa." In *Research in African Literatures* 27. 4: 88–96.

Makarechi, Kia. 2016. "Watch Kendrick Lamar Escape Handcuffs in 2016 Grammys Performance." *Vanity Fair* online edition, February 15.

Malcomson, Scott L. 1998. "The Varieties of Cosmopolitan Experience." En *Cosmopolitics: Thinking and Feeling beyond the Nation*, editado por Pheng Cheah y Bruce Robbins, 233–245. Minneapolis: University of Minnesota Press.

McClinchey, K. 2008. "Urban Ethnic Festivals, Neighborhoods, and the Multiple Realities of Marketing Place." *Journal of Travel & Tourism Marketing* 25(3/4): 251– 264.

McGinley Paige A. 2014. *Staging the Blues. From Tent Shows to Tourism*. Durham: Duke University Press.

McNee, Lisa. 2002. "Back from Babylon: Popular Music Cultures from the Diaspora, Youth Culture, and Identity in Francophone West Africa." En *Music-Popular Culture-Identities*, editado por Richard Young, 231–247. Amsterdam: Rodopi.

Mehring, Frank. 2016. *The Mexican Diary*. Trier: WVT, Tempe: Bilingual Press.

Mignolo, Walter. 2011. *The Darker Side of Western Modernity. Global Futures, Decolonial Options*. Durham: Duke University Press.

Miklitsch, Robert. 2006. *Roll Over Adorno: Critical Theory, Popular Culture. Audiovisual Media*. Albany: State University of New York Press.

Miklitsch, Robert. 2006. *Roll Over Adorno: Critical Theory, Popular Culture, Audiovisual Media*. Albany: State University of New York Press.

Miller, E. Ethelbert. 2011. "The Day the Earth Stood Still." "First President and First Lady." En *Forty-Four African American Writers on the Election of Barack Obama 44th President of the United States*, editado por Hooper Lita, Sanchez Sonia y Michael Simanga, 103. Chicago: Third World Press.

Mitchell, Keith B. 2008. "A Still Burning Fire: Afua Cooper's Triptych of Resistance." En *Beyond the Canebrakes Caribbean Women Writers in* Canada, editado por Emily A. Williams, 37–56. Trenton: Africa World Press.

Mohammed, Zaineb. 2013. "New Film Puts Back Singers in the Spotlight." Edición online *Mother Jones* , June 17. https://www.motherjones.com/media/2013/06/20-feet-stardomdocumentary-backup-singers/.

Morin, Sergio, dir. 2012. *The Ginger Ninjas Rodando México*. Chubusco. Film.

Munro, Martin. 2010. *Different Drummers. Rhythm and Race in the Americas.* Berkeley: University of California Press.

Musser, Jamilla Amber. 2017. "Gender and Queer Theory." En *A Companion to Critical and Cultural Theory*, editado por Imre Szeman, Sarah Blacker, and Justin Sully, 244–254. Nueva York: John Wiley & Sons Ltd.

Nichols, Bill. 2001. *Introduction to Documentary*. Bloomington: Indiana University Press.

O'Brien, Andrew. 2016. "A New Peter Tosh Museum Has Just Opened In Jamaica." (7th November): n. pag. https://liveforlivemusic.com/news/new-peter-tosh-museum-opens-in-kingston-jamaica/.

Orejuela, Fernando. 2018. "Introduction." En *Black Lives Matter & Music: Protest, Intervention, Reflection*, editato por Fernando Orejuela y Stephanie Shonekan, 1–13. Bloomington: Indiana University Press, 2018.

Pease, Donald y Robyn Wiegmann, eds. 2002. *The Futures of American Studies*. Durham: Duke: University Press.

Peterson, Richard A. 1997. *Creating Country Music. Fabricating Authenticity*. Chicago: University of Chicago Press.

Powell, Richard J. 2002. *Black Art: A Cultural History*. Londres: Thames & Hudson.

Raphael-Hernandez, Heike, ed. 2004. *Blackening Europe: The African American Presence*. Londres: Routledge.

Phillips, Ruth B. 2011. *Museum Pieces: Toward the Indigenization of Canadian Museums*. Montreal: McGill-Queen's University Press.

Pravaz, Natasha. 2008. "Hybridity Brazilian Style: Samba, Carnaval, and the Myth of 'Racial Democracy' in Rio de Janeiro." *Identities: Global Studies in Culture and Power* Vol 15, no 1: 80–102. https://www.tandfonline.com/doi/abs/10.1080/1070289070180184 1.

Rabiger, Michael. 2004. *Directing the Documentary*. Londres: Focal Press.

Raussert, Wilfried. 2008. "Introduction: Traveling Sounds: Music, Migration, and Identity Formation." En *Traveling Sounds: Music, Migration, and Identity in the U.S. and Beyond*, editado por Wilfried Raussert y John Miller Jones, 9–23. Berlin: LIT Verlag.

———.2011. "Introduction: Ethnic Identity Politics, Transnationalization, and Transculturation in American Urban Popular Music: Inter-American Perspectives." En *Cornbread and Cuchifritos: Ethnic Identity Politics, Transnationalization, and Transculturation in American Urban Popular Music*, editado por Wilfried Raussert y Michelle Habell-Pallán, 1–25. Trier: WVT, Tempe: Bilingual Press.

——.2011. "Ethnic Identiy Politics, Transnationalization, and Transculturation in American Popular Music: An Inter-American Perspective." En *Cornbread and Cuchifritos: Ethnic Identiy Politics, Transnationalization, and Transculturation in American Popular Music*, editado por Wilfried Raussert y Michelle Habell-Pallán. Trier: WVT, Tempe: Bilingual Press, 2011. 1-26.

——.2017a. "Retuning Hegemonic Pop Culture: El Vez's Citation Practices." En *The Routledge Companion to Inter-American Studies*, editado por Wilfried Raussert, 178–186. Nueva York/Londres: Routledge.

——.2017b. *Diferentes conceptos de tiempo en diálogo: el blues, el jazz y la novela afroamericana*. Guadalajara: Universidad de Guadalajara.

Raussert, Wilfried, Jonathan Lantz y Joachim Michael. 2019. "(Post)Modernism." En *The Routledge Handbook to Culture and Media of the Americas*, editado por Wilfried Raussert, José Carlos Lozano, Giselle Anatol, Sarah Corona Berkin y Sebastian Thies. Nueva York Routledge.

Raussert, Wilfried y Lisa Tomlinson. "Popular Music Flows." 2019 En *The Routledge Handbook to Culture and Media of the Americas*, editado por Wilfried Raussert, José Carlos Lozano, Giselle Anatol, Sarah Corona Berkin y Sebastian Thies. Nueva York. 2019.

Raussert, Wilfried y Reinhard Isensee. 2008. "Transcultural Visions of Identities in Images and Texts-Transatlantic American Studies." En *Transcultural Visions of Identities in Images and Texts-Transatlantic American* Studies, editado por Wilfried Raussert y Reinhard Isensee, 1–12. Heidelberg: Winter.

—— y Christina Seeliger. 2011. "'What Did I Do To Be So Global and Blue?' Blues as Commodity: Tourism, Politics of Authenticity an

Blues Clubs in Chicago Today." En *Selling Ethnicity: Urban Cultural Politics in the Americas*, editado por Olaf Kaltmeier, 41–53. Surrey: Ashgate Publishing.

Reed, Ishmael. 1978. *Shrovetide in Old New Orleans*. Nueva York: Doubleday.

——. 1972. *Mumbo Jumbo*. Nueva York: Avon Books.

Reggae Lane Mural by Adrian Hayles. 2016. https://muralroutes.ca/mural/reggae-lane/.

Renov, Michael, ed. 1993. *Theorizing Documentary*. Londres: Routledge Inc.

Rhiney, Kevin y Romain Cruse. 2012. "Trench Town Rock": Reggae Music, Landscape Inscription, and the Making of Place in Kingston, Jamaica." *Urban Studies Research* 2012: 1–12.

Rice, Danielle. 2003. "Museums: Theory, Practice, and Illusion." En *Art and Its Publics: Museum Studies at the Millenium*, ed. Andrew McClellan, 77–96. Malten: Blackwell Publishing.

Richards, Greg. 2018. "Cultural Tourism: a research in recent trends and research." *Journal of Hospitality and Tourism Management* 36 (September): 12–21.

Rhiney, Kevon, and Romain Cruse. 2012. "'Trench Town Rock': Reggae Music, Landscape Inscription, and the Making of Place in Kingston, Jamaica." *Hindawi, Urban Studies Research*. https://www.hindawi.com/journals/usr/2012/585160/.

"Rio's Museum of Samba Earns National Cultural Recognition." 2017. *The Rio Times* online edition, 18 January. https://riotimesonline.com/brazil-news/rio-entertainment/rios-museum-of-samba-receives-national-cultural-recognition/.

Roach, Hilda. 1985. *Black American Music: Past and Present*, vol. I. Malabar: Krieger Publishing Company Inc.

Roberts, Krista L. "Lillian Allen." 2010. *The Canadian Encyclopedia*, January 7.

Roddy, Nikki. 2008. "Calexico's Joey Burns – Interview." *Country Music Pride RSS*. Noviembre 1.

Roe, Annabelle H. 2013. *Animated Documentary*. Basingstroke: Palgrave MacMillan.

Röhrig Assunção, Matthias. 2003. "From Slave to Popular Culture: The Formation of Afro-Brazilian Art Forms in Nineteenth-Century Bahia and Rio de Janeiro." *Iberamericana Nueva época*, Year 3, no. 12 (December): 159–176.

Rorty, Richard. 1989. *Contingency, Irony, Solidarity*. Cambridge: Cambridge University Press.

Rose, Nikolas. 2008. "The Death of the Social." En *Governing the Present*, editado por Peter Miller and Nikolas Rose, 84–113. Cambridge: Polity.

Rosenburg, Christna. 1995. *Handbuch für Jazz Dance*. Aachen: Meyer und Meyer.

Rösing, Helmut. 2002. "Populäre Musik und Identität. 8 Thesen." *Heimatlose Klänge? Regionale Musiklandschaften. Beiträge zur Popularmusikforschung* 29/30: 11–34.

Ross, Marlon B. 2002. "The New Negro Displayed: Self-Ownership, Proprietary Sites/sights and the Bonds/Bounds of Race." En *Claiming the Stones, Naming the Bones. Cultural Property and the Negotiation of National and Ethnic Identity*, editado por Elazar Barkan y Ronald Bush, 259–301. Los Angeles: The Getty Research Institute.

Roth. Julia. 2016. "Translocating the Caribbea, Positioning Im/Mobilities: The Sonic Politics of Las Krudas from Cuba. En *Mobile & Entangled Americas*, editado por Maryemma Graham y Wilfried Raussert, 103-123. Nueva York: Routledge.

Russell, Sandi. 1990. *Render* New *Me My Song: African-American Women Writers from Slavery to the Present*. Nueva York: St. Martin's Press.

Ruthesier, Charles. 1996. *Imagineering Atlanta: Making Place in the Non-Place Urban Realm*. Nueva York: Verso.

Sandburg, Curtis. 2008. "Jam Session: America's Jazz Ambassadors Embrace the World." *Meridian International Center*, January 12. Web.

Schacht, John. 2003. "The Musical Mixing Pot of Calexico." *Pastemagazine* edición   online, February   10. https://www.pastemagazine.com/articles/2003/02/the-m.

Schulkin, Jay y Greta B. Raglin. 2014. "The evolution of music and human social capability." *Frontiers in Neuroscience*. https://www.researchgate.net/publication/266575555_The_Evolution_of_Music_and_Human_Social_Capability

Sedgwick, Eve K. 1994. *Tendencies*. Londres: Routledge.

Selbin, Eric. 2010. *Revolution, Rebellion, Resistance: The Power of Story*. Londres: Zed Books.

Selwyn, Tom. 1996. *The Tourist Image: Myths and Myth Making in Tourism*. Chichester: John Wiley.

Shange, Ntozake. 1982. *Sassafrass, Cypress & Indigo*. Nueva York: St. Martin's Press.

Shepard, John. 2012. "Music and Social Categories." En *The Cultural Study of Music: A Critical Introduction*, editado por Martin Clayton, Trevor Herbert y Richard Middleton, 69–79. Londres/Nueva York: Routledge.

Shuker, Roy. 2012. *Popular Music Culture. Key Concepts*. Nueva York: Routledge.

Silvera, Makeda, ed. 1995. *The Other Woman. Women of Colour in Contemporary Canadian Literature*. Toronto: Sister Vision Press.

Simanga, Michael. 2011. "First President and First Lady." En *Forty-Four African American Writers on the Election of Barack Obama 44th President of the United States*, editado por Hooper Lita, Sanchez Sonia, and Michael Simanga, 139. Chicago: Third World Press.

Slobin, Mark. 2003. "The Destiny of 'Diaspora' in Ethnomusicology." En *The Cultural Study of Music: A Critical Introduction*, ed. Martin Clayton, Trevor Herbert y Richard Middleton, 284–296. Londres/Nueva York: Routledge.

Slutky, Allan. 1989. *Standing in the Shadows of Motown: The Life and Music of Legendary Bassist James Jamerson*. Milwauke, WI: Hal Leonard Publication.

Smith, Suzanne. 2009. *Dancing in the Street: Motown History and the Cultural Politics of Detroit*. Cambridge: Harvard University Press.

Snead, James A. 1981. "On Repetition in Black Culture." *Black American Literature Forum*, Vol. 15, no. 4, Black Textual Strategies, Vol. 1: Theory (Winter): 146–154.

———. 1998. "Repetition as a Figure of Black Culture." *The Jazz Cadence of American Culture*, editado por Robert O'Meally, 62–81. Nueva York: Columbia University Press.

"Song of the Towers." 1934. Aaron Douglas. *WikiArt*. December 27, 2017. https://www.wikiart.org/en/aaron-douglas/song-of-the-towers-1934.

Soper, Anne K. 2007. "Developing Mauritianness: National Identity, Cultural Heritage Values, and Tourism." *Journal of Heritage Tourism* 2.2.: 96.

Stein, Daniel. 2012. *Music is My Life: Louis Armstrong, Autobiography, and American Jazz.* Ann Arbor: The University of Michigan.

Steinitz, Matti. 2019. "'Calling out around the world': how soul music transnationalized the African American freedom struggle in the black power era (1965-1975)." En *Sonic Politics: Music and Social Movements in the Americas,* ed. Kaltmeier, Olaf and Wilfried Raussert, 88-106.

Stolzoff, Norman C. 2000. *Wake the Town and Tell the People, Dancehall Culture in Jamaica.* Durham: Duke University Press.

Stone, Philip R. Stone. 2006. "A dark tourism spectrum: Towards a typology of death and macabre related tourist sites, attractions and exhibitions." *Review* Vol 54, no 2: 145–160.

Strange, Sharan. 2011. "Inaugural." In *44 0n 44. Forty-Four African American Writers on the Election of Barack Obama 44th President of the United States,* ed. Hooper Lita, Sanchez Sonia y Michael Simanga, 94. Chicago: Third World Press.

Straw, Will. 1991. "Systems of articulation, logics of change: Communities and scenes in popular music." *Cultural Studies* 5.3: 368–388.

Suttie, Jill. 2016. "How Music Bonds Us Together." *Greater Good Magazine,* June 28. https://greatergood.berkeley.edu/article/item/how_music_bonds_us_together.

Taylor, Charles. 1994. "The Politics of Recognition." En *Examining the Politics of Recognition,* editado por Amy Gutman. Princeton. 25-73: Princeton University Press.

Taylor, Paul C. 2007. "Post-Black, Old Black." *African American Review* 41.4: 625–640.

Thies, Sebastian. 2016. "United Colors of Belonging? Participatory Culture and Diversity 2,0 in the Crowd-Sourced Documentary Life in a Day." En *Mobile and Entangled Americas,* editado por Wilfried Raussert y Maryemma Graham, 167–187. Nueva York: Routledge.

Thomas, Bryan. 2016. "'Flor de Muertos': A Love Letter to the Sonoran Desert where Life, Death and Cultures Collide with Calexico." *Nightflight.*
http://www.nightflight.com/flordemuertos-a-love-letter-to-the-sonoran-desert-whose-life-death-and-culturescollidewith-calexico/.

Thomas, Nigel H. 2006. "Afua Cooper." *Why We Write: Conversations with Afro Canadian Poets and Novelists* (Interviews). 74-89. Toronto: Tsar Publication.

Timothy, Dallen J y Gyan P. Nyaupane. 2009. "The Politics of Heritage." En *Cultural Heritage and Tourism in the Developing World. A Regional Perspective*, editado por Timothy Dallen J. y Gyan P. Nyaupane, 42–54. Londres: Routledge.

——. "Heritage Tourism and Its Impacts." 2009. En *Cultural Heritage and Tourism in the Developing World. A Regional Perspective*, editado por Timothy Dallen J. y Gyan P. Nyaupane, 55–69. Londres: Routledge.

Tomlinson, Lisa. 2012. "Memories Have Tongue: A Conversation with Afua Cooper." En *Jamaica in the Canadian Experience: A Multiculturalizing Presence*, editado por Carl James y Andrea Davis, 107–114. Halifax: Fernwood Press.

Toronto Reggae Roots. https://read-the-plaque.appspot.com/plaque/toronto-s-reggae-roots

Touré, Jonathan M. 2011. *Who's Afraid of Post-Blackness?: What it Means to be Black Now*. Nueva York: The Free Press, 2011.

Travis, Dempsey J. 1997. *The Louis Armstrong Odyssey: From Jane Alley to America's Jazz Ambassador.* Chicago: Urban Research Press.

Tucker, Hazel. 1997. "The Ideal Village: Interactions through Tourism". En *Tourists and Tourism: Identifying People and Places*, editado por Simone Abrams, Don Macleod, y Jackie D. Waldren, 91–106. Oxford: Berg.

Urry, John y Jonas Larsen. 2011. *The Tourist Gaze 3.0*. Los Angeles: Sage.

Van Deburg William. 1992. *New Day in Babylon: The Black Power Movement and American Culture*. Chicago: The University of Chicago Press.

Watson, Sheila. 2007. "Museums and Their Communities." En *Museums and Their Communities*, editado por Sheila Watson, 1–24. Nueva York: Routledge.

Weber, Max. 1978 [1909]. *Economy and Society: An Outline of Interpretive Sociology* 1. Berkley: University of California Press.

Welsch, Wolfgang. 1993. *Ästhetisches Denken*. Stuttgart: Reclam.

Whitefield, Mimi. 2014. "Recovering Rio de Janeiro's Black History." *Miami Herald,* June 22. https://www.miamiherald.com/news/nation-world/world/americas/article1967611.html.

Williams, Emily. A. 1995. "Afua Cooper: An Evolving Dub Poet With Historical Foundation. An Interview with Afua Cooper." En *The Other Woman. Women of Colour in Contemporary Canadian Literature*, editado por Silvera, Makeda. 317-328. Toronto: Sister Vision Press.

Williams, Raymond. 1977. *Marxism and Literature*. Nueva York: Oxford University Press.

Winders, James A. 1993. "'Narratime': Postmodern Temporality and Narrative." *Issues in Integrative Studies* 11: 27–43.

Woods, Sarah 2017. *Greatest Musical Places of the World*. Londres: Icon Books.

Wicke, Peter. 1990. *Rock Music: Culture, Aesthetics, and Sociology*. Cambridge: Cambridge University Press.

Yudice, George. 2004. *The Expediency of Culture: Uses of Culture in the Global Era (Post-Contemporary Interventions)*. Durham: Duke University Press.

Zukin, Sharon. 1995. *The Cultures of Cities*. Oxford: Blackwell.

Web

http://www.deltabluesmuseum.org/about.asp.

https://www.deltabluesmuseum.org/.

https://www.deltabluesmuseum.org/nahyp-award-acceptance-2014.asp.

https://ich.unesco.org/en/RL/reggae-music-of-jamaica-01398.

https://www.euronews.com/2018/11/29/jamaica-s-reggae-.

http://myemail.constantcontact.com/B-B–King-Museum-Receives-Mississippi-Arts-Commission-Grant.html?soid=1102037602779&aid=nQIFWJqDLV0.

https://www.viator.com/Jamaica-tourism/Bob-Marley-Reggae-Tours-in-Jamaica/d34-t21621

FILMOGRAFÍA

A Short Radiography of Hip Hop in Cuba. 2004. Directed by Ricardo Bacallao. Cubafilms.

All You Need is Love. 1977. Directed by Tony Palmer. TV.

An Inconvenient Truth. 2006. Directed by Davis Guggenheim. Paramount Classics.

Before There was Punk, There Was a Band Called Death. 2012. Directed by Mark Christopher Covino and Jeff Howlett. Drafthouse Films.

Beyond Ipanema. 2009. Directed by Guto Barra. IMDb.

Buena Vista Social Club. 1999. Directed by Wim Wenders. ARTHAUS.

Charles Bradley: Soul of America. 2012. Directed by Poull Brien. IMDb.

Cuban Hip Hop Desde el Principio. 2006. Directed by Larissa and Vanessa Diaz. IMDbPro.

Fahrenheit 9/11. 2004. Directed by Michael Moore. IMDb.

Flor de Muertos (Flower of the Dead). 2011. Directed by Danny Vinik. Brink Films.

Guerrilla Radio: The Hip-Hop Struggle Under Castro. 2007. Directed by Thomas Nybo. IMDb.

Havan York. 2009. Directed by Luciano Laborina. Acitron.

Johnny Cash at Folsom Prison. 2008. Directed by Bestor Cram. IMDb.

Muscle Shoals. 2013. Directed by Greg Camalier. Magnolia Pictures.

Searching for Sugar Man. 2012. Directed by Malik Bendjelloul. Non-Stop Entertainment.

Shine a Light. 2008. Directed by Martin Scorsese. Paramount Classics.

Slingshot Hip Hop. 2008. Directed by Reem Salloum. IMDb.

Standing in the Shadows of Motown. 2002. Directed by Paul Justman. Artisan Entertainment.

The Blues. A Musical Journey. 2003. Directed by Martin Scorcese. Television.

The Wrecking Crew. 2008. Directed by Denny Tedesco. IMDb.

Woodstock: Now & Then. 2009. Directed by Barbara Kopple. IMDb.

20 Feet from Stardom. 2014. Directed by Morgan Nelville. Studiocanal.